高等学校"十四五"规划酒店管理
与数字化运营专业新形态系列教材

总主编 ◎ 周春林

餐饮服务与数字化运营

徐文苑　主编

CANYIN FUWU
YU SHUZIHUA
YUNYING

华中科技大学出版社
http://press.hust.edu.cn
中国·武汉

内 容 提 要

为了适应工学结合教学改革及酒店与餐饮行业数字化转型的需要，本教材按照项目化的编写思路，以"工学结合、教学做一体化"为编写原则，以满足职业岗位需求为目标，以培养学生的应用技能为着力点，以餐饮职业岗位群的工作任务和能力需求为依据，结合我国餐饮业发展的实际情况，以"工作任务项目化"为途径，对餐饮企业在生产、经营、管理和销售过程中应用的理论与实务进行阐述。本教材共分为8个项目：餐饮数字化管理、餐饮服务基本技能、餐饮对客服务、菜单设计、餐饮产品销售管理、餐饮服务质量管理、餐饮原材料管理、餐饮产品生产管理。每个项目均设有项目导读、项目目标、知识导图、任务导入，其间穿插知识链接、知识拓展、小贴士和对点案例，后有思考与练习可供学生学习和实操。本教材既可作为高等职业院校酒店管理与数字化运营、旅游管理、餐饮智能管理等专业的教学用书，也可作为酒店、餐饮行业从业人员的自学用书。

图书在版编目(CIP)数据

餐饮服务与数字化运营/徐文苑主编. —武汉：华中科技大学出版社，2024.1（2025.2重印）
ISBN 978-7-5772-0247-1

Ⅰ.①餐… Ⅱ.①徐… Ⅲ.①数字技术－应用－饮食业－商业服务－教材 Ⅳ.①F719.3-39

中国国家版本馆CIP数据核字（2023）第245705号

餐饮服务与数字化运营 徐文苑 主编
Canyin Fuwu yu Shuzihua Yunying

策划编辑：李家乐	
责任编辑：王梦嫣	
封面设计：原色设计	
责任校对：刘 竣	
责任监印：周治超	
出版发行：华中科技大学出版社（中国·武汉）	电话：(027)81321913
武汉市东湖新技术开发区华工科技园	邮编：430223
录　排：孙雅丽	
印　刷：武汉市籍缘印刷厂	
开　本：787mm×1092mm　1/16	
印　张：16.25	
字　数：365千字	
版　次：2025年2月第1版第3次印刷	
定　价：56.80元	

本书若有印装质量问题，请向出版社营销中心调换
全国免费服务热线：400-6679-118　竭诚为您服务
版权所有　侵权必究

总序

2021年,习近平总书记对全国职业教育工作作出重要指示,强调要加快构建现代职业教育体系,培养更多高素质技术技能人才、能工巧匠、大国工匠。同年,教育部对职业教育专业目录进行全面修订,并启动《职业教育专业目录(2021年)》专业简介和专业教学标准的研制工作。

新版专业目录中,高职"酒店管理"专业更名为"酒店管理与数字化运营"专业,更名意味着重大转型。我们必须围绕"数字化运营"的新要求,贯彻党中央、国务院关于加强和改进新形势下大中小学教材建设的意见,落实教育部《职业院校教材管理办法》,联合校社、校企、校校多方力量,依据行业需求和科技发展趋势,根据专业简介和教学标准,梳理酒店管理与数字化运营专业课程,更新课程内容和学习任务,加快立体化、新形态教材开发,服务于数字化、技能型社会建设。

教材体现国家意志和社会主义核心价值观,是解决培养什么样的人、如何培养人以及为谁培养人这一根本问题的重要载体,是教学的基本依据,是培养高质量优秀人才的基本保证。伴随我国高等旅游职业教育的蓬勃发展,教材建设取得了明显成果,教材种类大幅增加,教材质量不断提高,对促进高等旅游职业教育发展起到了积极作用。在2021年首届全国教材建设奖评审中,有400种职业教育与继续教育类教材获奖。其中,旅游大类获一等奖优秀教材3种、二等奖优秀教材11种,高职酒店类获奖教材有3种。当前,酒店职业教育教材同质化、散沙化和内容老化、低水平重复建设现象依然存在,难以适应现代技术、行业发展和教学改革的要求。

在信息化、数字化、智能化叠加的新时代,新形态酒店类教材的编写既是一项研究课题,也是一项迫切的现实任务。应根据酒店管理与数字化运营专业人才培养目标准确进行教材定位,按照应用导向、能力导向要求,优化设计教材内容结构,将工学结合、产教融合、科教融合和课程思政等理念融入教材,带入课堂。应面向多元化生源,研究酒店数字化运营的职业特点及人才培养的业务规格,突破传统教材框架,探索高职学生易于接受的学习模式和内容体系,编写体现新时代特色的专业教材。

我们清楚,行业中多数酒店数字化运营的应用范围仅限于前台和营销渠道,部分酒店应用了订单管理系统,但大量散落在各个部门的有关顾客和内部营运的信息数据没有得到有效分析,数字化应用呈现碎片化。高校中懂专业的数字化教师队伍和酒店里懂营运的高级技术人才是行业在数字化管理进程中的最大缺位,是推动酒店专业教育数字化转型面临的最大困难,这方面人才的培养是我们努力的方向。

酒店管理与数字化运营专业教材的编写是一项系统工程,涉及"三教"改革的多个层面,需要多领域高水平协同研发。华中科技大学出版社与南京旅游职业学院、广州市问途信息技术有限公司合作,在全国范围内精心组织编审、编写团队,线下召开酒店管理与数字化运营专业新形态系列教材编写研讨会,线上反复商讨每部教材的框架体例和项目内容,充分听取主编、参编老师和业界专家的意见,在此特向这些参与研讨、提供资料、推荐主编和承担编写任务的各位同仁表示衷心的感谢。

该系列教材力求体现现代酒店专业教育特点和"三教"改革的成果,突出酒店专业特色与数字化运营特点,遵循技术技能人才成长规律,坚持知识传授与技术技能培养并重,强化学生职业素养养成和专业技术积累,将专业精神、职业精神和工匠精神融入教材内容。

期待这套凝聚全国各大旅游院校多位优秀教师和行业精英智慧的教材,能够在培养我国酒店高素质、复合型技术技能人才方面发挥应有的作用,能够为酒店管理与数字化运营专业新形态系列教材协同建设和推广应用探出新路子。

全国旅游职业教育教学指导委员会副主任委员
周春林教授

前言
QIANYAN

数字化技术在酒店行业的广泛应用,为酒店这一古老的行业带来了新的发展机遇。酒店业与信息化、数字化、智能化融合已是大势所趋。酒店管理专业更名为酒店管理与数字化运营专业是旅游职业教育呼应酒店业数字化时代的标志。酒店业对"宽视野、厚基础、精技能"的专业技能人才的需求十分迫切,教材是课程建设与教学内容改革的载体,教材建设需要围绕国家重大战略,紧密对接产业升级和技术变革趋势,服务职业教育专业升级和数字化改造,从而发挥高水平教材培根铸魂、启智增慧的作用。

本教材编写遵循教材建设和职业教育教学规律、技术技能人才成长规律,紧扣数字化改造,满足技术技能人才需求变化,依据职业教育国家教学标准体系,对接职业标准和岗位(群)能力要求。本教材从酒店餐饮部(餐饮企业)各岗位的任务和职业能力分析入手,以各岗位实际工作任务为引领,以岗位职业能力为依据组织编写,旨在提高学生餐饮服务与管理的知识和技能的同时,遵循"岗课赛证"融通理念,培养学生的综合职业能力,满足学生职业生涯发展的需要,结合订单培养、1+X证书、国家职业技能竞赛等有关内容,进一步推进传统教材的改革和创新性的教学模式改革,为对接当前新型活页式教材开发奠定坚实的基础。

为坚持党的领导,全面贯彻习近平新时代中国特色社会主义思想,落实立德树人根本任务,本教材有机融入了思政元素。为深入学习和贯彻党的二十大精神,全面落实党的二十大精神进课堂、进教材、进头脑,本教材以理想信念教育为核心,以社会主义核心价值观为引领,以专业知识为载体,充分融入思政元素,将课程思想政治教育与技术技能培养进行融合,旨在帮助学生树立正确的价值观和职业观。在传授知识的同时,结合职业特点渗透社会主义核心价值观和职业道德要求,引导学生增强服务意识、诚信意识、团队意识、责任意识、敬业精神等,将知识、能力和正确价值观的培养有机结合，引导学生坚定文化自信，增强民族自豪感，充分发挥教材的铸魂育人作用。

为了适应工学结合教学体系改革及酒店与餐饮行业数字化转型的需要，本教材按照项目化的编写思路，与行业、企业合作，以"工学结合、教学做一体化"为编写原则，以满足职业岗位需求为目标，以培养学生的应用技能为着力点，以餐饮职业岗位群的工作任务和能力需求为依据，结合我国餐饮业发展的实际情况，以"工作任务项目化"为途径，对餐饮企业在生产、经营、管理和销售过程中应用的理论与实务进行阐述。在内容的组织上打破了传统的课程学科体系，采用任务驱动、案例教学的方式，以具体的实践任务贯穿整个教学过程，体现高职高专教材的特点。教材内容对接行业标准，结合岗位需求，引入大赛标准，以餐饮部典型工作任务、案例等为载体组织教学单元。将课程内容重构为8个项目（24个任务）：餐饮数字化管理、餐饮服务基本技能、餐饮对客服务、菜单设计、餐饮产品销售管理、餐饮服务质量管理、餐饮原材料管理、餐饮产品生产管理。每个项目均设有项目导读、项目目标、知识导图、任务导入，其间穿插知识链接、知识拓展、小贴士和对点案例，后有思考与练习可供学生学习和实操。符合学生认知特点，能够满足项目学习、案例学习、模块化学习等不同学习方式要求，有效激发学生学习兴趣和创新潜能。同时配有多媒体课件、微课动画等数字化资源，使用更加灵活方便，随扫随学，可以更好地为教学提供服务。

本书由天津职业大学徐文苑主编，在编写过程中多次听取了行业专家的意见，同时也参考和借鉴了有关专家、学者的论著、教材及网络文献等，在此表示诚挚的谢意。由于编者学识水平有限，加之酒店行业数字化转型日新月异，书中难免存在不足之处，恳请广大专家和读者批评指正。

编者

2023年6月

目录 MULU

项目一　餐饮数字化管理 001

　　任务一　认知数字化餐饮 002
　　任务二　认知餐饮管理系统 009

项目二　餐饮服务基本技能 020

　　任务一　托盘 021
　　任务二　餐巾折花 026
　　任务三　铺台布 030
　　任务四　摆台 033
　　任务五　斟酒 042
　　任务六　上菜与分菜 046

项目三　餐饮对客服务 057

　　任务一　零点服务 058
　　任务二　宴会服务 070
　　任务三　其他服务 081

项目四　菜单设计 102

　　任务一　菜单设计与制作 103

任务二	套餐菜单的设计	110
任务三	菜品选择与菜单分析	115

项目五　餐饮产品销售管理　130

任务一	餐饮产品销售价格制定	131
任务二	餐饮数字化营销	142

项目六　餐饮服务质量管理　160

任务一	餐饮服务质量认知	161
任务二	餐饮服务质量检查与控制	166

项目七　餐饮原材料管理　188

任务一	餐饮原材料的采购管理	189
任务二	餐饮原材料的验收管理	198
任务三	餐饮原材料的储存与发放管理	206

项目八　餐饮产品生产管理　222

任务一	餐饮生产管理认知	223
任务二	餐饮产品生产质量控制	232
任务三	厨房的卫生与安全管理	239

参考文献　250

二维码资源目录

二维码对应视频/案例	章	页码
知识链接:餐饮数字化的作用	一	004
知识链接:托盘的种类与用途	二	025
动画:托盘打翻了	二	025
知识链接:餐巾的种类及作用	二	028
知识链接:台布的种类	二	032
动画:错误的选择	二	032
知识链接:中餐宴会的场地布置	二	035
知识链接:西餐摆台所需物品	二	038
知识链接:酒水基础知识	二	045
知识链接:酒的分类	二	045
知识链接:中国的八大菜系	二	047
动画:家庭寿宴	二	053
知识链接:合理引座的要求	三	060
动画:向推销员推销	三	061
知识链接:西式早餐服务主要形式	三	066
知识链接:中餐宴会台形布置	三	073
动画:婚宴上错菜 得到赔偿	三	075
知识链接:西餐宴会台型设计方法	三	077
动画:酒店宴会预订工作	三	077
动画:餐前准备工作不到位	三	080
知识链接:菜单设计需要考虑的因素	四	105
知识链接:菜单设计的基本原则	四	107
知识链接:菜单的种类	四	108
知识链接:节日菜单	四	111
动画:个性化菜单	四	114
知识链接:菜品选择的原则	四	118
知识链接:菜单分析的具体步骤	四	121
知识链接:毛利率的核定	五	138
知识链接:餐饮广告的策划程序	五	152
动画:如此推销	五	154

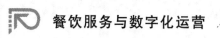

知识链接:餐饮服务的特点	六	162
知识链接:服务质量管理的差距分析模型	六	169
动画:一根头发引出的思考	六	174
动画:杯子不够	六	181
动画:蚝油牛肉变成了青椒炒牛肉	六	182
动画:微笑的背后	六	185
知识链接:采购人员的要求	七	191
知识链接:餐饮原材料验收的要求	七	202
知识链接:餐饮原材料验收控制	七	203
知识链接:食品原材料储存的目的	七	212
知识链接:厨房组织机构设置原则	八	228
知识链接:厨房设计与布局要点	八	231
知识链接:厨房生产流程控制方法	八	238
知识链接:餐饮管理应重视厨房卫生	八	241

项目一
餐饮数字化管理

 项目导读

互联网化及数字化开始在中国餐饮这个相对传统的行业流行。"互联网＋餐饮"给传统餐饮业带来新的发展契机,餐饮业正从传统服务业向现代服务业转变,服务方式和市场结构发生巨大变化,市场空间因为有了互联网的导入,得到了新的拓展,市场机会日益增多。伴随着互联网化的逐步成熟,餐饮企业在集团化、网络化、数字化方面经营趋势加快,智慧餐饮的概念在餐饮这个传统行业开始萌发。

随着大数据时代的到来,餐饮服务呈现数字化趋势。通过大数据分析,餐厅服务人员可以快速读取每位顾客的消费习惯和用餐习惯,针对性地提供顾客需要的更高水准的服务。通过数据管理,餐厅可以实现从备料、清理库存,到销售数据分析等各方面的高效管理。实现营销的动态优化。餐厅菜单可从之前几个月优化一次,到未来每小时优化一次,对每位顾客进行菜品个性化推荐,这都是数字化带来的餐厅服务转化与提升。

 项目目标

素质目标

1.培养学生数字化素养。

2.培养学生用数据指导应用的现代管理者思维。

知识目标

1.理解智慧餐厅的含义及基本特点。

2.了解餐饮管理系统的功能。

3.了解智能预订系统及自助点餐系统。

能力目标

1.能够正确使用无线点菜机为客人点菜。

2.能够正确使用餐饮结算系统为客人结账。

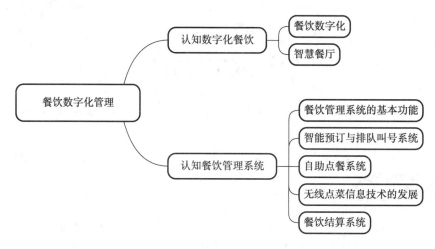

任务一　认知数字化餐饮

传统餐饮的管理模式属于经验型经营，而数字化则帮助餐饮品牌重构了商业链条，大幅提高了效率。餐饮数字化的核心是以用户需求为核心，对产品开发、产业链条搭建、流程管理、服务创新、营销等进行数字化的经营重建（见图1-1）。

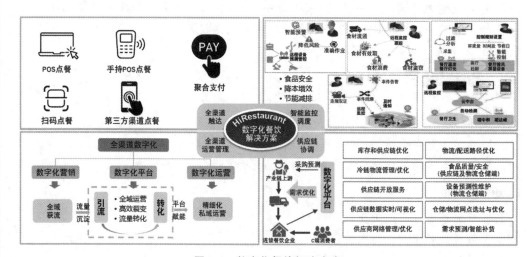

图1-1　数字化餐饮解决方案

餐饮业转型数字化是趋势，餐饮企业的数字化能力则是保证企业发展的重要原动力。当前，中国餐饮业所面临的主要矛盾仍然是市场供给的传统方式与社会需求之间的差距，餐饮供给难以满足民众日渐增长的餐饮消费需求体验而形成的结构性不平衡。在"互联网＋"、大数据、云计算的时代背景下，餐饮业通过现代服务理念和互联网技术渗透，跨界产业深度融合，必将迎来新的机遇。餐饮业要想实现经营目标和提高服务质量，必须掌握现阶段人们对餐饮的需求，生产适销对路的餐饮产品，以满足顾客不断变化的餐饮需求。

任务导入 Task Leading-in

西贝的互联网、信息化、数字化探索与变革

作为一线中餐连锁品牌的旗帜，西贝一直是以创新和变革者的形象存在，"敢争第一"是引领所有西贝人前进的理念。面对"消费升级"和"互联网＋"的新时代，西贝探索出了一条信息化系统建设与数字化转型之路。一般餐饮企业不过是线下发单页、线上做团购，最核心的用户管理则几乎是处于真空状态，一味地想要吸引新顾客进店却忽略了忠诚度最高的老顾客，这不得不说是一种本末倒置的行为。而西贝借助信息化手段，把纸质券变成数字会员系统，通过信息化系统支撑会员活动，唤醒沉睡会员。对于传统餐厅而言，顾客在餐厅沟通点餐、等候结账是一个双向消耗的过程：一方面，餐厅服务员需要等候在旁边不能进行其他工作；另一方面，顾客等候服务员往返多次也在消耗耐心。

西贝的做法是，大力推广让顾客自助点餐，顾客到店以后在座位上扫码自助点餐、结账，同时还可以同西贝会员库中的会员信息关联，而这要归功于"美味不用等"的"秒付"解决方案。自2017年伊始，这一解决方案就作为西贝新开店面的标配进行推广，从而有效提升餐桌上的支付体验。

想一想：什么是餐饮数字化？该餐厅是如何成功进行数字化转型的？

一、餐饮数字化

餐饮业是利用餐饮设施为顾客提供餐饮实物产品和餐饮服务的生产经营性行业。餐饮业是一个古老而又充满活力且具有现代气息的行业。说它古老，是因为饮食是人类赖以生存的重要物质条件，人类饮食的发展同人类本身的发展一样历史悠久，餐饮催生了人类的文明；说它充满活力，是因为伴随着历史的推进，菜品日益增多、服务日臻精良、规模不断扩大、内涵越发丰富、积淀渐趋深厚；说它现代，是因为它越来越体现着健康、科学、积极、有益的就餐及生活方式。

在数字经济大潮下，餐饮业正在拥抱新的数字化经营主场，打造新的增长曲线。数字化餐饮业就是把餐饮行业涉及的复杂多变的实体店业务信息，转化成可以衡量评估的客观数据，并对这些数据进行梳理与总结，推测未来的发展方向和具体措施，使业务更加精准，优化行业发展。这个转变过程，即餐饮业的数字化转型。

随着餐饮业的数字化转型，顾客已经习惯数字化带来的便捷、高效、优质的服务。

知识链接

餐饮数字化的作用

越来越多的餐厅经营者投身于数字化领域的建设和创新之中，以满足不断变化的顾客消费习惯。例如，开发餐厅的APP、小程序，使顾客可以更加方便快捷地下单、支付（见图1-2），或是提前下单，顾客到店里的时候，餐厅已经准备好餐食，顾客可以直接食用或者打包带走，这大大节约了顾客等候的时间。此外，餐厅APP、小程序中的积分、特别礼物、优惠券等功能，也非常受顾客欢迎。

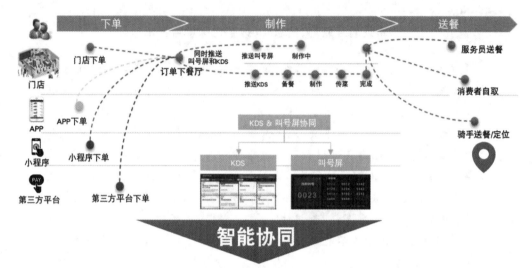

图1-2　餐饮业数字化达到智能协同

知识拓展 Learning More

智慧餐饮——数字时代新风尚

智慧餐饮是指利用现代科技手段，实现餐饮业的数字化转型，以提升顾客体验和提高经营效率的一种新型餐饮服务。智慧餐饮的出现不仅是数字时代智能硬件的发展，也是餐饮行业市场竞争激烈的产物。

1. 数字化转型

随着众多互联网企业逐渐深入餐饮行业，顾客的餐饮需求也在不断提高。数字化转型是为餐饮企业提供更好的服务和更好的用户体验迫不及待的需求。传统的餐饮模式已经不能满足顾客的多元化需求。

数字化的餐饮模式可以让顾客更加方便地享受餐饮服务，比如智能点菜、自助取餐、线上支付等新的服务方式，这不仅提升了广大顾客的用餐体验，也充分体现了餐饮企业的服务优势。

智慧餐饮模式的兴起可以让人们直观地看到，数字与互联网已经在餐饮业的各个方面深度融合。数字化转型不仅使得餐厅变得更加智慧化，还可以实现智能管理、资源整合、数据分析、营销推广、员工效率提高等目标。

数字化转型的餐饮企业，在当前市场竞争激烈的情况下，可以通过智慧化运营，加快发展节奏，实现科技数据化和效益最大化的经营目标，占据市场优势。

2. 智能餐饮硬件助力

智能硬件是数字化转型的核心基础。根据实际情况,餐饮企业可以在自助终端、智能云点餐系统、餐饮收银机、条码扫描枪等设备内置有移动端应用的硬件设备中进行选择。

自助终端能够提供自助点餐、自助结账、自助取餐等服务。智能云点餐系统能够让顾客利用手机或者微信进行扫码点餐,同时餐厅的收银机实现联动支付,减少了人工干预,提高了工作效率,节省了人力成本。

智能化、高效化、舒适化的硬件设备能够带来优质的用餐体验和发展前景。餐厅还可以在硬件设备上安装智能控制系统,统计分析顾客消费倾向和用餐习惯,不断改善服务,并针对不同的顾客进行个性化推荐,从而增强顾客黏性。

3. 营销手段的创新

数字时代的餐饮企业,除了硬件设备和技术领域的改变,还需要从营销策略和服务质量方面进行升级。可以通过社交媒体和互联网平台上的在线促销、优惠券等方式,吸引顾客消费。例如,推出生日特别优惠、VIP制度等,使得顾客情感认同度更高,能够提高顾客忠诚度。同样,也可通过与第三方服务平台合作和开展活动等来拓展市场,扩大品牌知名度。

二、智慧餐厅

餐厅是让顾客购买及享用烹调好的食物及饮料的场所。"餐厅"一词涵盖了处于不同地点及提供不同烹调风格的饮食场所。随着我国经济及旅游业不断发展、人民生活水平不断提高,以及城市人口不断增多,餐饮业也在不断发展、完善、壮大。在未来一段时间内,餐厅市场发展潜力依然巨大,但同时也面临着"适者生存"的考验与竞争。因此,餐厅要加快发展的脚步,跟上数字化转型的步伐。餐厅作为餐饮服务的一种载体,不仅要完善自己的硬件设施、研制特色菜肴,还要重视人性化管理和数字化服务。

在数字化时代,餐饮行业也不断迎来新的技术革新和创新模式,智慧餐厅作为其中的一种新型餐饮模式,受到了广泛关注。智慧餐厅可基于物联网和云计算技术,通过客人自主点餐系统、服务呼叫系统、后厨互动系统、前台收银系统、预订排号系统及信息管理系统等,节约用工量、降低经营成本、提高管理绩效。

(一)智慧餐厅的定义

智慧餐厅是指通过先进的数字化、物联网、人工智能等技术手段,对餐厅内的各个环节进行全面优化和智能化升级的餐饮业态。它借助技术的力量,实现了点餐、支付、配餐、清洁、管理等餐厅运营环节的数字化和智能化,提高了餐厅的管理效率、提升了顾客的用餐体验,并为餐厅带来了更多的商业机会和发展空间。

（二）智慧餐厅的特点

智慧餐厅的应用范围广泛，涉及不同类型的餐饮场所。数字化技术可以帮助餐厅管理者解决许多日常管理中的难题。智慧餐厅作为餐饮行业的数字化升级，将为餐厅管理者提供更加智能化、高效化的管理工具，提升用户体验，优化经营策略，实现可持续发展。智慧餐厅具有以下几个显著的特点：

1. 数字化管理

利用先进的数字技术，智慧餐厅能够实现从订单管理、库存管理、生产管理到配送管理等环节的自动化和智能化管理，减少人工操作和管理的复杂性，提高餐厅运营的效率和精细化程度。

2. 智能化服务

智慧餐厅通过人工智能技术，能够识别顾客需求，根据顾客的历史点餐记录、口味偏好等信息进行菜品推荐和个性化定制，从而提升顾客的用餐体验、增强用户黏性和提高忠诚度。

3. 科技化体验

智慧餐厅在用户点餐、支付、取餐等环节引入先进的科技手段，如自助点餐终端、扫码支付、智能取餐柜等，能够提供便捷、高效、安全的用餐体验，减少排队等待时间，提高顾客的满意度。

4. 数据化决策

智慧餐厅通过数据采集、分析和挖掘，能够实时监测餐厅运营情况，进行销售预测和菜品优化，帮助餐厅管理者合理调整菜品组合、定价策略，提高销售额和增强盈利能力。

在数字化时代，智慧餐厅作为餐饮行业的一种新兴形态，正在迅速崭露头角。借助先进的技术手段，智慧餐厅正在逐步实现数字化、智能化、自动化的运营管理，为顾客带来更便捷、高效、个性化的餐饮体验。

（三）智慧餐厅的内容

智慧餐厅是数字化创新在餐饮行业中的应用，相比传统餐厅，它有诸多优势。首先，智慧餐厅提供了便捷、快速、个性化的点餐和支付方式，提升了顾客体验。其次，智慧餐厅通过数字化技术实现了对菜品销售、顾客数据等的实时监控和分析，为餐厅的经营决策提供了有力的支持。最后，智慧餐厅还可以通过数字化互动系统与顾客互动，提高顾客的参与度和忠诚度。

1. 智慧餐厅数字化菜单和点餐系统

数字化菜单和点餐系统是智慧餐厅的重要组成部分。通过数字化菜单和点餐系统，顾客可以使用手机、平板电脑等设备，浏览菜单、选择菜品、定制口味，实现自助点餐和支付，提高了点餐的便捷性和个性化。同时，餐厅也可以通过数字化菜单和点餐系统，实时掌握菜品销售情况、顾客口味偏好等数据，这为餐厅的经营决策提供了有力的支持。

2. 智慧餐厅数字化支付和结算系统

数字化支付和结算系统是智慧餐厅的另一项重要技术应用。通过数字化支付和结算系统，顾客可以使用手机扫码等方式完成支付，避免了传统现金支付的烦琐和不便，提高了支付的便捷性和安全性。同时，数字化支付和结算系统也简化了餐厅的结算流程，减少了人工错误和缩短了结算时间，提高了餐厅的效率和客户满意度。

3. 智慧餐厅顾客互动系统

智慧餐厅顾客互动系统，即餐厅通过数字化技术，实现了与顾客的互动和沟通。顾客可以通过终端设备或手机应用，参与餐厅的促销活动、提交反馈意见、参与互动游戏等，提高了顾客的参与感和体验度。同时，餐厅也可以通过顾客互动系统收集顾客的消费习惯、兴趣爱好等数据，进行个性化推荐和营销，提高顾客忠诚度和再次光顾的可能性。

4. 智慧餐厅数据分析和预测

智慧餐厅通过数字化技术采集大量的数据，包括菜品销售数据、顾客消费数据、餐厅运营数据等，进行数据分析和预测，为餐厅的经营决策提供有力支持。通过数据分析和预测，餐厅可以了解菜品的销售趋势、顾客的消费习惯，预测未来的销售情况，调整菜单和促销策略，提高餐厅的经营效益和增强餐厅的竞争力。

智慧餐厅作为餐饮行业中数字化创新的一种应用模式，通过数字化菜单和点餐系统、数字化支付和结算系统、顾客互动系统以及数据分析和预测等技术的应用，实现了餐厅经营和客户服务的智能化、便捷化和个性化。数字化创新在智慧餐厅中发挥了重要作用，推动了智慧餐厅的发展，提高了餐厅的经营效益，提升了顾客体验。随着科技的不断进步，智慧餐厅将会在菜单定制、支付方式、数据分析和预测等方面不断创新，提供更加智能化、便捷化和个性化的服务，满足顾客日益增长的多样化需求。同时，智慧餐厅还将面临数据安全、顾客隐私等方面的挑战，需要在数字化创新的同时保障顾客信息的安全和合法使用。

知识拓展 Learning More 智慧餐厅未来发展数据趋势：数字化时代的餐饮革命

智慧餐厅的发展离不开数据的支持。数据在智慧餐厅的运营中起到了关键的作用，可以帮助餐厅管理者更加科学、精细地进行运营管理，优化业务流程，提高顾客满意度，从而推动餐厅的持续发展。

智慧餐厅将依托大数据和人工智能技术，实现智能化运营。通过智能点餐终端设备、厨房管理系统以及顾客数据的采集和分析，智慧餐厅可以了解顾客的消费偏好、消费习惯和消费行为，为餐厅提供有针对性的运营决策。例如，通过数据分析，智慧餐厅可以根据顾客的历史消费记录，为其推荐个性化的菜品，提高顾客的满意度和忠诚度。同时，智慧餐厅还可以通过人工智能技术，对餐厅的运营数据进行预测和优化，从而实现智能化运营，提高运营效率和增强盈利能力。

智慧餐厅将借助互联网和物联网技术，实现数字化运营。随着5G技术的普及和物联网技术的发展，智慧餐厅将更加依赖互联网和物联网技术，实现设备之间的连接和信息的互通。例如，智能点餐终端设备可以通过互联网与餐厅后台管理系统进行实时数据传输，包括订单数据、库存数据、销售数据等，从而实现餐厅运营的数字化管理。通过分析和利用这些数据，智慧餐厅可以更加精准地掌握运营情况，及时做出调整和优化，提高餐厅的经营效果。

此外，智慧餐厅还可以通过物联网技术实现设备之间的互联互通，从而实现智能化的设备管理和维护。例如，将智能厨房设备与餐厅管理系统连接，通过实时传输设备运行数据，餐厅可以提前预测设备的维护需求，避免设备故障对其运营造成的影响。这样，智慧餐厅可以在保障设备正常运行的同时，最大限度地降低维护成本和减少停机时间，从而提高运营效率。

智慧餐厅未来发展数据还包括了顾客数据的利用。随着社会数字化程度的不断提高，顾客在智慧餐厅的消费行为也会产生大量的数据。智慧餐厅可以通过顾客数据的分析，了解顾客的消费偏好、消费行为和消费习惯，从而提供更加个性化和精准的服务。例如，通过顾客数据的分析，智慧餐厅可以向顾客推荐他们可能感兴趣的菜品，提供个性化的优惠券和促销活动，从而提高顾客的满意度和忠诚度。

综上所述，智慧餐厅在数字化时代将依托大数据和人工智能技术，实现智能化运营和数字化管理。通过顾客数据和市场数据的分析，智慧餐厅可以提供更加个性化的服务，提高顾客的满意度和忠诚度；通过设备数据和运营数据的分析，智慧餐厅可实现设备的智能管理和运营的精细化调整，提高运营效率和降低成本。智慧餐厅未来发展数据将成为智慧餐厅管理的重要依据，助力餐厅实现持续创新和卓越运营。

对点案例 Case Study

斥资千万打造的沉浸式用餐体验

1.智慧体验带来"沉浸式"就餐新体验

海底捞智慧餐厅拥有可同时容纳80人的超大等位区，宽13米、高3米的影院级巨幕投影屏为等位顾客带来视听享受。与此同时，等位区推出大屏互动游戏，顾客可通过智能手机终端参与其中。就餐区则引进声光电科技，打破传统餐厅装修模式，运用360°环绕立体投影、六大主题场景切换，为顾客带来"沉浸式"就餐新体验。

2.智慧厨房监控菜品全生命周期

海底捞智慧餐厅使用全新自主研发的IKMS（Intelligent Kitchen Management System）实现厨房的综合管理。作为智慧厨房的智能大脑，IKMS可以通过收集智慧厨房各个环节的数据，并对各项数据进行多维度的分析，实时监控厨房的运行状态、生产状况、库存状况、保质期状况等，对智慧厨房进行统一管理。此外,IKMS还能结合机器学习和人工智能技术,实现生产管理流程化、自动化、库存管理智能化、精准化,生产数据信息化、可视化,以及对菜品全生命周期的监控,保证菜品质量。

3. 智能餐厅给每盘菜配备专属"身份证"

智慧餐厅特别研制智能菜品仓库,力保食品安全,包括智慧餐厅把食材加工统一前置到中央厨房,由中央厨房集中加工配送,利用标准化、统一化的自动生产;同时,智慧餐厅配合门店自动出菜机,加载RFID食材监管系统,给每盘菜配备专属"身份证",进行实时追踪,实现菜品保质期精准把控;此外,中央厨房配备全流程食品级材质设备等。

4. 智能定制颠覆人工配锅传统模式

海底捞自主研发的私人定制自动配锅机,颠覆了人工配锅的传统模式。该自动配锅机在提高员工效率的同时,对于顾客无论是"加麻、加辣"还是"少盐、少油"的个性化需求,都可以通过原材料、辅料、鲜料高达0.5克的精准化配置实现真正的私人定制。

分析与决策:海底捞进行的数字化转型给其他餐饮企业带来了哪些启示?

【案例评析】作为国内餐饮龙头企业,海底捞较早开启数字化转型,通过全面搭建数字化平台,并以此为基础拓展数字化应用、智能化服务,持续增强数字化和智能化转型效果,为顾客提供更加多元化、个性化的服务体验。相信有关探索能够为中国餐饮企业发展提供有益参考,助推餐饮行业不断丰富发展形态及拓展边界,持续提升顾客的服务体验与满意度。

近年来,餐饮行业不断加快转型步伐,逐步由外延扩张型向内涵集约型转变,由规模速度型向质量效率型升级。数字化已成为当前转型的重要手段,数字化应用深入渗透到餐饮行业当中。数字化转型和智能化发展是行业趋势,一方面是因为消费需求越来越精细化,另一方面也是应对食品安全风险的有效手段。海底捞有许多新技术与业务结合的案例值得行业借鉴和推广,如提升后厨管理的自动化和智能化,就是解决当下人们所关心的后厨安全管理的有益尝试。海底捞智慧餐厅从满足顾客多元化和个性化需求的角度出发,给予了顾客更多探索与尝试的机会。

任务二 认知餐饮管理系统

餐饮业作为我国第三产业中的一个传统服务性行业,经历了改革开放起步、数量型扩张、规模连锁发展和品牌提升战略4个阶段,取得突飞猛进的发展。然而,面对大量的数据,传统的餐厅管理的方法显得有些不足,仅仅依靠人工对数据进行逐个管理已经很难满足发展的需求。在科技飞速发展的今天,越来越多的商家都开始采用科技来帮助自己提高经营所得。对餐厅的各项数据进行收集管理,能够大量节约成本。在节约成本的同时,还能够通过数据分析对未来的发展进行合理的规划。现在已有很多餐厅实现了通过管理系统的方法对数据进行管理,效果十分显著。

任务导入 Task Leading-in

微信支付与麦当劳开启合作:智慧化餐厅,体验才是王道

这一次,微信支付又直接"包"了一整家麦当劳,智慧餐厅落实到麦当劳店内的每个体验细节。顾客进入一家麦当劳用餐,一般需要经过3个阶段:点餐—支付—用餐。微信支付显而易见也对用户用餐流程进行了琢磨。用户到店先通过微信的摇一摇功能获得优惠券,再直接找座位入座,扫描桌面二维码进行点餐后直接使用刚获得的优惠券微信支付,支付完还可以和好友互动分享,将麦当劳优惠券等信息分享给其他好友,真正实现"数字化用餐"。

除此之外,麦当劳的微信支付旗舰店内,从店头到店面,从餐桌到店员,店内的每个设计细节不但将微信支付简约、时尚的气质与麦当劳的经典设计进行了融合,更是在"智慧餐厅"的实践方面融入了麦当劳"快乐""分享"的品牌理念,不仅完成了麦当劳支付方式的升级,还将微信红包、微信转账、点赞、摇一摇等基于社交分享的产品体验融入了整个就餐过程,打造出"快乐不止一点"的别具一格的智慧餐厅体验。这家店成为麦当劳全球首家微信智慧餐厅,获得了用户广泛的关注,相信微信支付也将其作为微信"智慧餐厅"的一个"范本",对于其他餐厅甚至其他传统线下门店都能提供可复制性的营销经验。

想一想:餐饮管理系统主要包括哪些功能?

一、餐饮管理系统的基本功能

(一)菜品信息管理

餐饮业在酒店中占有越来越重要的地位,经过多年发展,餐饮管理已经由定性管理进入重视定量管理的科学阶段。成熟的餐饮管理系统除了菜品信息、点餐信息、收银操作,还包括销售信息、劳动力成本信息等,可以帮助酒店餐饮管理者实施成本核算和控制,以及提高固定成本的使用效率。

传统的点餐方式有一套流程,就是由服务员手拿纸质菜单,向客人报出所选菜名并记录下来。但是这样的传统方式容易导致客人经常抱怨上菜速度慢、结账速度也慢,有时甚至会出现错上、漏上菜的现象,而服务员为点菜、送单、催菜来回奔走也影响客人的用餐情绪。随着信息化时代的到来、科技的不断进步及经营理念的改变,越来越多的餐饮企业开始思考跳出传统框架的束缚,改善客人体验,增强自身竞争力,并且越来越注重餐饮管理的高科技程度。现在餐厅多使用手持终端或者平板电脑来替代手写账单,服务员的工作效率得到了很大提高,同时也提升了餐厅的档次。

客人也可以直接通过线上团购来预订自己所需要的菜品。线上线下都可以使用的智能点餐系统,能够满足客人日益增长的饮食文化需求,也能够帮助酒店从容应对互联网发展带来的挑战,获取更多的商机,创造更多的商业价值。

菜品管理是餐饮管理系统最基本的信息,主要包括菜品基本信息、菜品编码信息、菜品部门信息、套餐信息等。菜品基本信息包括菜品的类别(如主菜、汤品、甜品等)、价格、折扣等级等。除了基本信息,餐厅还可以通过"自定义"对菜品进行编码和改码,形成菜品编码信息,如菜品的配料等。菜品部门信息反映的是菜品与各部门之间的对应关系,如有的酒店中餐厅只提供中餐菜品,西餐厅只提供西餐菜品。套餐信息是酒店为了获得长期顾客,并实现利益最大化采用的一种销售形式,便于实现销售统计和成本核算。

(二)销售信息管理

餐饮的销售信息系统存储和维护餐厅业务相关的数据,将菜品信息与菜品销售进行关联。销售信息管理是以日结为经营结束的标志,日志生成后,生成并打印日经营报表,包括日营业额、开桌数、用餐人数、人均消费等信息。销售信息管理可以从多个角度统计和分析销售数据,包括消费时段、营业区域等。

例如,某酒店餐饮部营业面积300平方米,拥有4个普通包厢、2个套间包厢、1个豪华大包厢和1个大餐厅,共计160个餐位。近年来,由于酒店周边开了多家餐馆,再加上餐饮部的菜肴品种较少、口味欠佳、价格偏高、服务不太好,结果餐饮部生意越做越差。根据该酒店餐饮部的销售报表可知,该酒店1—10月,除5月盈利279312元、9月盈利7719.22元外,其他各月均为亏损。其中,10月亏损919.93元,1—10月累计亏损40455.25元。因此,餐饮部需要对菜品进行改良和价格调整,加强经营管理,增加菜品品种,推出特色菜肴,提供优质服务,有效促进销售,从而提高营业额。此外,餐饮部要采取切实可行的措施,加强采购、库存、粗加工和烹饪等各环节的成本控制,降低产品成本,增加企业利润。

(三)成本信息管理

成本信息管理是餐饮管理的核心内容,餐饮与客房不同,可变成本在餐饮成本中占主要部分,而对餐饮原材料的管理和控制就成为餐饮成本控制的核心。例如,后厨为每道菜品制定主要原材料的标准用量(例如,一盘青椒炒肉的原材料用量为250克青椒、150克猪肉)。在设置菜谱时把每道菜品的主要原材料按标准用量进行登记,这样成本信息、管理系统就能根据每天销售的菜品,对消耗的原材料按标准用量进行统计。虽然统计的是标准用量,与实际消耗可能有出入,但管理人员可根据这个数字来衡量和控制厨房及采购的工作,从而达到控制成本的目的。酒店使用成本信息管理系统与未使用该系统相比,至少能降低5%的原材料消耗,多数酒店能降低10%~15%的原材料消耗。

二、智能预订与排队叫号系统

(一) 智能预订系统

目前,酒店餐饮订餐系统能够实现线上、线下交易的模式,将酒店餐饮预订与点菜服务平台移动端系统相结合,支持用户使用移动智能设备预订房间和点菜等,实现客户自主预订、现场消费一体化。

根据餐饮业的发展趋势,酒店餐饮预订与服务平台面向酒店,针对酒店消费人群的特点,移动端系统的开发就是为了便于顾客能随时随地、方便地使用手机或平板电脑等智能移动设备进行预订或点餐。

面向酒店端的预订管理,智能预订系统有两种实现方式。

(1)平台提供酒店端预订管理SaaS应用,酒店可以租用,定制面向酒店的虚拟化系统。

(2)酒店仍然使用自己的餐饮管理系统,但需要进行一些改造,以便实现与消息中间件的通信。酒店通过平台提供的消息适配器组件来简化对餐饮管理系统的改造。对于某些预订服务平台需要,但餐饮管理系统不具备的数据和功能(如酒店、房间及菜品图片管理),平台要对餐饮管理系统做一些功能扩展。

平台通过消息中间件可实现预订与点菜服务系统和酒店预订管理的交互,包括预订信息交换、基础数据同步等。

为了避免消息队列中消费消息的混乱,一个酒店只能选择其中一种方式,或租用酒店端预订管理SaaS应用,或使用适配组件改造酒店已有的餐饮管理系统。

(二) 智能排队叫号机

智能排队叫号机简称排队机或叫号机,是用于服务行业的一种自助服务终端。智能排队叫号机能够很好地解决客户在办理业务时所遇到的排队、等候、拥挤和混乱等现象,真正创造舒适、公平、友好的等候环境;也能对客户情况及职员的工作状况做出各种统计,为管理层决策提供依据。智能排队叫号机可联网也可单机工作。

1. 功能

智能排队叫号机的系统通常包括以下功能:

(1)系统基于Windows平台,易于操作,便于维护。

(2)系统采用工业控制级低功耗主板,能够适应长时间工作的压力。

(3)系统可支持100种业务类型。

(4)系统采用真人语音播报叫号信息。

(5)系统可以按照客户的需求进行设计或更换。

(6)系统可以按照客户的需求模式进行自主更改。

(7)办理各项业务的序号,可以按照客户的需求进行自主设置。

(8)智能排队叫号机号票上的文字内容、图案、业务名称、纸张长短等可以按客户的需要进行设置。

(9)系统支持播放背景音乐。

(10)系统具有强大的统计管理功能,并且可以实现远程监控。

2.设计原则

智能排队叫号机的设计原则如下:

(1)稳定可靠。智能排队叫号机是基于完全工业级嵌入式的软硬件平台,系统稳定,可经受长时间的频繁操作而不死机,无卡纸设计,工业触摸屏经久耐用,一年内基本不需要售后服务。

(2)行业通用。智能排队叫号机适用于各种不同行业的服务大厅,可根据客户现场个性化要求更改界面及业务按钮;使操作符合人们的思维和行为习惯。

(3)声音愉悦。智能排队叫号机一般可提供清晰悦耳的提示音和直观的显示屏,营造舒适的服务环境,可以减缓客人排队等候时的焦虑情绪,客人可以充分利用等候时间做其他事情,节约客人的等候时间,为客人提供满意的服务。

(4)扩展性强。智能排队叫号机的排队队列、队列优先权、增减窗口、多级页面都可根据需要进行扩展。

(5)模块化设计。智能排队叫号机的软件和硬件两方面的设计均遵循模块化的设计理念,给产品的安装、测试、升级等方面都带来方便。

三、自助点餐系统

(一)基于O2O的餐饮模式

互联网正以前所未有的更新换代速度,向传统行业发起一轮又一轮的挑战。在"互联网+"背景下,酒店数字化运营、智慧酒店、智慧餐厅、智慧客房等都在酒店餐饮行业出现了。

酒店要在当前激烈的行业竞争中生存发展,必须有自己的运营特色,摆脱传统落后的运营模式。酒店业和餐饮业的数字化、智能化的发展,避免了传统管理方法的失误,给企业的运营和管理带来了方便,让客人的消费更加便捷舒适,满足客人个性化和人性化的需求。

随着智能手机的普及和移动互联网快速发展,传统餐饮运营模式受到挑战,酒店必须改革,顺应时代潮流的发展。以微盟智慧餐厅为例,这个平台基于微信公众号建立统一的餐饮服务管理平台,提供快速点单和会员制,采用当下比较流行的微信支付平台,通过二维码和微信公众号与顾客建立交互,快捷有效,而且微信钱包较为可靠,减少了在收钱过程中的人为失误,其中所产生的支付数据和食品记录也可作为查询依据进入系统数据库,方便收支建模和核实账目。

酒店餐饮使用移动支付平台的一个优势就是迅捷。部署这类系统不需要太多的人力,成本也不高,通过数据库接口,移动支付可以快速作为一个模块并入酒店管理信息系统。移动互联网的一个特点就是服务提供商会提供包括运营在内的服务打包,让使用者可以不用顾及具体实现,而使用提供方提供的大量的已经优化的系统服务。在移动互联时代，附加服务通常可以起到很多作用，这不仅仅是互联网公司的思维，也是现代酒店管理中需要注意和学习的。

（二）酒店餐饮中的自助模式

自助模式一直是智慧酒店建设中的重点对象，在当代，随着移动互联技术和智能设备的普及，自助模式得到了很大的发展。

一些自助终端也可以在酒店餐厅的自助系统中发挥重大的作用。以麦当劳为例，麦当劳的门店几乎全部使用了"柜台＋自助点单终端"的点菜模式，客户可以直接在点单终端上点单，终端机器获得的订单同时也是一个完备的叫号排号系统，客户的点单和柜台的点单是一体的，不仅避免了排队带来的时间浪费，有效地缓解了人流压力，也减少了人力需求，这样餐厅就能以更少的人力处理更多的订单，从而获得更优的收支模型。

酒店餐厅不仅可以使用点单终端，而且基于微信的强大功能和广泛的普及度，越来越多的酒店餐厅在其餐桌上展示点单二维码，客户扫描二维码，即可在线下单，当场生成订单和收费，甚至比自助终端更加方便（见图1-3）。

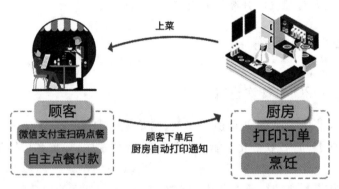

图1-3　自助点餐收银流程图

海底捞投资15亿元打造的智慧餐厅一号，不同于传统餐厅店面，该餐厅拥有送餐机器人、收盘机器人、机械手臂、巨屏投影墙壁等科技元素。智慧餐厅入口处布置了一块大屏幕，等位区可以容纳80人，客人扫描屏幕上的二维码即可进入游戏，轻松愉快的氛围让很多客人忘了自己是来吃饭的。另外，餐厅支持私人定制专属锅底，iPad一键下单，系统现场调配，误差不超过0.5克的精准化配置。最神奇的当属机器人送餐，智能机器人可以实现精准送达菜品上桌，同时可以躲避行人，自由行走，而且机器人会显示菜品的新鲜度等数据。

四、无线点菜信息技术的发展

（一）红外点菜

点菜员将客人所点菜品输入手持设备后，走到距红外HUB（多端口的转发器）1～5

米处,对准红外 HUB 按键发射,实现点菜单的传输。红外点菜信息技术的弱点:红外 HUB 布线较多,只能近距离发射,而且发射方向受限(必须正对),不能随时随地发送。

红外点菜信息技术已经逐渐淡出市场,但是它也具备某些优点,比如可选手持设备众多,掌上电脑(Personal Digital Assistant,PDA)手持设备多采用主流操作系统或者嵌入式系统,二次开发相对简单,安装使用方便,实施成本低。

(二)433M 无线射频点菜

点菜员使用具有 433M 无线射频数传模块的点菜机。虽然这类点菜机的生产厂商众多,机型也多种多样,但是其内部结构创新不足,通常是基于单片机或嵌入式系统 PDA,并且各家厂商所用通信接口各异,互相兼容性差。对采用单片机结构的点菜机而言,其底层系统与应用程序是整体开发,当需要修改时,会涉及底层系统,因此,二次开发相对困难。此外,如果单片机没有形成量产,主板问题则会成为按键式点菜机的致命伤,而更换供应商则意味着必须废弃之前采购的点菜机、无线基站等所有设备,升级换代成本更大。

433M 点菜机的优点是信号传输距离远、穿透能力强;缺点是信号不稳定、容易受到干扰,而且带宽窄、速率低。信号的基站接入必须从服务器串口开始,而多基站连接都要从服务器开始造成大量重复布线。点菜机在多基站情况下很难实现漫游,这就限制了点菜机的使用自由性,相对就限制了酒店对不同区域的服务员进行临时调动。

(三)Wi-Fi 点菜

点菜员使用加载 802.11 标准无线网卡的点菜机,这类点菜机属于常见的具有基于 Windows CE、Pocket PC、Pocket PC Phone Edition、Smart Phone 或 Linux 系统(包括基于 Linux 平台开发的开源 Android 系统)的 PDA,包括应用最新的 iPad。在美国电气与电子工程师协会(IEEE)制定的 802.11 协议标准中,Wi-Fi 无线网卡内置或外置均可,PDA 端发射功率在 10~15dB,通过无线接入点(AP)与服务器通信,实现所谓无线局域网通信。

802.11 标准无线设备的最大覆盖距离通常为 300~500 米。在 Wi-Fi 点菜应用中,普通无线接入点的室内通信距离一般为 50~100 米,室外距离为 100~500 米。Wi-Fi 点菜机的平台可用资源丰富,二次开发容易,设备兼容性强,信号可靠性高,数据带宽大。但是 Wi-Fi 点菜机手持设备成本高,以往一直是高端酒店使用,但随着成本的下降,Wi-Fi 点菜方案市场份额达 50% 以上。

(四)ZigBee 点菜

点菜机使用基于 2.4G 国际公用频段的 ZigBee 无线传输技术,最大覆盖距离达到半径 2 千米(空旷环境下),并且该频段的信号发射不受无线电管理委员会管制(433M 无线射频数传模块则受管制)。在现有无线点菜信息技术中,ZigBee 无线传输技术所达距离最远,支持链状网络,可以多网互联,无线基站及无线点菜机全程无须布线,ZigBee 点菜的缺点是实施成本较高。

(五) GPRS/CDMA 点菜

点菜员通过中高端手机并借助公共无线通信系统实现点菜通信。只要手机内置 Java 虚拟机就可以进行与 Wi-Fi 开发类似的二次开发。GPRS/CDMA 点菜的优点是可选机型丰富,可适当避免重复投资;缺点是必须每机备有手机卡,日常使用会产生流量费用。

五、餐饮结算系统

(一) 餐饮结算的信息化历程

电子信息行业发展的萌芽期是在20世纪70年代,当时电子设备不仅价格昂贵,而且产量有限,基本上应用于科研领域,在民用信息化建设方面的应用较少。像餐饮这种服务行业,一直都是纯人工操作。20世纪末,物联网技术的兴起逐渐带动了餐饮行业结算方式的发展。

餐饮行业结算方式的变化历程包括以下几个阶段。

1. 计算机收银

餐饮结算信息化的雏形形成于1986年,顾客点餐以后,由收银台的打印机打印显示菜品名称、数量和总金额的小票,省去了收银员通过计算器计算账单的过程,计算机不会发生金额计算失误的情况,同时加快了结账速度。这一阶段的餐饮结算信息化只是实现了财务管理的电算化,功能比较简单。

2. 计算机收银、厨房打印

这一阶段始于1998年,点菜系统的可操作性越来越好,首先由录单人员将点菜服务员反馈的点菜单依次录入计算机,随后点菜系统将点菜数据传送至厨房,厨房根据打印出来的订单烹饪并上菜,使用这种点菜系统加快了上菜速度。

3. 手持"点菜宝"

2001年,有些国外酒店餐厅服务员的手里拿着"点菜宝"为顾客点菜,当顾客报出菜名时,服务人员就在"点菜宝"上进行实时输入,随时将点餐数据传送至收银台和厨房,服务人员不用手工记录也不用奔波于顾客餐台和收银台之间,手持"点菜宝"的成本逐渐降低,无线网络也越来越普及,"点菜宝"不再是高档酒店餐厅的专属工具,更多的中小型酒店餐厅也具备了购买手持"点菜宝"的能力,手持"点菜宝"(见图1-4)在餐饮行业逐渐流行起来。

图1-4 手持"点菜宝"

4. 智能终端点菜系统

2011年,以 Android 平板电脑和 iPad 为电子菜谱载体的智能终端点菜系统出现了(见图1-5)。随着科学技术的进步,点餐系统的功能也得到了进一步的完善。客人通过触摸屏不仅能看到丰富的菜品样式,还能了解菜品的原材料、烹饪方式及营养价值。这种点菜方式以顾客为中心,提倡自主和个性化,为顾客带来人性化的点餐体验。通过点餐系统,顾客可以轻松完成点菜、退菜、加菜、下单、

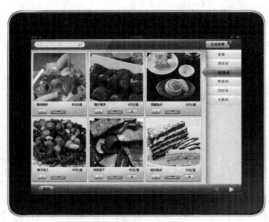

图1-5 智能终端点菜系统

结算、评价菜品等一系列操作。这不仅增加了顾客的愉悦感,还降低了酒店餐饮部的人力成本。

伴随着微信小程序和移动支付的进一步发展,顾客通过扫描二维码等方式,在手机上就可以直接下单、付款,甚至追踪菜品的烹饪进度。同时,餐厅也可以在移动客户端发布活动信息等。

(二)移动互联网支付

餐饮结算可以通过POS系统或现金支付,但是在移动互联时代,人们更多地会选择使用支付宝、微信钱包等付款方式。电子钱包的特点就是与二维码紧密结合,比如在客房的入门处张贴二维码,利用微信的商家功能,可以直接把一些服务(如餐饮服务等)的选项置于其上,便于收款。酒店通过在线收支的方式,不仅可以节省人力、方便更新餐单信息,还可以通过调用历史数据库来更快捷地计算收支模型,这对智慧酒店的信息化管理来说有着重要意义。

(三)酒店餐饮结算

酒店餐饮传统的常规收支流程如下:

餐厅结账单一式两联,第一联为财务联,第二联为顾客联。

客人要求结账时,收银员根据厅面工作人员报结的台号打印出暂结单,厅面工作人员应先将账单核对后签上姓名,然后凭账单与客人结账。如果厅面工作人员没签名,收银员应提醒其签名。

如果客人结账现付的,厅面工作人员应将两联账单拿回并交收银员结账后,再将第二联结账单交给客人,第一联结账单则留存收银员处。

如果客人结账采用的是挂账方式,则由厅面工作人员将客人挂账凭据交收银员。这仅仅是传统意义上的结算流程,在引入移动互联支付后,支付流程发生了改变(见图1-6)。以微信支付为例,在结算的时候,餐厅直接通过后台程序完成结算并发起收款,在付款的时候,客人可以快速完成,同时餐厅可以省下大量原本用于人工收款的人力,还可以提供电子发票,也可以直接标记"需要纸质发票",后续打印纸质发票,以便客人退房时领取。

图1-6　餐饮管理系统结账界面

思考与练习

1.问题思考

(1)什么是智慧餐厅?智慧餐厅的特点是什么?

(2)如何理解餐饮数字化,其作用主要有哪些?

(3)简述智能预订系统。

(4)介绍几个移动互联技术在传统餐饮上的创新之处。

2.实战演练

(1)实地考察酒店餐厅,了解餐饮管理系统。

(2)实地考察智慧餐厅,了解餐饮数字化运营的效果。

3.案例分析

千里马餐饮管理系统

中国的餐饮业非常发达,到处都是餐厅。在庞大的中国市场上,餐饮业要想迅速发展,就要多开分店,遍地开花,从而达到规模经济的效果。当门店数量越来越多时,餐饮集团就必须通过信息化手段,为其旗下的门店提供更有效的管理及营销支撑。

根据市场的需求,万迅公司研发了千里马餐饮管理系统。由于这个强大的管理系统,餐饮集团在营运上可以实现各分店共享会员积分值,餐饮系统数据传输汇总。在后台管理上,餐饮成本系统和集团供应链系统的配合使用,可以实现整个餐饮集团采购、物资及成本控制的集约化管理。

1) 管理系统:一套系统,五大核心,全方位管理

千里马餐饮管理系统是一整套基于互联网的跨地区、实时性、分布式、全方位的信息管理系统,由千里马单店餐饮管理系统、千里马集团会员管理系统、千里马餐饮成本系统、千里马物资供应链管理系统及千里马集团信息共享平台五大核心模块组成,涵盖餐饮经营管理的各个方面,帮助餐饮集团实现业务一体化无缝管理。

2) 营运管理:各店会员共享,总部实时监控

餐饮集团搭建起集中的餐饮管理系统后,原本分散的会员数据都被集中起来,可供各单店方便地查询和使用。会员持卡可在所有集团下营业点消费并积分,实现一卡通行;集团可自定义各种符合营销需要的会员管理体系及积分优惠模式,以激励会员保持对集团的忠诚度。对于单店的管理,集团管理者可以通过系统随时查看所有单店的实时营业数据,便捷地对运营情况进行监控,并按需要调整经营策略。通过自动化的营业报表汇总机制,管理者可掌握各店第一手经营统计数据,及时进行对比分析和科学决策。

3) 后台管理:环节紧密相连,数据自动流转

餐饮经营活动的过程由采购、验收、储存、发料、加工和切配、烹调、销售等环节构成,千里马将物资供应链管理系统、餐饮成本系统及餐饮管理系统有机结合起来,通过各个模块的数据无缝流转对以上各个环节进行控制。集团可以通过集中采购、联合仓储和内部多方交易等方式,充分利用整体资源来平衡各店之间的物资需求,并统筹管理与供应商的往来结算。在原材料进入厨房粗加工和切配、烹饪环节,可以利用成本、标准配比、出品部门对照、物料单位转换等功能,实现对原材料出成率、物料消耗情况及菜品成本等方面的控制和监督,进而达到维持利润合理水平的目标。

思考: 千里马集团化餐饮管理系统有哪些优点?

4. 实训练习

实训:了解智慧餐厅

- 实训目标:通过实训,学生能够深入了解智慧餐厅。
- 实训提示:内容全面,创新独特。
- 实训要求:

(1) 将学生分成若干个小组,调查收集几家智慧餐厅的信息。

(2) 了解餐厅使用餐饮管理系统的情况。

(3) 了解智慧餐厅的主要内容及突出特点。

(4) 学生互评,最后教师总结点评。

- 实训总结:

_____

_____

项目二
餐饮服务基本技能

 项目导读

　　餐饮服务技能是指服务人员在不同场合、不同时间对不同客人提供服务时,能够根据具体情况灵活恰当地运用操作程序和方法,以取得最佳服务效果所显示出的技巧和能力。餐厅的服务工作是一门技艺性较高的专业技术,它要求餐厅服务员掌握多种操作技能,如托盘、餐巾折花、中西餐摆台、斟酒、上菜、分菜、撤盘等。熟练掌握并巧妙运用这些基本功,才能把餐饮服务工作做得灵活自如。熟练的餐饮服务基本技能是做好服务工作、提高服务质量和效率的基本条件。中西餐服务的每项基本技能和环节,如托盘、斟酒、餐巾折花、中西餐摆台、分菜、插花都有特定的操作方法、程序和标准。因此,只有掌握了这些方法、程序和标准,我们在对客服务的过程中才能得心应手、运用自如。对这些餐饮服务的基本技能的要求首先要做到操作规范化、程序化和标准化;其次,还要力求动作得体、姿态美观大方,在为客人用餐提供方便的同时,带给客人美的享受。

 项目目标

素质目标
1. 培养学生踏实肯干、勤学苦练、吃苦耐劳的敬业精神。
2. 培养学生一丝不苟的工作态度和精益求精的工匠精神。

知识目标
1. 能熟练掌握轻托和重托的操作程序与操作要领。
2. 能清楚了解中西餐摆台的种类和要求。
3. 能准确掌握中西餐上菜规范与顺序。
4. 能熟练掌握常见酒水的斟酒服务方法。

能力目标

1. 能选择合适的托盘,并按照所需托送物品合理装盘。
2. 能熟练掌握并运用折花的手技要领。
3. 能熟练进行铺台操作。
4. 能熟练进行中西餐零点及宴会摆台操作。
5. 能够熟练使用分菜工具进行分菜。

 知识导图

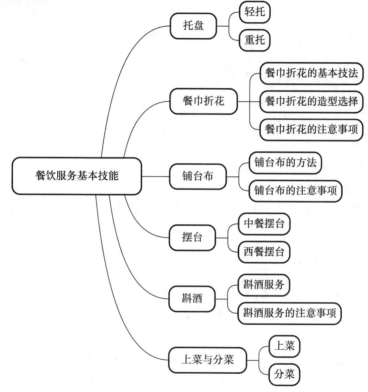

任务一 托 盘

托盘(Serving Tray)是餐饮服务人员用来运送餐具物品、为客人提供服务的重要工具,也是每位餐厅服务人员在服务时必须掌握的一项基本技能。因此,餐饮服务人员必须下功夫练好托盘这一项基本功。托盘的端托方法按照托盘的大小以及所盛装物品重量的不同可以分为轻托和重托,在实际的餐饮服务工作中,以轻托为主,较大或较重的物品一般为了安全起见多用餐车运送。

任务导入 Task Leading-in

翻　　盘

服务员小王从学校毕业到餐厅工作后，经过培训很快就成为餐厅里的服务能手。小王人长得很漂亮，身材又好，穿上一双中跟皮鞋，显得婀娜多姿。可是有一次，在进行宴会服务时，小王却在众目睽睽之下一个踉跄将手中的托盘打翻，造成一次重大的服务事故。

想一想：造成这次事故的主要原因是什么？托盘时应该注意哪些问题？

一、轻托

轻托，通常使用中小圆托盘或小方托盘上酒、上菜。盘中运送的物品重量较轻，一般在5千克以内。端托过程中托盘平托于胸前，所以又称为平托或胸前托。

（一）轻托的操作程序与方法

轻托分为5个步骤，即理盘、装盘、起托、行走、落盘。

1. 理盘（见图2-1）

根据托送物品选择合适的托盘，将要用的托盘清洗后用布擦干，放上洁净的花垫或布垫上，垫布的大小与托盘相适应，外露部分均匀。这样既美观又整洁，还可防止托盘内物品滑动而发生意外。

2. 装盘（见图2-2）

根据物品的形状、重量、体积和使用的先后次序合理装盘。重物合理装配，轻托的物品（除碟、碗外）装盘时，一般要求平摆，并根据所用的托盘形状码放。用圆托盘时，码放物品应呈圆形，用方托盘时横竖成行，二者的重心均应在托盘的中心位置，摆放均匀，注意保持重心。先用的在上、在前，后用的在下、在后，重物、高物放在托盘的里档，轻物、低物放在外档等。

图2-1　理盘

图2-2　装盘

3. 起托（见图2-3）

物品装好托盘以后，将托盘平稳托起。首先将左脚向前一步，站立成弓步形，左手向上弯曲，小臂垂直于左胸前；然后用右手将托盘拉出桌面，左手掌心向上，五指分开，以大拇指端到手掌的掌根部位和其余四指托住盘底，手掌自然形成凹状，掌心不与盘底接触；待左手手掌握好托盘重心后，将右手放开，同时左脚收回，使身体成站立姿势，托盘平托于胸前，略低于胸部。

4. 行走（见图2-4）

服务员托起托盘后，走动时要做到头正肩平、上身挺直、注视前方、脚步轻缓、动作敏捷、步伐稳健、行走自如，使托盘随走动的步伐自然摆动。服务员还应特别注意在为客人服务的过程中使持托盘的左手与上身有一定间距，千万不能紧贴上身。因为人体在走动时有轻微的摇动，如果托盘随身体左右摇动就会使托盘中的物品滑动或菜汁、汤水外溢。

图2-3　起托

图2-4　行走

托盘行走时的5种步伐

小贴士 Tips

- 常步：步履均匀而平缓，快慢适当。适用于餐厅日常服务工作。
- 快步（疾行步）：较之常步，步速更快一些、步距也更大一些，但应保持适宜的速度，不能表现为奔跑，否则会影响菜形或使菜肴发生意外的泼洒。端送火候菜或急需物品时，应在保证菜不变形、汤不洒的前提下，以最快的速度行走。
- 碎步（小快步）：步距小而快地中速行走。运用碎步，可以使上身保持平稳，避免汤汁溢出。适用于端送汤汁多的菜肴及重托物品。
- 跑楼梯步：身体向前倾，重心前移，步距较大，一步跨两个台阶，一步紧跟一步，上楼速度快而均匀，巧妙地借用身体和托盘运动的惯性，既快又节省体力。此法适用于托送菜品上楼。
- 垫步（辅助步）：需要侧身通过时，右脚侧一步，左脚跟一步。当餐厅员工在狭窄的过道中间穿行时，或欲将所端物品放于餐台上时，应采用垫步。

5. 落盘（见图2-5）

在落盘时，一要慢、二要稳、三要平。当物品送到目的地时，要把托盘小心地放到一个选择好的平面处，一般是放在服务桌上。落盘时的正确方法是，首先将左脚向前一步，站立成弓步形；其次用左手将托盘放到已经选择好的平面上，同时右手协助将托盘推向桌面里侧；最后待托盘在桌面放稳后，及时将盘内物品整理或是清理好，注意千万不要在没有放好托盘之前就急于取出托盘上的东西，这样做容易造成物品的倾倒。

图2-5　落盘

（二）轻托的注意事项

（1）左手托盘，左臂弯曲呈90°，掌心向上，五指分开。

（2）用手指和掌底托住盘底，掌心不与盘底接触，手掌自然形成凹状，重心压在大拇指根部，使重心点和左手5个指端形成6个力点，利用5个手指的弹性掌握盘面的平衡。切忌用拇指从上方按住盘边，4个手指托住盘底，这种方法不符合操作要求，而且不礼貌。

（3）平托于胸前，略低于胸部，基本保持在第二和第三枚衣扣之间。盘面与左手臂呈直角状，利用左手手腕灵活转向。

（4）托盘行走时头要正，上身保持直立，肩膀放松，不要紧张，集中精神，步伐稳健。

（5）手臂不要紧贴身体，也不要过度僵硬。行进时应该与前方人员保持适当的距离，并注意左右两侧，切忌突然变换行进路线或突然停下来。

（6）托盘不可越过宾客头顶，随时注意数量、重量、重心的变化，手指做出相应的调整，保持重心稳定。

二、重托

重托，因为以上肩的方式来托送物品所以也叫肩上托，主要用于运送较重的菜点、酒水、盘碟等。重托通常使用大型托盘，运送的物品一般重量在10千克左右。

（一）重托的操作程序与方法

重托分为5个步骤，即理盘、装盘、起托、行走、落托。重托和轻托的操作程序大致相同，在具体操作上略有差别。

1. 理盘

由于重托常用于送菜、送汤和收拾碗碟，一般较油腻，服务员使用托盘前必须清洁盘面并消毒，铺上洁净的专用盘巾，专用盘巾主要起防油、防滑的作用。

2. 装盘

托盘内的物品应分类码放均匀，使物品的重量在盘中分布均匀，并注意把物品按高矮大小摆放协调，切忌将物品无层次地混合摆放，这样会造成餐具破损。装盘时还要使物与物之间留有适当的间隔，以免端托行走时发生碰撞而产生声响。在收拾台面餐具时最好能将物品分门别类地装盘,切忌将所有物品不分大小、形状、种类混装在一个盘内,这样物品容易滑动,甚至掉落打碎。

3. 起托

起托时应先将托盘用右手拉出三分之一,右手扶托盘将托盘托平,双脚分开呈八字形,双腿下蹲,呈马步,腰部略向前弯曲。左手五指分开,用整个手掌托住托盘的底部,手掌移动找到托盘的重心。掌握好重心后,用右手协助左手向上用力将盘慢慢托起,在托起的同时,左手和托盘向左上方旋转过程中送至左肩外上方。做到盘底不搁肩、盘前不靠嘴、盘后不靠发。

4. 行走

行走时,表情轻松自然,步伐不宜过大,行走不要过急,盘面应始终保持平衡平稳,防止汤水外溢。右手自然摆动,或扶住盘前角,并随时准备摆脱他人的碰撞。

5. 落托

落托时,左脚向前迈一步,用右手扶住托盘边缘,左手向右转动手腕,同时托盘向右旋转,待盘面从左肩移至与台面平行时,再用左臂和右手向前推进。

重托操作时要求"平、稳、松"。"平"就是在托盘的各个操作环节中都要掌握好重心,保持平稳,不使汤汁外溢,行走时盘要平,肩要平,两眼要平视前方。"稳"就是装盘合理稳妥,托盘稳而不晃动,行走时步伐稳健不摇摆。"松"就是动作表情要轻松,面容自然,上身挺直,行走自如。

(二)重托的注意事项

(1)要求上身挺直,两肩平行,行走时步履轻快,肩不倾斜,身不摇晃,遇障碍物让而不停。
(2)起托、后转、行走、落盘时要掌握重心,保持平衡。
(3)动作表情要显得轻松自然。
(4)重托时,装载要力所能及,不要在托起后随意地增加或减少盘内的物品。
(5)落盘时,要屈膝但不能弯腰。

对点案例 Case Study

托盘打翻了

小李是旅游学校的一名实习生,被安排在一家四星级酒店的餐厅作服务员。刚刚上班不久,因为接待宴会临时缺人手,她被安排值台服务。从来没有独立工作过的小李手忙脚乱,把客人需要的饮料一股脑地全放在了托盘里。结果在给客人斟倒饮料时,不小心将放在外侧的瓶子碰倒,致使托盘翻了,饮料洒了一地。

分析与决策:小李应该如何正确进行托盘服务?

【案例评析】餐厅服务员上岗前应掌握必备的几项基本操作技能,其中,托盘是很重要的一项,要做到操作规范、技术娴熟。此案例中,服务员小李理

托盘的种类与用途

托盘打翻了

盘不当而造成翻盘,给酒店造成了不必要的损失,带来了不良影响。服务员理盘时,应做到重物、高物放在托盘的里档,轻物、低物放在托盘的外档;先取用的在上、在前,后取用的在下、在后。另外,托盘的重心应稍向里侧。小李将所有的饮料一股脑地放在托盘里,难免造成工作失误。因此,小李要刻苦地加强托盘基本功的训练,以便今后能为客人提供优质的服务。

任务二 餐巾折花

餐巾(Napkin),又称口布(Serviette),是餐厅中常备的一种卫生用品,餐巾花是一种装饰美化餐台的艺术品。餐巾折花是餐厅服务员必备的服务技能之一,餐厅服务员应将餐巾折成各种造型,插在酒杯、水杯内或放置在盘碟内,供客人在进餐过程中使用。由于餐巾直接接触客人的手和嘴,服务员要特别注意其卫生。

任务导入 Task Leading-in

换餐巾

某酒店总经理正在接待几位来自西方国家的同行,宴会桌上餐具精致,水杯上插着造型各异的餐巾,在灯光下熠熠生辉。入座后,主宾看着餐巾微皱眉头,转过头去招呼服务员,示意给他换一块餐巾。

想一想:主宾为何要换餐巾?

一、餐巾折花的基本技法

餐巾折花的基本技法有叠、折、卷、穿、翻、拉、捏、掰(见图2-6)。餐厅服务员应反复练习,做到技艺娴熟、运用自如,以提高摆台的工作效率和加强艺术性。

图2-6 餐巾折花的基本技法

(一)叠

叠是最基本的餐巾折花手法,几乎所有的造型都要使用。叠就是将餐巾一折为

二、二折为四，或折成三角形、长方形、菱形、梯形、锯齿形等形状。叠可分为折叠、分叠。叠时要熟悉造型，看准角度一次叠成。如有反复，就会在餐巾上留下痕迹，影响挺括。叠的基本要领是找好角度一次叠成。

（二）折

折是打褶时运用的一种手法，就是将餐巾叠面折成褶裥的形状，使造型层次丰富、紧凑、美观。打褶时，用双手的拇指和食指分别捏住餐巾两头的第一个褶裥，两个大拇指相对成一线，指面向外。再用两手中指接住餐巾，并控制好下一个褶裥的距离。拇指、食指的指面握紧餐巾向前推折至中指外，食指将推折的褶裥挡住。中指腾出去控制下一个褶裥的距离，三个手指如此互相配合。折可分为直线折和斜线折，两头一样大小时用直线折，一头大而另一头小或折半圆形或圆弧形时用斜线折。折的要领是折出的褶裥均匀整齐。

（三）卷

卷是用大拇指、食指、中指三个手指相互配合，将餐巾卷成圆筒状。卷分为直卷和螺旋卷。直卷有单头卷、双头卷、平头卷。直卷要求餐巾两头一定要卷平。螺旋卷分两种，一种是先将餐巾叠成三角形，餐巾边参差不齐；另一种是将餐巾一头固定，卷另一头，或一头多卷，另一头少卷，使卷筒一头大而另一头小。不管是直卷还是螺旋卷，餐巾都要卷得紧凑、挺括，否则会因松软无力、弯曲变形而影响造型。卷的要领是卷紧、卷挺。

（四）穿

将餐巾先折好后攥在左手掌心内，用筷子一头穿进餐巾的褶缝里，然后用右手的大拇指和食指将筷子上的餐巾一点一点向后拨，直至把筷子穿出餐巾为止。穿好后先把餐巾花插入杯子内，然后再把筷子抽掉，否则容易松散。根据需要，一般只穿两根筷子。穿的要领是穿好的褶裥要平直、细小、均匀。

（五）翻

翻大都用于折花鸟造型。操作时，一手拿餐巾，一手将下垂的餐巾翻起一个角，翻成花卉或鸟的头颈、翅膀、尾等形状。翻花叶时，要注意叶子对称、大小一致、距离相等。翻鸟的翅膀、尾巴或头颈时，一定要翻挺，不要软折。翻的要领是注意大小适宜、自然美观。

（六）拉

拉一般在餐巾花半成形时进行。把半成形的餐巾花攥在左手中，用右手拉出一只角或几只角来。拉的要领是大小比例适当，造型挺括。

（七）捏

捏主要用于折鸟的头部造型。操作时先将餐巾的一角拉挺，作为颈部，然后用一只手的大拇指、食指、中指三个指头捏住鸟颈的顶端，食指向下，将巾角尖端向里压下，用中指与拇指将压下的巾角捏出尖嘴状，作为鸟头。捏的要领是棱角分明，头顶角、嘴尖角到位。

（八）掰

将餐巾做好的褶用左手一层一层掰出层次，成花蕾状。掰时不要用力过大，以免松散。掰的要领是层次分明、间距均匀。

二、餐巾折花的造型选择

一般应根据宴会的主题、规模、规格、冷菜花式、季节时令、客人的情况、宾主座位的安排等方面的因素来考虑造型。

（一）根据宴会的主题来选择

如果是接待国际友人的宴会，餐巾花可以选择"友谊花篮"或"和平鸽"等造型。如果是婚宴，餐巾花可以选择"鸳鸯"或"比翼双飞"等造型。如果是寿宴，餐巾花可以选择"仙鹤"或"寿桃"等造型。

（二）根据宴会的规模来选择

一般大型宴会、桌数较多时，可选用简单、快捷的造型。每桌选用两种造型，每个台面造型不同，可以使整体看来造型丰富又相对减少工作量。小型宴会、桌数较少时，可在同一桌上选用尽可能多的不同造型，形成既多样又协调的布局。

（三）根据冷菜造型来选择

一般大型宴会冷菜会在客人入席前上桌，这时也可以根据冷菜造型来选择。如果冷菜是蝴蝶造型，餐巾花可以选择各种花卉造型，使整个台面呈"花团锦簇"之状。如果冷菜是凤凰造型，餐巾花可以选择各种鸟类造型，使整个台面呈"百鸟朝凤"之状。餐巾折花应与菜品内容配合，构成台面的和谐之美。

（四）根据时令季节选择

根据不同的季节，选用不同的餐巾折花造型，使台面富有时令感。比如春季可以选用"迎春花"等造型来表现满园春色；夏季可以选用"荷花"等造型让客人感到清爽；秋季可以选用"菊花"等造型来表现金秋的收获；冬季可以选用"梅花"等造型来表现冬日的素雅。

(五)根据客人的情况选择

客人的国籍、宗教信仰、风俗习惯、性别、年龄、个人爱好等都会影响造型选择。国籍方面,比如一般来自日本的客人比较喜欢樱花、来自韩国的客人比较喜欢木槿、来自法国的客人比较喜欢金百合、来自美国的客人比较喜欢山茶、来自英国的客人比较喜欢蔷薇。宗教信仰方面,接待穆斯林客人时忌用猪的造型。

(六)根据宾主席位的安排来选择

宴会主人座位上的餐巾花称为主花,主花要选择折叠细致、美观醒目的造型,以使宴会的主位更加突出。

餐巾花的种类

餐巾花按不同方式可分为不同种类,具有不同特点(见表2-1)。

表2-1 餐巾花的种类

分类	种类	特点
按摆放方式分	杯花	杯花是折叠完成后插入酒杯中的餐巾花。这类餐巾花立体感强、造型逼真,但插入和拔出时容易对餐巾和酒杯造成人为污染,还有可能弄碎酒杯。展开后餐巾留下折痕较多,影响美观。同时,由于这类餐巾花是立体造型,不便于堆叠存贮,不宜提前大量准备
	盘花	盘花是折叠完后放在餐盘中的餐巾花。这类餐巾花简洁大方、美观实用,折叠完后不会自行散开,展开后比较平整。同时,这类餐巾花可以提前折叠存放,便于为大型宴会做好准备
	环花	环花是将折叠完成后套在餐巾环中的餐巾花。环花一般放在装饰盘上,也可以称之为特殊形式的盘花。餐巾环也叫餐巾扣,可以是金属、陶瓷或塑料等材质,也可以用色彩鲜明、对比强烈的丝带代替,对餐巾花起到约束成型的作用
按外观造型分	植物类	植物类花形是根据植物花形造型,如荷花、水仙等。也有根据植物的叶、茎、果实造型的,如竹笋、玉米等
	动物类	动物类花形包括鱼、虫、鸟、兽,其中以飞禽为主,如白鹤、孔雀、鸵鸟等。动物类造型有的取其整体,有的取其特征,形态逼真、生动活泼
	实物类	实物类造型的餐巾花包括各种常见的生活用品和自然界中的实物造型,比如帽子、蜡烛、花篮、风车等

三、餐巾折花的注意事项

（1）餐巾是顾客用餐过程中的卫生用品，卫生是最起码的要求。因此，服务员在进行餐巾折花操作前，一定要洗手消毒，避免人为污染餐巾。

（2）餐巾折花的操作地点也要妥善选择，一般在干净的托盘背面或较大的餐盘中进行。为便于餐巾推折等操作，与餐巾接触的地方要确保光滑。

（3）餐巾折花操作过程中不允许有嘴吹、牙咬、下巴按等动作出现，尽量不要讲话，以免唾沫溅到餐巾上。

（4）将折好的餐巾花插入酒杯时，应一手拿餐巾花，一手固定酒杯底部，将餐巾花轻轻插入酒杯，同时保持餐巾花的造型。另外要注意手不可接触酒杯口，杯身也不可留下指纹。

对点案例 Case Study

折花造型的失误

一天，天津某酒店宴会部的小李接待了一位日本客人，该客人在详细了解了酒店服务情况后，预订了两天后40人的高档规格宴会，并提出了宴会要求，交付了定金。两天后宴会部按照客人的要求做好了一切准备工作，并根据时令季节选用了荷花造型的餐巾花。当引位员将其中的几位日本客人引领到餐桌前时，客人十分不悦。

分析与决策：应该如何正确选择折花造型？

【案例评析】宴会中选用荷花作为折花造型，服务员显然是忽视了日本人的风俗习惯，冒犯了客人的禁忌。服务员应注意细致周到的服务和专业知识的学习，酒店也要加强对服务员的培训工作。

任务三　铺　台　布

铺台布是餐饮工作中的基本服务技能之一。台布是餐厅摆台所必备的物品之一，铺台布是将台布平整地铺在餐台上的过程。台布的规格及色泽的选择应与餐台的大小、餐厅的风格协调一致。各式各样的餐厅经营的类别与模式不同，选用的台布材质、造型、花色等方面都有所不同，不同的餐台可采取不同的铺设方法。

任务导入 Task Leading-in

桌布太长被绊倒

张先生请朋友聚会，选在一个比较高档的餐厅。用餐过程中，张先生起身去结账，结果因餐桌桌布太长，起身时右脚踩住了餐桌布，左脚在桌布下，一转身被桌布绊倒在地,左腿阵阵剧痛。张先生被立即送往医院,医院诊断张某左股骨颈骨折。事发后,张先生认为自己由此产生的医疗费、误工费有十多万元,他多次与餐厅协商赔偿事宜,但没能达成一致,张先生只得将餐厅起诉到法院。

想一想:铺台布应该注意哪些问题?

一、铺台布的方法

根据餐台的形状及规格大小,铺台布的方法也各有不同。其中圆台铺台布最为复杂,方台、长台及拼接台面铺台布较为简单。

(一)圆台铺台布的方法

中餐摆台一般用圆台,圆台铺台布的常用方法有3种,即推拉式、抖铺式和撒网式。

1. 推拉式

服务员选好台布,站在副主人座位处,用双手将台布打开后放至餐台上,两手的大拇指和食指分别夹住台布的一边,其余三指抓住台布,将台布贴着餐台平行推出去再拉回来。铺好的台布中间的折线对准主位,十字取中,四面下垂部分对称并且遮住台脚的大部分,台布自然下垂至餐椅边为最适合。这种铺法多用于零点餐厅或小型餐厅,或因有客人就座于餐台周围等候用餐时,又或在地方窄小的情况下,选用这种推拉式的方法进行铺台。

2. 抖铺式

服务员选好台布,站在副主人位置上,用双手将台布打开,两手的大拇指和食指分别夹住台布的一边,其余三指将多余台布提拿于胸前,身体呈正位站立式,利用双腕的力量,将台布向前一次性抖开并平铺于餐台上。这种铺台方法适合于较宽敞的餐厅或在周围没有客人就座的情况下进行。

3. 撒网式

服务员在选好合适台布后,站在副主人的位置,呈右脚在前、左脚在后的站立姿势,将台布正面朝上打开,用两手的大拇指和食指分别夹住台布的一边,其余三指将多余台布提拿至左肩后方,上身向左转体,下肢不动,并在右臂与身体回转时将台布斜着向前撒出去,当台布抛至前方时,上身转体回位并恢复至正位站立,这时台布应平铺于餐台上。这种铺台方法多用于宽大场地或技术比赛场合。

(二)方台、长台、拼接台铺台布的方法

西餐摆台一般用方台和长台。普通方台的台布铺设可以参照圆台的台布铺设方法。较长的餐台,台布一般由两个人合铺,需要几块台布拼在一起。服务员可以从餐台一端铺起,直到另一端。两个人分别站在餐台两侧铺设台布。铺设时,台布与台布之间的折缝要吻合,连成一线。铺好的台布要做到折缝居中,平挺无皱,两端和两侧下垂部分均对边相等。

二、铺台布的注意事项

（1）铺台布之前检查台布的规格与餐台是否合适，台布是否完整无破损。

（2）中餐餐台铺台布要确保做到台布正面向上，凸缝正对正副主人位，台布中心与台面中心重合，四周下垂部分匀称。

（3）西餐餐台铺台布，特别是多块台布拼接时应从餐厅里往外铺，让每张台布的接缝朝里，以步入餐厅的客人看不见接缝为原则；要求台布中线相连，成一条线，台布下垂部分的4条边要平行相等，以台布下沿正好触到椅面为宜。

知识拓展 Learning More

台布的规格

1. 正方形台布

正方形台布的常见规格如表2-2所示。

表2-2　正方形台布的常见规格

规格	适用餐桌
140厘米×140厘米	2人餐桌，90厘米×90厘米的方台
160厘米×160厘米	2~4人餐桌，100厘米×100厘米或110厘米×110厘米的方台
180厘米×180厘米	4~6人餐桌，直径为140厘米的圆台
200厘米×200厘米	6~8人餐桌，直径为160厘米的圆台
220厘米×220厘米	8~10人餐桌，直径为180厘米的圆台
240厘米×240厘米	12人餐桌，直径为200厘米的圆台

2. 长方形台布

长方形台布常见的有160厘米×200厘米、180厘米×300厘米等不同规格。这类台布用于长台及西餐各种餐台，可根据餐台的大小形状选用不同数量的台布，一块不够用时还可以拼接，拼接时注意将接口处按压整齐。

3. 圆形台布

圆形台布一般需要定制，即根据餐桌的大小将台布制成大于餐桌直径60厘米的圆形台布，以台布铺于餐桌后下垂30厘米为宜。

对点案例 Case Study

错误的选择

小李是某旅游学校酒店专业刚刚毕业的一名学生，因为她在全市的餐饮技能大赛中荣获一等奖，被该市一家五星级酒店录用。小李以其扎实的专业知识和高超的专业技能，很快得到了领导的认可。在一次餐厅值台服务中，大厅已经坐满了客人，小李送走了一批客人又来了一批，为了使客人尽快入

座,小李赶紧用撒网式的方法将台布铺上,动作利落洒脱。这时只见旁边桌子就餐的客人用诧异和不满的眼光看着小李,可是她还毫无察觉。

分析与决策:试分析客人不满的原因。

【**案例评析**】餐厅铺台布的方法有多种,但要注意在不同的场合用不同的方法。一般情况下,零点餐厅如有客人就座于餐台周围,或在不开阔的场合,应采用推拉式方法铺设台布;如果是较为宽敞的餐厅或在周围没有客人就座的情况下,可以用抖铺式方法铺设台布。案例中餐桌周围有客人就餐,小李用撒网式的方法铺设台布影响了旁边客人就餐,因此客人表现出不满。

任务四 摆 台

餐台的布置称为摆台,是将餐具、酒具以及辅助用品按照一定的规格整齐美观地铺设在餐桌上的操作过程,包括铺台布、餐台排列、席位安排、餐具摆放等。摆台要求做到清洁卫生、整齐有序、各就各位、放置得当、方便就餐、配套齐全。摆台在日常的餐饮工作中大致分为中餐摆台和西餐摆台,其中,中餐摆台又可以分为零点餐厅摆台和中餐宴会摆台,西餐摆台又可分为西餐便餐摆台和西餐宴会摆台。

任务导入 Task Leading-in

为总统夫人用中餐备妥刀叉

某年6月,中国与某国首脑在上海会面。某国总统夫人忙里偷闲,赴上海老饭店品尝上海菜。服务员怕总统夫人不会用筷子,特地放置了一副西餐刀叉。谁知总统夫人为表示友好,几乎全程努力使用筷子,只是在品尝干烧明虾时用了一次刀叉。

想一想:在接待外宾时如何摆台合适?

一、中餐摆台

中餐餐台通常摆放的餐用具有骨碟、勺垫、瓷勺、筷子架、筷子、各种中式酒杯、牙签筒、烟灰缸等。

(一)摆台要求与标准

1. 摆台要求

摆台操作前,应将双手进行清洗消毒,对所需的餐用具进行完好率的检查,不得使用残破的就餐用具。

2. 摆台标准

餐用具的摆放要相对集中,各种餐用具要配套齐全;摆放时距离相等,图案、花纹要对正,做到整齐划一,符合规范标准;做到既清洁卫生,又有艺术性;既方便宾客使用,又便于服务人员操作。

(二)零点餐厅摆台

零点餐厅摆台要根据餐厅的布局,定好座位,铺好台布,要求在同一餐厅内,所有餐台的台布凸缝横、竖铺放时都要统一朝向。凸缝正面向上,餐具花纹、图案对正。所摆放的物品距离均匀,清洁卫生,整齐划一。

1. 早餐摆台

骨碟摆在座位正中,距桌边1.5厘米;汤碗摆在骨碟的左侧;筷子摆在骨碟的右侧,图案文字要对正,筷柄距桌边1.5厘米;瓷勺摆在骨碟的前方,勺柄朝右,也可以摆放在汤碗内,勺柄朝左;牙签筒、调味架摆在台布中线的附近;烟灰缸摆在主人席位的右侧,每隔两位客人摆放一个,架烟孔要朝向客人。

2. 午、晚餐摆台

午、晚餐的摆台与早餐基本相同,增加了一个水杯。水杯内放入餐巾折花或餐巾纸,摆在瓷勺的前方,其他餐、酒具及公用餐具应等客人入座后,根据客人的需要随时增加。

3. 粤菜零点摆台

粤菜是我国很有影响的菜系之一,全国各大城市的粤菜餐厅也比比皆是。粤菜零点摆台与一般午、晚餐摆台有所不同,其摆台方法如下:骨碟摆放在座位正中,距桌边约1.5厘米。筷子装在筷套内摆在骨碟右侧。骨碟左前方摆放小汤碗,小汤勺摆放其中,勺柄朝向同一方向(或左或右)。骨碟右前方摆放味碟。味碟与汤碗的上方,同时也是骨碟与转盘中心点连线上摆放水杯。筷子右边放茶盘和茶杯,杯柄朝右。餐巾花放在骨碟中。

(三)中餐宴会摆台

中餐宴会的餐具摆设要求是左手托盘,右手摆放餐具,从主位开始摆起。中餐宴会摆台示意图如图2-7所示。

1. 摆台准备

(1)洗净双手,准备各类餐具、玻璃器具、台布、餐巾等。

(2)检查餐具、玻璃器具等是否有损坏、污迹及手印,是否洁净光亮。

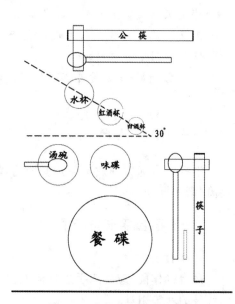

图2-7 中餐宴会摆台示意图

(3)检查台布、餐巾是否干净,是否有破损。

2. 铺台布

可选用推拉式、抖铺式、撒网式任一种方法铺台布,铺好之后要确保做到台布正面向上,凸缝正对正副主人位,台布中心与台面中心重合,四周均匀下垂。

3. 餐椅定位

餐椅定位首先要确定正副主人的座位,一般确定主人位的原则是"面门为上、居中为上",即正对餐厅门口的位置或居中的位置为主人位,相对的位置就是副主人位。在确定正副主人餐位之后,再调整餐台上其他人的餐位,最终确保餐位之间的距离相等。

4. 摆放餐具

(1)左手托盘,从主人位开始按顺时针方向依次用右手摆放餐具。

(2)摆骨碟。摆在席位正中,从主人位开始按顺时针方向摆放,碟与碟之间距离相等,碟边距离桌边1.5厘米。

(3)摆汤碗、汤勺、味碟。汤碗位于骨碟左前方,汤勺放于汤碗中,勺把朝左,味碟位于餐碟右前方(有时也将味碟放于餐碟正上方),与骨碟距离均为1厘米。

(4)摆筷架。筷架位于骨碟右上方,图案向上。

(5)摆筷子。筷子置于筷架上,筷架在筷子前端1/3处,筷子尾部距离桌沿1.5厘米;如果有使用双体筷架和长柄勺,长柄勺搁摆在筷架上,长柄勺距骨碟3厘米。如果有分装的牙签,则牙签位于长柄勺和筷子之间,牙签套正面朝上,底部与长柄勺齐平。

(6)摆酒杯。中餐宴会一般使用由水杯、红葡萄酒杯、白酒杯组成的三套杯。摆杯时,先将各种杯依次放在圆托盘内,手持杯颈,杯口向上,将红葡萄酒杯摆在正对味碟前2厘米处,白酒杯摆在红葡萄酒杯右侧,两杯之间相距1厘米。水杯放在红葡萄酒杯左侧,两杯之间相距1厘米。

(7)摆公用餐具。10人桌通常摆放两套公用餐具,分别放在正副主人酒具的前方。公用勺和公用筷可并排横放在筷架或公用盘上,筷子尾端和勺把一律向右。

(8)摆烟灰缸。从主人右侧开始,每两个餐位放一个,烟灰缸上方要与酒具平行。

知识链接

中餐宴会的场地布置

(四)中餐摆台注意事项

(1)摆台在选配餐具器皿时,一定要选择花色成套且完整的。

(2)所有陶瓷、玻璃器皿,使用前要仔细检查,凡有破损的应立即剔除。

(3)脏污的器皿,绝对禁止使用。

(4)有破损或污渍的台布及餐巾,均不得使用。

(5)摆台时先分类备齐餐具,依摆桌顺序放在托盘或手推车内,运至餐桌前摆放,餐具在托盘中,不宜堆得过高,以免倾倒。

(6)摆放餐具时要注意拿取餐具的手法,比如餐盘拿盘边、汤匙拿匙柄、杯子拿底部等。

(7)摆放餐巾花时主人位花形要较高,不同的花形交错摆放,餐巾花的观赏面朝向客人。

知识拓展 Learning More

中餐宴会座次安排

在宴会上,席次具体是指同一张餐桌上席位的高低。中餐宴会上席次安排的具体规则有四点:其一,面门为主;其二,主宾居右;其三,好事成双;其四,各桌同向。中餐宴会座次安排如图2-8所示。

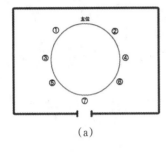
(a)

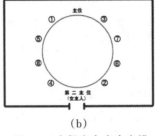
(b)

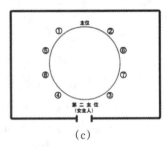
(c)

图2-8　中餐宴会座次安排

参加中餐宴会者通常包括主人、副主人、主宾、副主宾及其他陪同人员,他们均有固定的座次安排。

- 背对着餐厅重点装饰面、面向众席的是上首,主人在此入座,副主人坐在主人对面,主宾坐于主人右侧,副主宾坐于副主人右侧。
- 主人与主宾双方携带夫人入席的,主宾夫人坐在主人位置的左侧,主人夫人坐在主宾夫人的左侧。其他位次不变。
- 当客人在餐厅举行高规格的中餐宴会时,餐厅员工要协助客方承办人排好座次,或将来宾姓名按位次顺序绘制在平面图上,张贴到餐厅入口处,以便引导宾客入席就座。

对点案例 Case Study

骨碟离桌边1.5厘米

小马是北京某酒店中餐厅的一位热情、细心的服务员,她不但善于察言观色,而且还经常和同事一起讨论、研究餐饮服务中的一些细节问题,以提高自己的服务水平,让客人满意而归。最近她发现很多客人到餐厅坐下以后,所做的第一件事是将面前的餐具往里面移,然后双手靠在餐桌上,点菜、喝茶或者聊天。一天中午,有位客人终于忍不住对小马建议道:"小姐,餐具往里面摆点不是更好吗?为什么非要摆得这么靠边呢?"小马忙说:"先生,对不起,给您添麻烦了!您的建议很好,我一定会及时转告我们的经理。"于是,下午餐间休息时,小马抓住机会就对餐厅陈经理说:"经理,我有一个不成熟的建议,不知您想不想听?"陈经理饶有兴致地问:"是什么建议?快说来听听。"小马便说:"我们酒店摆台时规定将骨碟摆放在距桌边1.5厘米的地方,这对客人似乎不是很方便。我最近也发现不少客人坐下后都是先将桌上的餐具往里移一下,再开始点菜。今天中午还有一位客人对此造成的不方便直接跟我提出来了。您看我们是否能就此做些改进,摆台时直接把骨碟等餐具往里面摆一点,以免客人坐下来再移!"陈经理马上说:"小马,这是一个非常好的建议,我会尽快向上级汇报,看看能否采纳。"

一个星期后,分管餐饮部的副总经理在酒店餐饮部员工大会上宣布:"为了方便客人,我们餐厅的摆台将有一些小的改动,具体的做法由餐厅陈经理为大家培训。这个改动是小马提出来的,非常好,希望所有员工都向她学习,对工作中发现的问题进行思考,向酒店提出改进的措施。"小马虽然感到有点不好意思,但心里非常高兴,毕竟自己的想法得到了落实。从此以后,小马在餐厅再也没有发现客人移餐具的现象了。

分析与决策:试分析处理标准与创新问题的方法。

【案例评析】目前中餐摆台的很多做法和标准都是从西餐摆台中移植过来的,但到底是否符合中餐的用餐要求和中国人的用餐习惯,对此还缺乏深入的分析和研究。确实,现在餐厅中有些用品的摆放就没有考虑到客人的使用方便和中国人的生活习惯。

本案例中骨碟离桌边1.5厘米就是典型一例。因为中国人从小就吃中餐,吃中餐通常是圆桌,大家围成一圈,菜放中间,为了够得着菜,所以我们很多人从小就形成了坐下吃饭时双臂靠桌的习惯。正是由于这种习惯的存在,酒店餐厅中骨碟离桌边1.5厘米的摆台标准就会让客人觉得很不方便。试想,如果餐厅管理人员对客人需求研究得更深入一点,多点创新意识,在一开始将骨碟摆放在距桌边3或5厘米的位置,既可给客人提供便利,也可使酒店获得良好的声誉。由此来看,酒店中有些标准也会束缚人的思维,阻碍酒店的创新。就像本案例中的小马一样,反思标准、寻求突破是酒店优质服务中的应有之举!服务人员在工作中应多思考、多想办法,积极地参与餐厅的整体管理,不要仅仅满足于做好"自己的事"。只有参与管理、群策群力,才能迅速提高企业的服务质量,争取更高的顾客满意度。当然,服务创新必须有管理者的支持,如果缺乏管理者的支持和参与,任何服务上的创新都是一句空话。

二、西餐摆台

布置西餐餐台是餐厅服务工作的前奏,也是西餐服务员必须掌握的基本服务技能之一。根据就餐形式与就餐规格的不同,西餐摆台可分为零点摆台和宴会摆台。西餐一般使用长方台,有时也使用圆台或者四人小方台。西餐就餐方式为分餐制,摆台按照不同的餐别而做出不同的摆设,同时西餐摆放的方式因不同的服务方式也有不同之处。

（一）西餐便餐摆台

铺台布前,先在台面上放上垫布,在垫布上铺台布。西餐一般多用方台和长台。普通方台台布的铺设可以参照圆台台布的铺设方法。较长的餐台,台布一般由两个人合铺,需要几块台布拼接在一起。服务员可以从餐台一端铺起,直到另一端。两人分别站在餐台两侧铺设台布。铺设时,台布与台布之间的折缝要吻合,连成一线。铺好的台布要做到折缝居中,平挺无皱,两端和两侧下垂部分均对边相等。

1. 西餐早餐摆台

西餐早餐摆台一般是在咖啡厅内提供的,可分为美式早餐、欧陆式早餐及英式早餐等,它们的摆台方法略有差异。基本摆法如下。

（1）餐盘与刀、叉、匙。在餐椅正对处摆放直径为24厘米的餐盘,餐盘离桌沿2厘米,将折花的餐巾摆放在餐盘上；餐盘的左侧放一把餐叉,叉面朝上,右侧放餐刀,刀口向餐盘方向,汤匙放在餐刀的右侧,匙面朝上,刀叉距餐盘1.5厘米,餐刀与汤匙之间的距离也是1.5厘米,刀、叉、勺下端在一条直线上距桌沿2厘米。

（2）面包盘与黄油刀。面包盘在餐叉左侧,距餐刀和桌沿各1.5厘米。黄油刀刀口朝左,摆放于面包盘右侧,与餐叉平行。

（3）水杯。餐刀正前方3厘米处摆放水杯。

（4）咖啡杯具。汤匙右侧摆放咖啡杯和咖啡碟,杯把和匙柄朝右。

（5）其他。调味瓶、牙签筒、烟灰缸等摆放在餐台中心位置上。

2. 西餐午、晚餐摆台

西餐午、晚餐摆台是在早餐摆台的基础上,撤去咖啡杯具而增加茶匙和甜点叉。甜点叉横于餐盘正上方,叉柄朝左。在甜点叉的上方,与甜点叉平行处摆放茶匙,匙柄朝右。

（1）铺台布。要求台布平整,正面在上,四角均匀下垂且长度相等。

（2）装饰盘放在餐位正中,离桌边2厘米,盘中放餐巾花,也可以不放装饰盘而直接放餐巾花。

（3）在装饰盘右侧1.5厘米处放餐刀(刀口向左)和汤匙,餐刀和汤匙两者之间相距1.5厘米,刀、匙后端离桌边均为2厘米。

（4）在装饰盘左侧1.5厘米处放餐叉,餐叉左侧放色拉叉,叉尖向上,餐叉和色拉叉两者相距0.5厘米,叉子后端距桌边2厘米。

（5）色拉叉左侧1厘米处放面包盘,在面包盘中线靠右边处摆放黄油刀,刀刃朝向盘心,面包盘边离桌边2厘米,黄油刀上方3厘米处放黄油碟。

（6）在餐刀尖上方2厘米处放水杯。

（7）在装饰盘右上方3厘米处放烟灰缸,左上方3厘米处放胡椒瓶、盐瓶,牙签筒放在胡椒瓶、盐瓶的左侧,三者之间各相距2厘米。餐桌正中除放花瓶外,还可放上烛台。

知识链接

西餐摆台所需物品

小贴士 Tips

正确取拿餐具、酒具

- 拿餐叉、餐刀时,要拿住叉柄、刀柄,不能用手直接触摸叉面、刀面。
- 铺台时,取拿餐盘的手法要正确,拇指要紧贴餐盘边缘,不能将拇指伸进餐盘中。

- 拿酒杯时要拿杯底或杯脚,手不能触及杯口。

(二)西餐宴会摆台

西餐宴会餐台是可以拼接的,餐台的大小和台形的排法,可根据人数的多少和餐厅的大小进行调整,一般为长台。人数较多时宴会的台型可有多种,图2-9为几种常见的台型。西餐宴会餐具摆设的要求是左手托盘,右手摆放餐具,摆放的顺序为按顺时针方向,按照人数等距定位摆盘,将餐巾放在餐盘中或插在水杯中。面包、黄油盘放在叉尖左上方,黄油刀刀口朝向餐盘内竖放在餐盘上,在餐盘的左侧放餐叉,在餐盘的右侧放餐刀,在餐刀右边放汤匙,点心刀叉放在餐盘的正上方,酒杯和水杯摆放在餐刀上方。酒杯的摆放方法多种多样,可以摆成直线形、斜线形、三角形或者圆弧形,先用的放在外侧,后用的放在内侧;甜点叉的左上方放盐瓶、胡椒瓶,右上方放烟灰缸。注意西餐的餐具按照宴会菜单摆放,每道菜应该换一副刀叉,放置时要根据上菜的顺序从外侧到内侧,一般不超过七件(三叉、三刀、一匙)。如果精美的宴席有多道菜,则在上新菜前追加刀叉。摆放餐具后应该仔细核对,是否整齐划一。西餐宴会餐具摆设如图2-10所示。

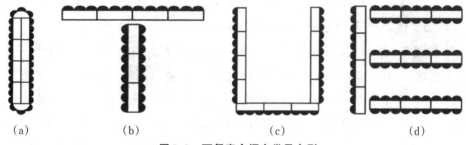

(a)　　　　　　(b)　　　　　　(c)　　　　　　(d)

图2-9　西餐宴会摆台常见台型

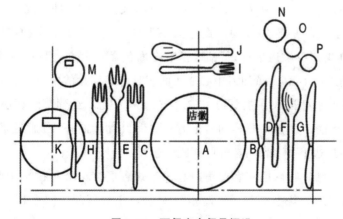

图2-10　西餐宴会餐具摆设

A—装饰盘　B—主菜刀　C—主菜叉　D—鱼刀　E—鱼叉　F—汤匙　G—开胃品刀　H—开胃品叉　I—甜品叉　J—甜品匙　K—面包盘　L—黄油刀　M—黄油碟　N—水杯　O—红葡萄酒杯　P—白葡萄酒杯

1. 摆台准备

（1）洗净双手，准备各类餐具、玻璃杯具、台布、餐巾等。

（2）检查刀、叉、玻璃杯具表面是否有污迹及手印，是否洁净、光亮。

（3）检查台布、餐巾是否干净，是否有破损。

2. 铺台布

西餐摆台铺台布一般由二人合作进行，因餐台较长，单人铺设容易将台布弄皱或弄脏，同时也不便操作。铺设长餐台时，往往由多个台布拼接铺成。应从餐厅里往外铺，让每张台布的接缝朝里，以步入餐厅的客人看不见接缝为原则；要求台布中线相连，成一条线，台布下垂部分的4条边要平行且长度相等，以台布下沿正好触到椅面为宜。

3. 餐椅定位

餐台一侧居中位置为主人位，另一侧居中位置为女主人或副主人位，主人右侧为主宾，左侧为第三主宾，副主人右侧为第二主宾，左侧为第四主宾，其余宾客交错类推。餐椅围绕餐台均匀分布，餐台两侧相对的餐椅对称。

4. 摆放餐具

（1）摆装饰盘。从主人席位开始用右手在每个席位正中摆放一个装饰盘。盘子上的花纹图案要摆正，盘与盘之间的距离要相等，盘边距桌边1厘米。

（2）摆餐刀、餐叉。在装饰盘的右侧从左向右依次摆放主餐刀、鱼刀、汤匙、开胃品刀，各刀叉之间相距0.5厘米。刀刃一律朝向装饰盘，鱼刀柄距桌边5厘米，其他刀（汤匙）柄距桌边1厘米。在装饰盘的左侧从右至左依次摆放主餐叉、鱼叉、开胃品叉，之间各相距0.5厘米。叉齿一律朝上，鱼叉柄距桌边5厘米，其他叉柄距桌边1厘米。

（3）摆甜点叉、甜点勺。甜点叉、甜点勺平行摆放在装饰盘的正前方1厘米处，甜点叉在下，叉柄向左，甜点勺在上，勺柄朝右。甜点叉柄与甜点勺柄相距0.5厘米。

（4）摆面包盘、黄油碟、黄油刀。面包盘在头盘叉左侧1厘米处，面包盘与装饰盘的中心成一条直线并与桌边平行；黄油碟摆放在面包盘右上方，相距3厘米处；黄油刀放在面包盘右侧边沿1/3处，黄油刀中心处在面包盘与装饰盘的中心直线上。

（5）摆杯具。水杯摆放在主餐刀刀尖上方10厘米处。红葡萄酒杯摆在水杯的右下方，白葡萄酒杯摆在红葡萄酒杯的右下方；水杯、红葡萄酒杯、白葡萄酒杯三杯的杯底中心的连线与桌边呈45°角，三杯杯肚间距1厘米。

（6）摆公共用品。花瓶摆在餐台正中心，2个烛台摆在花瓶左右各20厘米处，牙签筒与烛台相距10厘米，椒盐瓶与牙签筒相距2厘米，椒盐瓶两瓶间距1厘米，左椒右盐（见图2-11）。

（7）摆餐巾花。西餐摆台餐巾花用盘花造型，将叠好的餐巾花摆在装饰盘正中。

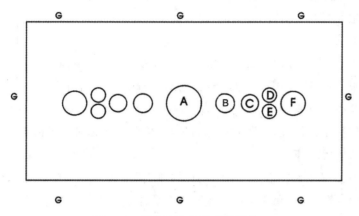

图 2-11　西餐宴会其他用品摆放

A—花瓶或花座　B—烛台　C—牙签筒　D—盐瓶　E—胡椒瓶　F—烟灰缸　G—座位

知识拓展 Learning More

西餐宴会座次安排

主人一般安排在面向餐厅正门的位置上,第一、第二客人排在主人的两侧。使用长台时,主人安排在长台正中位置或者长台顶端,使用圆桌则与中餐宴会座次安排相同。具体排法如图 2-12 所示。

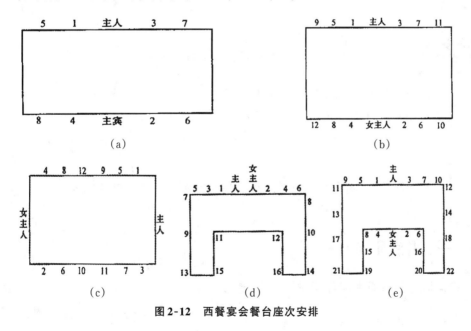

图 2-12　西餐宴会餐台座次安排

(三) 西餐摆台注意事项

1. 卫生问题

所有的操作中都必须注意卫生问题,包括服务员个人的卫生、所用物品的卫生,操作手法的卫生等,切不可使用破损的餐具。

2. 铺台布注意事项

铺台布时,台布不能接触地面,用多块台布拼接时,应从餐厅里往外铺,让每张台布的接缝朝里,台布中线相连,成一条线,台布下垂部分长度相等。

3. 餐椅定位注意事项

餐椅定位从主人位开始,顺时针方向进行,餐台两侧相对的餐椅对称。

4. 摆放餐具注意事项

摆放各种刀叉要注意位置、顺序。总的原则"左叉右刀",摆放顺序与西餐进餐顺序相关,即开胃菜—汤—鱼类菜品—主菜—餐后甜点。

任务五　斟　酒

无论在中餐还是西餐服务中,斟酒都是餐饮服务中比较频繁的一项工作。尤其宴会服务中斟酒服务运用最多。斟酒服务要求服务人员要掌握正确的服务方法和相关的酒品知识,这对于提高餐饮服务质量十分重要。

任务导入 Task Leading-in

正确选用香槟酒杯

某年六月于上海浦东某酒店内,中国与中亚五国多边签字仪式结束。六国首脑手握装满香槟酒的商用香槟杯,相互碰杯祝贺,细心的电视观众会觉得碰杯时,首脑们的动作总显得有些拘束。杯与杯相碰时,首脑们均小心翼翼的。

想一想:为什么会出现这种情况?你知道如何正确选用酒杯吗?

一、斟酒服务

斟酒服务包括酒水准备、示酒、开瓶、斟倒。

(一)酒水准备

酒水准备就是把酒水送到客人面前之前所做的准备工作,除了检查酒水的包装是否完整、干净,比较常做的就是冰镇和加温。表 2-3、表 2-4 分别为白葡萄酒或香槟酒服务准备和红葡萄酒服务准备。

表2-3　白葡萄酒或香槟酒服务准备

服务内容	操作步骤	图示	服务方法
保持适用温度	准备冰桶、冰块		准备好冰桶,放入1/3冰桶的冰块,并注水到冰桶的2/3处
	摆放酒瓶		将酒瓶放入冰桶内,酒标向上,放置在客人餐桌边或餐桌上
	准备服务巾		将服务餐巾4折成长条形状盖在冰桶上或挂在桶边的扣环上,方便开瓶时使用

表2-4　红葡萄酒服务准备

服务内容	操作步骤	图示	操作方法
保持适用温度	准备酒篮垫好垫布		将折叠好的垫布(可用餐巾)垫在酒篮中
	摆放酒瓶、酒篮		将红酒酒瓶放进垫有垫布的酒篮中,酒标向上。酒篮放于餐台上

1. 冰镇

为保证良好的口感,啤酒、白葡萄酒都需要在较低温度下饮用。服务员可以提前将酒放入冰箱中冰镇,也可以使用冰桶冰镇。使用冰桶冰镇时,先在桶中放入冰块,然后将酒瓶插入冰块中约10分钟,即可达到冰镇效果。如客人有特殊要求,可按客人要求延长或缩短冰镇时间,还可以冰镇酒杯,直接在杯中放入冰块,摇动杯子,以降低杯子的温度。

2. 加温

由于中国黄酒在较高温度下饮用口感较好,这就要求对酒进行加温。加温有4种常用的方法:水烫、火烤、燃烧和冲泡。水烫,就是将饮用酒事先倒入烫酒器,然后将其置入热水中升温。火烤,就是将酒装入耐热器皿,将其置于火上烤制升温。燃烧,就是将酒盛入杯盏内,点燃酒液以升温。冲泡,就是把沸腾的饮料(水、茶、咖啡等)冲入酒液,或将酒液倒入热饮料之中。其中,以水烫最为安全。

（二）示酒

如果客人点的是整瓶酒水,在开启之前应让客人先过目一下,称为示酒。示酒的具体做法是服务员站在客人的右侧,左手托瓶底,右手扶瓶颈,酒标面向客人(见表2-5);当客人认可后,才可进行下一步的工作。如果没有得到客人的认同,则要更换酒品,直到客人满意为止。

表 2-5 示酒

服务内容	操作步骤	操作图示	服务方法
向客人示酒	验酒		站在客人右侧验酒
	握瓶手势		取干净的白色口布垫于酒瓶下，用右手握住瓶颈靠近瓶口部分，左手托住酒瓶
	展示酒标		将酒标正面朝向客人，方便客人确认酒标是否完整，酒名、产区、年份、品种是否正确，瓶口是否完好

（三）开瓶

1. 常见烈性酒开瓶

常见烈性酒的开瓶方法有两种：如果酒瓶是塑料盖或外部包有一层塑料膜，开瓶时先用火柴将塑料膜烧溶取下，然后旋转开盖即可。如果酒瓶是金属盖，瓶盖下部常有一圈断点，开瓶时用力拧盖，使其断裂，便可开瓶，如遇断点太坚固，难以拧开的，可先用小刀将断点划开，然后再开盖。

2. 葡萄酒开瓶

服务员先用洁净的餐巾把酒瓶包上，然后用酒刀去掉瓶口部位的锡纸并擦净，再将开瓶器螺旋钻钻入瓶塞，将瓶塞慢慢拔出，最后用餐巾将瓶口擦干净。在开瓶过程中，动作要轻，以免摇动酒瓶时将瓶底的酒渣泛起，影响口感。

3. 香槟酒开瓶

香槟酒因瓶内有较大的气压，故软木塞的外面套有铁丝帽以防软木塞弹出。首先将瓶口的锡纸剥除；用右手握住瓶身，以45°的倾斜角拿着酒瓶并用大拇指紧压软木塞，右手将瓶颈外面的铁丝圈扭弯，一直到铁丝帽裂开为止，然后将其取掉。同时，左手紧握软木塞，并转动瓶身，使瓶内的气压逐渐地将软木塞挤出来。转动瓶身时，动作要既轻又慢。开瓶时要转动瓶身而不可直接扭转软木塞，以防将其扭断而难以拔出。开瓶时，注意瓶口不要朝向客人，以免软木塞意外弹出伤到客人。

（四）斟倒

1. 斟酒方式

斟酒方式有两种，一种是桌斟，另一种是捧斟。

桌斟，即客人酒杯放在餐桌上不动，服务员斟酒时左手将盘托稳，右手从托盘中取下客人所需要的酒水为客人斟倒。这种斟倒方式可以一次为不同的客人提供不同的酒水服务。斟酒时站在客人右后侧，既不可紧贴客人，也不可离客人太远。给每一位客人斟酒时都应站在客人的右后侧，而不能图省事，站在同一个地方左右开弓给多位客人同时斟酒。给客人斟酒时，服务员不能将酒瓶正对着客人，或将手臂横越客人。在斟酒过程中，瓶口不能碰到客人的杯口，保持1厘米距离为宜。每斟完一杯酒后，将握有瓶子的手顺时针旋转一个角度,与此同时收回酒瓶,这样可以使酒滴留在瓶口,不至于落在桌上。给下一位客人继续倒酒时,要用干净布在酒瓶口擦拭一下再倒。

捧斟,即将客人的酒杯拿在手里,斟倒后再放回餐桌。捧斟手握酒瓶的基本姿势与桌斟一样,所不同的是,捧斟是一手握酒瓶,一手将酒杯拿在手中,斟酒的动作应在台面以外的地方进行。捧斟方式一般适用于非冰镇酒品。捧斟取送酒杯时动作要轻、稳、准,以及优雅、大方。

小贴士 Tips

斟酒方法

斟酒方法如图2-13所示。

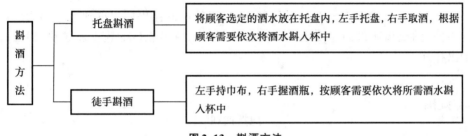

图2-13 斟酒方法

2. 斟酒顺序

由于中西方文化的差异,中餐与西餐在斟酒顺序上略有不同。

在中餐服务中,宾客入座后,服务员及时问客人是否先喝些啤酒、果汁、矿泉水等饮料。宴会开始前10分钟左右将烈性酒和葡萄酒斟好。其顺序是从主宾开始,按男主宾、女主宾主人的顺序,由顺时针方向依次进行。如果是两位服务员同时服务,则一位从主宾开始,另一位从副主宾开始,按顺时针方向依次进行。

西餐服务中,由于西餐宴会用酒较多,几乎每道菜都配有一种酒,吃什么菜就要喝什么酒,故应先斟酒后上菜。其斟酒顺序为女主宾、女宾、女主人、男主宾、男宾、男主人。

3. 斟酒量

斟酒量应视酒的种类而定,同时各种酒饮用时使用的杯具不同,斟酒量也不尽相同。

中餐斟酒量一般是白酒斟八分满,红葡萄酒一般斟至酒杯的$1/3$~$1/2$。西餐斟酒标准一般是红葡萄酒、白葡萄酒均为六分满;白兰地斟入杯中为一个斟倒量(即将酒杯斟入酒后横放时,杯中酒液与杯口齐平);其他烈性酒斟倒量通常与白兰地相同。非酒精饮料,无论中餐还是西餐,斟倒标准均以八分满为宜。

二、斟酒服务的注意事项

(1)将酒水送到客人面前时必须保持完整的包装,必须当着客人的面开启酒水。

(2)为客人斟酒不可太满,瓶口不可碰杯口。酒瓶不可拿得过高,以防酒水溅出杯外。

（3）因啤酒泡沫较多，斟倒时速度要慢，让酒沿杯壁流下，这样可减少泡沫。

（4）当客人祝酒讲话时，服务员要停止一切服务，端正肃立在适当的位置上，不可交头接耳，要注意保证每个客人的杯中都有酒水；讲话即将结束时，要向讲话者送上一杯酒，供祝酒之用。

（5）宴会主人离位或离桌去祝酒时，服务员要托着酒，跟随在主人身后，以便及时给主人或其他客人斟酒。在宴会进行过程中，看台服务员要随时注意每位客人的酒杯，见到杯中酒水只剩下1/3时，应及时斟酒。

（6）斟酒时应站在客人的右后侧，切忌进行服务时左右开弓。

（7）手握酒瓶的姿势：手应握在酒瓶中下端，商标朝向客人，便于客人看到商标，同时可向客人说明酒水特点。

（8）斟酒时要经常注意瓶内酒量的多少，以控制酒流出瓶口的速度。因为瓶内酒量的不同，酒流出瓶口的速度也不同，瓶内酒越少，流出瓶口的速度就越快，斟酒时容易倒出杯外。

对点案例 Case Study

把握时机

我方领导人为了会见他方领导人，曾举行了一次规模宏大的宴会。宴会开餐前5分钟，服务员按照要求将客人的白酒、红葡萄酒斟入杯中。客人就座后，开始频频举杯互相祝贺，服务员及时为客人斟倒酒水，一切进行得非常顺利。用餐就要结束时，我方领导人举杯开始讲话，服务员忙于收拾餐台，忙得不亦乐乎。

分析与决策：试分析服务员的服务是否有问题。如果有，问题出在哪里？

【案例评析】服务员为客人斟酒要掌握恰当的时机。当宾主讲话时要停止一切活动，端正地静立在一旁。等讲话结束后，再进行服务操作，否则会被认为影响客人，不尊重讲话的客人。

任务六　上菜与分菜

上菜与分菜是餐饮服务中的重要组成部分，是体现服务员服务态度、服务技能的重要环节。由于中西餐饮食文化的不同，中餐与西餐的上菜及分菜也有所不同。

任务导入 Task Leading-in

实习生的问题

装饰典雅的某酒店宴会厅灯火辉煌，一场高档宴会正在有条不紊地进行着，只见身穿黑色制服的服务员轻盈地穿行在餐桌之间。正当客人准备祝酒时，一位服务员不小心打翻了酒杯，酒水洒在了客人身上。"对不起，对不起。"这边道歉声未落，只听那边又"哗啦"一声，又一位服务员摔破了酒杯，客人的脸上顿时露出了愠色。第二天，客人将投诉电话打到了酒店领导的办公室，愤然表示他们宴请的一位重要客人对酒店的服务很不满意。

想一想：娴熟的技能是酒店优质服务的前提，餐厅服务员应掌握哪些技能？如何练好这些基本功？

一、上菜

（一）中餐上菜

1. 上菜顺序

根据不同的菜系，就餐与上菜的顺序会有一点不同，但一般的上菜方式是先上冷菜便于佐酒，然后视冷菜食用的情况，适时上热菜，最后上汤菜、点心和水果。

2. 上菜方法与要求

（1）上菜时，可以将凉菜先行送上席。当客人落座开始就餐后，服务员立即通知厨房做好出菜准备，待到凉菜剩下1/3左右时，服务员即可送上第一道热菜。当前一道菜快吃完时，服务员就要将下一道菜送上，不能一次送得过多，导致宴席上放不下，更不能使桌上出现菜肴空缺的情况，让客人在桌旁干坐，这既容易使客人感到尴尬，也容易导致客人在饮过酒后，没有菜可供其及时下酒而喝醉。

（2）餐厅员工为客人提供服务时，一般要以宴会主人为中心，从宴席的左侧上菜，从宴席的右侧撤盘。上菜或撤盘时，都不应当在宴会主人或主宾的身边操作，以免影响主客之间的就餐和交谈。

（3）凡是上带有调味佐料的热菜，如烤鸭、烤乳猪、清蒸蟹等，菜肴要和调料一同上桌。

（4）菜肴上有孔雀、凤凰图案的拼盘应当将其正面放在宴会主人和主宾的面前，以方便宴会主人与主宾欣赏。

（5）第一道热菜应放在宴会主人和主宾的前面，没有吃完的菜则移向副主人一侧，后面的菜可遵循同样的原则。

（6）应遵循"鸡不献头，鸭不献尾，鱼不献脊"的传统习惯，即在为客人送上鸡、鸭、鱼这一类菜时，不要将鸡头、鸭尾、鱼脊对着主宾。而应当将鸡头与鸭头朝右边放置。上整鱼时，因为鱼腹的刺较少，所以服务员应将鱼腹而不是鱼脊对着主宾，以示对主宾的尊重。

知识链接

中国的八大菜系

小贴士 Tips

几种特殊性菜肴上桌的方法

- 锅巴虾仁应该尽快上桌，将虾仁连同汤汁马上倒入盘中锅巴上，保持热度和吱吱的声响。

· 清汤燕菜这类名贵的汤菜应该将燕窝用精致的盘子端上桌后,由服务员当着客人的面下入清汤中。

· 上泥、纸、荷叶包裹的菜时,餐厅员工应先将菜拿给客人观赏,然后再送到操作台上,在客人的注视下打开,然后用餐具分到每一位客人的餐盘中。如果先行打开,再拿到客人面前来,则会失去菜的特色,并使这类菜不能保持其原有的温度和香味。

3.菜肴摆放

(1)摆菜时不宜随意乱放,而要根据菜的颜色、形状、品种、盛具、原材料等因素进行摆放,讲究一定的艺术造型。

(2)中餐宴席上,一般将大菜中的头菜放在餐桌中间位置,砂锅、炖盆之类的汤菜通常也摆放到餐桌中间位置。散座摆菜时,可以将主菜或高档菜放于餐桌中心位置。

(3)摆菜时要使菜与客人的距离保持适中,散座摆菜时,应当将菜摆放在靠近小件餐具的位置上。餐厅经营高峰期两批客人同坐于一个餐桌上就餐时,摆菜要注意分开,不同批次客人的菜向各自方向靠拢,而不能随意摆放,否则容易造成误解。

(4)注意菜点最适宜观赏一面位置的摆放。要将这一面摆在适当的位置,一般宴席中的头菜,其观赏面要朝向主人与主宾的位置,其他菜的观赏面则对向其他客人。

(5)当为客人送上宴席中的头菜或一些较有风味特色的菜时,应首先考虑将这些菜放到主人与主宾的前面,然后在上下一道菜时再移放至餐桌的其他地方。

知识拓展 Learning More

其他风味菜肴

其他风味菜肴如图2-14所示。

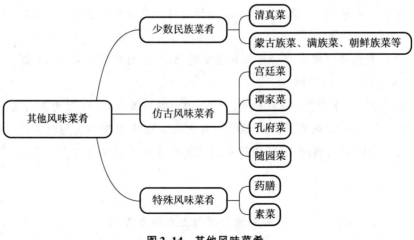

图2-14 其他风味菜肴

（二）西餐上菜

1. 上菜顺序

西餐的上菜顺序一般按照"开胃菜—汤—副菜—主菜—甜点"的顺序进行。开胃菜又称头盘，即开餐的第一道菜。汤也有开胃的作用，有清汤、浓汤、冷汤、热汤等之分。副菜一般为海鲜类菜肴，如鱼排等。主菜一般为畜肉类菜肴，如T骨牛排等。甜点即餐后的小点心。

2. 上菜方式

经过多年的发展，各个国家和地区的西餐均形成了自己的特色。比较常见的上菜方式有法式、俄式、英式、美式。

（1）法式上菜方式的特点是在宾客面前的辅助服务台上对菜肴进行最后的烹调服务。法式由两名服务人员同时服务，一名负责完成桌边的烹调制作，另一名负责为客人上菜，热菜用加温的热盘，冷菜用冷却后的冷盘。

（2）俄式上菜方式与法式相近，但所有菜肴都是在厨房完成后，用大托盘送到辅助服务台上，然后顺时针绕台将餐盘从右边摆在客人面前。上菜时服务人员站立在客人的左侧，左手托银盘向客人展示菜肴，然后再用服务叉、勺配合将菜分至客人面前的餐盘中，以逆时针方向进行分菜服务，剩余菜肴送回厨房。

（3）英式上菜方式是从厨房将已盛装好菜肴的大餐盘放在宴会首席的男主人面前，由主人将菜肴分入餐盘后递给站在左边的服务员，由服务员分派给女主人、主宾和其他宾客。各种调料与配菜摆在桌上，可以由宾客自取或互相传递。

（4）美式上菜方式比较简单，菜肴由厨房盛到盘子中。除了色拉、黄油和面包，大多数菜肴盛在主菜盘中，菜肴从左边递送给宾客，饮料酒水从右边送上，用过的餐具由右边撤下。

二、分菜

分菜服务也叫派菜或让菜，即菜肴上桌在客人观赏后由服务员主动均匀地分配给每一位客人，分菜服务可以有效体现餐饮服务的品质。

（一）中餐分菜

1. 分菜工具

分菜工具包括分菜叉(服务叉)、分菜勺(服务勺)、公用勺、公用筷、长把勺等。

（1）分菜叉、分菜勺的使用方法：服务员右手握住叉和勺的后部，勺心向上，叉的底部向勺心；在夹菜肴和点心时，主要依靠手指来控制，右手食指插在叉柄和勺柄之间，拇指酌情捏住叉柄，中指控制勺柄，无名指和小指起稳定作用；分带汁菜肴时用勺盛汁。

（2）公用勺和公用筷的用法：服务员站在与宴会主人位置成90°角的位置上，右手握公用筷，左手持公用勺，相互配合将菜肴分到宾客餐碟之中。

（3）长汤勺的用法：分汤菜或汤中有菜肴时需用公用筷配合操作。

2.分菜方法

(1)桌上分让式:服务员站在客人的左侧,左手托盘,右手拿叉与勺,将菜从客位的左侧派给客人。一般适用于热炒菜和点心。

(2)二人合作式:两名服务员配合操作,一名服务员右手持公用筷,左手持长把勺,另一名服务员将每一位客人的骨碟移到分菜服务员近处,由分菜服务员分派,另一位服务员从客人左侧为客人送菜。

(3)旁桌分让式:先将菜放于转台向客人展示,再由服务员将其端至备餐台,将菜分派到客人的餐碟中,并将各个餐盘放入托盘中,送至宴会桌边,用右手从客位的右侧将餐碟放至客人面前。这种分菜方法一般用于宴会。

小贴士 Tips

特殊菜肴的分让方法

- 汤类菜肴的分让方法:先将盛器内的汤分进客人的碗内,然后再将汤中的食材均匀地分入客人的汤碗中。
- 造型菜肴的分让方法:将有造型的菜肴均匀地分给每位客人。如果造型较大,可先分一半,处理完上半部分造型物后再分另一半,也可将食用的造型物均匀地分给客人,不可食用的部分则待分完菜后撤下。
- 卷食菜肴的分让方法:一般情况是由客人自取卷食。如果遇到老人或儿童较多的情况,就需要分菜服务。方法是服务员将餐碟摆放于菜肴的周围,然后放好铺卷的外层,再逐一将被卷物放于铺卷的外层上,最后逐一卷上并送到每位客人面前。
- 拔丝类菜肴的分让方法:由一位服务员取菜分菜,另一位服务员快速将其递给客人。

3.分菜的基本要求

(1)将菜点向客人展示并介绍名称和特色,然后方可分菜。在大型宴会中,每一桌服务员的分菜方法应一致。

(2)分菜时留意菜的质量和菜内有无异物,及时将不符合标准的菜送回厨房更换。客人表示不要此菜,则不必勉强。此外应将有骨头的菜肴,如鱼、鸡等的大骨头剔除。

(3)分菜时要胆大心细,掌握好菜的份数与总量,做到分派均匀。

(4)凡配有佐料的菜,在分派时要先蘸上佐料再分到餐碟里。

知识拓展 Learning More

分鱼服务

分鱼服务是餐厅服务员应掌握的服务技巧之一。餐厅服务员要想做好分鱼服务,首先应掌握所分鱼的品种及其烹调方法,然后根据不同的食用方法进行不同的分割装碟。

1.分鱼工具及分鱼要求

1)分鱼工具

常用的分鱼工具有刀、叉、勺,分鱼工具应根据鱼的烹调方法而定。例如：分糖醋整鱼时，因其焦酥，可带鱼骨食用，故而应配用餐叉、餐勺；分干烧整鱼、红烧整鱼、清蒸整鱼时，要将鱼骨、鱼肉分离，故而应用刀剔除鱼骨、鱼刺，以及切割鱼肉，配以叉和勺来分鱼装碟。

2）分鱼要求

分鱼操作前，应先备好碟、刀、叉、勺，并将要拆分的整形鱼向客人进行展示。展示的方法有两种：一种为端托式展示，即餐厅服务员用托盘将放有鱼的盘子托至客人面前，向客人介绍菜肴，在介绍的过程中向客人进行菜肴的展示；另一种为桌展，即将烹制好的鱼放在餐台上，然后餐厅服务员向客人介绍菜肴，在介绍的过程中，客人也观察到了鱼的形状。待向客人展示完毕后，餐厅服务员方可进行分鱼服务。

3）分鱼的方法

分整鱼大体有两种方法：一种是在餐台上分，即餐厅服务员向客人展示完后，将鱼移至餐厅服务员处，使鱼呈头朝右、尾朝左，鱼腹朝向桌边，当着客人的面，将鱼进行拆分；另一种是餐厅服务员在向客人展示完鱼后，将鱼拿到备餐台进行拆分。

4）分鱼注意事项

分鱼时，要求刀、叉、勺使用手法得当，不得在操作中发出声响；要做到汤汁不滴不洒，保持盛器四周清洁卫生；操作时，动作要干净利落；鱼骨剔除后头尾要相连、完整不断，鱼肉去骨后要完整美观；分鱼装碟时要均匀、准确。

2．分鱼步骤

因为鱼的品种和烹调方法不同，所以分鱼的具体步骤也各不相同。一般步骤与要求如表2-6所示。

表2-6　分鱼的步骤和要求

操作程序	操作规范
分鱼准备	准备分鱼工具——刀、叉、盘
整鱼展示	先报菜名，为客人展示菜肴，然后撤至服务桌
剔除鱼骨	①服务员先将鱼身上的配料拨到一边，左手持叉，右手持刀； ②用叉轻压鱼背，以避免鱼在盘中滑动，叉不可叉进鱼肉中； ③用刀顺脊骨或鱼中线划开，将鱼肉切开，让整根鱼骨露出； ④用叉轻压鱼骨，用刀将鱼骨剔除； ⑤将鱼骨放入服务盘中
整理成型	①将鱼肉恢复原样，浇上原汁； ②不要将鱼肉碰碎，尽量保持鱼的原形
上菜服务	①将整理成型的整鱼端上餐桌； ②若需分菜要用餐刀将鱼肉切成若干块，按宾主先后次序分派；若鱼块带鳞，要将带鳞部分紧贴餐盘，鱼肉朝上

1)糖醋整鱼的分鱼步骤

分糖醋整鱼时,左手握餐勺压在鱼头处,右手拿叉从鱼腹两侧将鱼肉切离鱼骨。由于糖醋整鱼较焦脆,因此在操作时要用力得当。待鱼肉切开后,将鱼块分装餐碟中,并用勺舀糖醋汁浇于鱼块上,便可分送给客人食用。分糖醋整鱼时,速度要快,因为它属火候菜,若时间间隔过长,往往直接影响菜肴的质量。

2)清蒸整鱼的分鱼步骤

分清蒸整鱼时,左手握叉将鱼头固定,右手用餐刀从鱼中骨由头顺切至鱼尾,然后将切开的鱼肉分向两侧脱离鱼骨,待鱼骨露出后,将餐刀横于鱼骨与鱼肉之间,刀刃向鱼头,由鱼尾向鱼头处将鱼骨与鱼肉切开,当鱼骨与鱼肉分离后,用刀、叉轻轻将鱼骨托起放于鱼盘靠桌心一侧的盘边处,再将上片鱼肉与下片鱼肉吻合,使之仍呈整鱼状(无头尾),同时叉与餐刀配合,将鱼肉切成10等份(按10人用餐),并用叉和勺将鱼肉分别盛于餐碟中送与客人。分干烧整鱼、油浸整鱼与分清蒸整鱼的步骤相同。

3)食鳞鱼的分鱼步骤

分食鳞鱼时,先将鱼身上的鳞轻轻剥离鱼身放置鱼盘一侧,然后与分清蒸整鱼的步骤相同。在向各个餐碟内分装鱼肉时,将鱼鳞也等份地分装于这些餐碟中,送与客人一同食用。因食鳞鱼在制作时,由于其每片鳞下边都有油脂,故而其鳞不可去掉,待其制熟后,其鳞片上的油脂食用起来味道十分鲜美。

分鱼与分菜在服务程序上的要求是一致的。因此,在分鱼服务中,应遵循分菜的规范要求。

(二)西餐分菜

与中餐的合食制不同,西餐采用分餐制,简单地说,就是即使同坐一桌,每位客人吃的菜品都不一样。所以说西餐上菜的过程,也就是分菜的过程。

1. 分菜顺序

西餐分菜时先宾后主、先女后男,即按主宾、主人(或女主宾、主人、男主宾),然后其他来宾的顺序依次进行。

2. 分菜工具

西餐分菜工具通常有刀、叉、勺等。根据不同的服务方式,分菜服务方法和工具各有不同。例如,俄式分菜对技术的要求较高,服务员用叉、勺进行分让;法式西餐服务重于切割技巧,工具较多,有服务车、分割切板、刀、叉和分调味汁的勺等。其使用方法见表2-7。

表2-7 分菜工具及使用方法

分类	内容	使用方法
俄式服务分菜工具	叉和勺	一般是勺在下，叉在上。右手的中指、无名指和小指夹持，拇指和食指控制叉，五指并拢，完美配合。这是俄式服务最基本的技巧
法式服务分切工具	服务车、分割切板、刀、叉、分调味汁的勺	①分切主料：将要切分的菜肴取放到分割切板上，再把净切板放在餐车上，分切时左手拿叉压住菜肴的一侧，右手用刀分切； ②分配料、调味汁：用勺分，勺心向上

3.分菜叉勺的操作

（1）如需夹取大块的食物，可用分菜勺与分菜叉互对的方法进行操作（见图2-15）。

（2）需夹取细碎或比较薄的食物如丁、丝、片等形状的菜肴时，分菜叉和分菜勺的叉心和勺心部分应同向（见图2-16）。

图2-15 分菜叉勺的操作一　　　　　　图2-16 分菜叉勺的操作二

对点案例 Case Study

家庭寿宴

某三星级酒店餐厅的一个大包房中围坐着一家十几口人，从餐桌上的大红寿字蛋糕和老老少少的宾客可知，这是一次庆祝老人寿辰的家庭宴会。服务员规范地为宾客进行服务，每道菜送上时，服务员照例旋转菜品，报菜名，然后就是分菜、换餐盘、斟倒酒水。只见餐桌上的菜盘一个一个都被服务员撤了下来，台面十分整洁。服务真可谓是周到细致。宴会结束后，餐饮部经理征询客人意见，客人说菜烧得不错，口味很好，但仍有不满意的地方。

分析与决策：问题出在哪里？

【案例评析】 此宴会是为老人祝寿，属于一般宴会，这就需要热闹的宴会气氛。因此，不需要每道菜都进行分菜、撤换餐盘，否则会影响客人的就餐氛围。此案例说明，服务员运用分菜操作技能服务时应灵活处理，并不是所有的高档菜都要进行分让。

家庭寿宴

思考与练习

1. 问题思考

(1) 在实际端托服务中,如何根据不同物品的端托,选择适宜的行走步伐?
(2) 轻托与重托所使用的托盘一样吗?为什么使用左手托盘?
(3) 斟酒时,瓶口与杯口为什么要相距2厘米?
(4) 餐巾折花的造型如何选择?
(5) 怎样才能使台布铺得又快又好?哪种铺设方法更适合你?
(6) 中式早餐铺台中的方桌和圆桌铺台有什么区别?
(7) 有老人、儿童就座时,怎样选择上菜的位置?
(8) 分鱼的基本方法和技巧有哪些?

2. 实战演练

(1) 用3种方式铺设台布,分别按操作要求和动作要领,一次到位。
(2) 3分钟内完成一张餐台的台裙铺设工作,操作符合规范。

3. 案例分析

派菜派出个不满意

江苏省苏州市某酒店新近开业,短短几个月时间,酒店各部门便上了轨道,慕名前来住店的客人日趋增多,酒店声名远播。然而,餐饮市场始终打不开,特别是宴席,问津者寥寥。本地一位企业家为母亲做六十大寿,特意选中这家大酒店,想让母亲高兴一下。

客人一共有6桌,服务员很规范地站立一旁,每道菜送上时,服务员照例旋转一次,同时报菜名,让每位客人尝菜以前先饱一下眼福。然后便是派菜,服务员很称职,换碟子、斟饮料,都按程序进行,菜烧得也不错。宴席结束后,餐饮经理同那位企业家闲聊起来,客人的一番话却使他大吃一惊。客人说:"第一,这顿饭菜很精致,但没吃饱;第二,今天是母亲大寿,原想多拍几张照片,但因桌上多是空盘,稀稀拉拉,估计照片效果不佳,所以只拍了几张;第三,原想办一个热热闹闹的宴会,但因服务员包下了派菜工作,所以整个过程便冷冷清清了。"

思考: 派菜应注意哪些问题?如果你是该餐厅经理,该怎么办?除此之外,你还想到了什么?请试着按照改善后的服务重新模拟此寿宴。

4. 实训练习

实训1:西式早餐摆台

- 实训目标:掌握西式早餐的美式服务、英式服务和法式服务摆台操作规范及要领。
- 实训提示:西式早餐摆台一般是在咖啡厅内提供的,不同服务形式的摆台方法略有差异。
- 实训要求:

1) 美式服务摆台

首先在座位的正前方,离桌边约2厘米处摆放餐盘,盘上放餐巾折花。在餐巾左侧摆放餐叉和沙拉叉,叉齿向上,叉柄距桌边2厘米。美式服务摆台如图2-17所示。

2) 英式服务摆台

在座位的正前方离桌边2厘米处摆放餐盘,盘上放餐巾折花。在餐巾左侧摆放餐叉及鱼叉,叉齿向上,叉柄距桌边2厘米。英式服务摆台如图2-18所示。

3) 法式服务摆台

在座位的正前方距离桌边约2厘米处摆放餐盘,餐盘上放置餐巾折花。在餐盘的左侧摆放餐叉和沙拉叉,叉齿向上,叉柄距离桌边约2厘米。法式服务摆台如图2-19所示。

图 2-17　美式服务摆台　　　图 2-18　英式服务摆台　　　图 2-19　法式服务摆台

- 实训总结:

_____

_____

实训2:斟酒

- 实训目标:掌握酒水斟倒的操作规范及要领。
- 实训提示:斟酒时,要随时注意瓶内酒量的变化情况,以适当的倾斜角度控制酒液的流速,学会巧用腕力。瓶内酒液越少,其流速越快,越容易溅到杯外。斟酒时,不要站在客人左侧,不准站在一个位置为左右两位客人斟酒,不准隔位斟、反手斟。
- 实训要求:

1) 开启酒瓶的操作

(1) 葡萄酒的开启。

(2) 香槟酒的开启。

2) 练习托盘斟酒

托盘上放置3~4个大小、高低不一的酒瓶,同时给客人斟酒。要求在5分钟内完成,要做到动作规范、不滴不洒、不贴靠客人。

3) 练习徒手斟酒

斟白酒时,要求在2分钟内完成10客位的斟酒工作,做到斟酒均匀(八分满);斟葡萄酒时,要求在2分钟内完成10客位的斟酒工作,做到斟酒均匀、不滴不洒,注意酒水商标的展示及手持瓶的位置。

4) 斟酒要领

(1) 斟酒时,服务员站在客人两椅之间,右手握着酒瓶的下半部,酒标朝外,显示给客人。

(2) 斟酒时,身体微微前倾,不可紧贴客人,但也不要离得太远,右脚踏入两椅之间,呈T字形侧身而立。

(3) 斟酒时,瓶口距杯口2厘米左右,不要将瓶口搭在杯口上,以防污染。

(4) 斟酒适度后,微微抬起瓶口,同时手腕顺时针旋转45°,使最后一滴酒液均匀地分布到瓶口边沿上,不至于滴落在客人的身上或餐布上。

(5) 斟酒时做到不滴不洒、不少不溢。

• 实训总结:

_____

_____

项目三
餐饮对客服务

 项目导读

餐饮服务是餐厅服务人员为就餐客人提供食品饮料等一系列有形产品及无形服务的总和。客人来到餐厅后才临时点菜的服务方式称为零点服务。酒店通常设有风格不同、大小不一的零点餐厅,以适应不同类型客人的消费需求。零点餐厅通常设置散台并接受预约订餐。

宴会是为了表示欢迎、答谢、祝贺、喜庆而举行的一种隆重的、正式的餐饮活动。宴会的种类有很多,按规格划分,有国宴、正式宴会、便宴;按宴会的餐别划分,有中餐、西餐、自助餐和鸡尾酒会等;按举行宴会的时间划分,有早宴、午宴和晚宴等。宴会具有就餐人数多,消费标准高,菜点品种多,气氛热烈,就餐时间长,接待服务讲究等特点。宴会一般要求格调高雅,在环境布置及台面布置上既要舒适、干净,又要突出隆重、热烈的特点。在菜点搭配上有一定模式和质量要求,按一定的顺序和礼节递送上台,讲究色、香、味、形、器,注重菜式的季节性,用拼图及雕刻等形式烘托喜庆、热烈的气氛。在接待服务上强调周到细致,讲礼节礼貌,讲究服务技艺和服务规格。

 **项目目标**

素质目标
1. 培养团队合作精神,树立兼收并蓄的文化自信。
2. 培养责任意识和良好的职业素养。

知识目标
1. 能够掌握餐厅预订、餐前迎宾、就餐服务、结账与收银等服务的程序及标准。
2. 了解点菜服务、上菜服务、席间服务的基本要领。
3. 了解引领客人、安排客人座位的技巧。
4. 了解西式早餐服务的主要形式及服务程序。

5. 掌握中西餐宴会服务程序及操作标准。
6. 了解宴会厅的布置等基本知识。
7. 熟练掌握宴会设计的要求及设计要点。
8. 掌握宴会服务的"八知""三了解"及宴会服务注意事项。

能力目标

1. 具备熟练准确地为客人提供餐厅预订服务的能力。
2. 具备规范熟练地为客人提供点菜及上菜服务的能力。
3. 具备灵活自如地为客人提供就餐服务的能力。
4. 掌握为客人推销菜肴的技巧并能熟练运用。
5. 能够根据宴会要求认真准备好各项所需用具和设备。
6. 能够准确做好宴会的预订,准确及时提供席间服务。
7. 能够熟练清理现场和进行收台检查。
8. 具备根据客人需求熟练准确地进行宴会场景、席位、菜单、酒水和台面等方面设计的能力。

知识导图

```
                          ┌─ 中式零点餐服务
              ┌─ 零点服务 ─┤
              │          └─ 西式零点餐服务
              │
              │          ┌─ 中餐宴会服务
餐饮对客服务 ─┼─ 宴会服务 ─┤
              │          └─ 西餐宴会服务
              │
              │          ┌─ 冷餐会服务
              └─ 其他服务 ─┤
                          └─ 客房送餐服务
```

任务一　零点服务

客人来到餐厅后才临时点菜的服务方式称为零点服务。零点餐厅通常设置散台并接受预约订餐。由于零点餐厅的主要任务是接待零星就餐客人,而客人多且杂、数量不固定、口味需求不一、就餐时间交错,这就导致餐厅接待的波动性较大、工作量较大、营业时间较长。因此,服务员需要拥有良好的服务态度、较强的敬业精神和过硬的基本功,并且反应灵敏、熟悉业务,了解厨房当天的供应情况、菜式烹调的基本方法和客人的心理需求,这样才能推销符合客人需求的菜点,以及向客人提供最佳的服务。

任务导入
Task Leading-in

出色的服务员

在一家酒店,张先生第二次光临零点餐厅,服务员小李热情迎接,对张先生微笑问候,并说道:"先生,欢迎您来就餐,请问您还是坐在昨天的老位置上吗?"张先生一点头便被引导至熟悉的座位上;这时小李又拿出零点菜单:"先生,您昨天在我们餐厅用餐,对我们菜品的口味和服务还满意吗?"张先生也微笑地点了点头,小李接着说:"您昨天点了一份炒饭,今天您可以换换口味,再尝尝我们餐厅最有特色的云吞面,不知道您是否愿意呢?"张先生听后又开心地点了点头。张先生用餐后对服务员说:"你们的热情和贴心,让我享受了一次非常完美的服务。"

想一想:出色的服务员该怎样练就?怎样为客人提供规范化、精细化及亲情化的服务?

一、中式零点餐服务

中餐厅就是经营以中国式烹调方法烹饪的风味餐食为主的餐厅,是向国内外客人宣传中国饮食文化的经营服务场所。中餐零点指客人随到随吃,自行付款。餐厅通常有早餐、午餐、晚餐和夜宵等。餐厅通常设置有大小不同的餐桌。其服务的特点是客人多而杂,人数不固定,口味需求不一,用餐时间交错。这导致餐厅接待量不均衡,服务工作量较大,营业时间较长。所以餐厅服务员服务时,在突出热情、周到、细致、体贴的同时,还要做到迅速、快捷而不紊乱。可以说,零点服务是餐饮服务中最普遍、最常见的一种服务,它在整个餐厅服务工作中占很大比例。其具体服务是,餐厅服务员按照客人意愿为其点餐并主动向客人介绍菜品、饮料,为客人提供上菜、结账等服务工作的完整流程。

(一)迎宾服务

迎宾服务是指迎宾服务员在餐厅门前热情地迎接客人,并将客人带到合适的餐台安排就餐的服务。迎宾是餐厅为客人提供服务的开端,礼貌得体、优雅大方的迎宾服务,在吸引客人的同时,也为餐厅树立了良好的形象。餐厅迎宾包括迎接客人、问候客人、引领客人、安排座位、拉椅让座等步骤。迎宾服务要求服务员在仪态、礼貌用语方面有所规范,餐厅留给客人的第一印象的好坏往往也是从迎宾服务开始的。

1. 迎接客人

迎宾服务员一般着旗袍,化淡妆,开餐前5分钟在餐厅门口站好,做好迎接客人的准备。迎宾服务员应该神情专注,反应敏捷,注视过往宾客。当客人走近餐厅约1.5米处时,面带笑容,主动热情问候。

2. 问候客人

迎宾服务员问候客人时要注意女士优先,即男女宾客一起进来时,应先问候女宾,再问候男宾。询问顾客是否有预订,如有预订则进一步询问预订情况。没有预订则询问客人就餐人数。当客人离开餐厅时,应礼貌道别。

3. 引领客人

迎宾服务员将客人迎进餐厅后,下一步就是将客人引领到相应的座位或包房。引领客人时走在客人前面,应说"请跟我来"或"这边请"或"里面请",并用手示意。

4. 安排座位

迎宾服务员要根据客人的情况灵活安排座位。如遇到重要客人光临,可引领到餐厅最好的靠窗靠里的位置或雅座,以示恭敬与尊重。遇夫妇或情侣到来,可引领到餐厅一角安静的餐桌就座,便于小声交谈。见到服饰华丽、打扮时髦和容貌漂亮的女士,可引领到众多客人均可看到的显眼中心位置就座,这样既可以满足这部分客人的心理需求,又能使餐厅增添华贵感。带小孩的客人尽量安排在靠墙角、不易乱跑的位置。年老、体弱的客人,尽可能安排在离入口较近的位置,以便出入。遇到全家或众多的亲朋好友来聚餐时,要引领到餐厅靠里的一侧或包房,既便于他们安心进餐,又不影响其他客人的用餐。靠近厨房出入口的位置,是最不受欢迎的位置,用餐高峰时,应对安排在这里的客人多说几句礼貌话,以示关心与歉意。

5. 拉椅让座

迎宾服务员示意性地为一两位客人拉椅让座即可。具体做法是,双手将椅子拉出,右脚在前,膝盖顶住椅子后部,待客人屈膝入座的同时,顺势将椅子推向前方。

迎宾时还有一些特殊情况,比如餐位已满时,要如实告诉客人。如果客人愿意等候,则可为客人安排临时性的等候座位,待有餐位时再按先来后到的顺序为客人安排合适的餐位。

知识链接

合理引座的要求

(二)就餐服务

就餐服务包括点菜服务和席间服务,具体来说,就是向客人介绍菜肴,接受客人的点菜,将厨房做好的菜肴及酒水端送上桌,并在客人的就餐过程中提供相应的服务。

1. 点菜服务

点菜服务是餐厅服务的重要环节,是客人购买酒店餐饮产品的初始阶段,是服务员向客人推销菜肴的关键所在,同时还是服务语言、专业知识和服务技巧的集中体现,体现了餐厅员工的综合素质,并且还直接影响餐厅的经营收入、利润及客人对餐厅的评价。点菜服务过程中,服务员要恰当地介绍菜肴、巧妙地向客人推销、准确把握客人心理,为客人提供优质的服务。点菜服务的基本程序如下:

1)问候客人

首先礼貌地问候客人,如"晚上好,先生。很高兴为您服务"。然后介绍自己,如"我是服务员小张"。再征询客人是否可以点菜,如"请问现在可以为您点菜吗"。

2)介绍、推荐菜肴

介绍菜单时要做好客人的参谋,适当推荐菜肴,向客人推销、推荐餐厅的特色菜、畅销菜、时令菜。用看、听、问的方法来判断客人的需求,注意原材料、口味、烹调方法、价格高低等方面的搭配。必要时对客人所点的菜量、数量和食品搭配提出合理建议。

3）向客人解释菜单

菜单上每道菜都由菜名、价格和描述三部分组成。特别要注意的是价格，价格往往跟计量单位相关。菜单上食品分量的表示方法有多种：①用大、中、小表示，如大瓶可乐；②用具体数表示，如三块炸鸡；③用器皿表示，如一汤碗、一茶杯；④用重量表示，如千克、克等。菜单上的计量单位如果客人不明白，一定要跟客人解释清楚，不要给客人错误的信息，以免引起误会甚至纠纷。对于菜单上暂时不能提供的菜肴，要向客人做好解释工作，并建议客人改点其他菜肴，或推荐同类同价位的菜肴。

4）记录客人所点菜肴

如果是手写记录，要在点菜单上写明客人的餐桌号、进餐人数、日期、服务员自己的名字。准确记录客人点的每一道菜，特别要注明客人的特殊要求。如果使用点菜器，则可以按照菜单的编码将客人所点的菜肴输入系统，再打印出来即可。

5）确认客人所点菜肴

当客人点完菜后，要向客人复述一遍所点菜肴及特殊要求，请客人确认。感谢客人配合工作，并告知客人大约需要等待的时间。

6）下单

跟客人确认之后的点菜单要及时分别送至厨房、收银处、传菜部等部门。不同的点菜单要按规定递交给不同的部门。点菜单与酒水单应分开递交。

小贴士 Tips

点菜服务的注意事项

- 把握正确的点菜时机，在客人需要时提供点菜服务；点菜节奏要舒缓得当，不要太快也不要太慢，但要因人而异。
- 填写点菜通知单要迅速、准确，单据的字迹要清楚，注意将冷菜和热菜分单填写。要填写台号、日期、用餐人数、开单时间，以及附上值台服务员的签名。菜肴和桌号一定要写清楚。
- 点菜中要注意各方面的清洁卫生。菜单的干净美观、服务员的个人卫生、记录用的笔和单据的整洁都要符合标准，才可使客人在点菜时放心。
- 点菜时应认真记录客人点的菜品、酒以及客人的桌号，要认真核对点菜单，避免出错；要耐心回答客人的问题，当客人发脾气时，服务员要宽容、忍耐，避免与客人发生冲突。
- 客人点菜时，服务员的语言要得体，报菜名应流利、清楚，表情应以微笑为主，以体现服务的主动与热情。注意礼貌语言的运用，尽量使用选择性、建议性语言，不可强迫客人接受，不要用特别自我肯定的语言，也不要用保证性的语言。

对点案例 Case Study

向推销员推销

下午一点多钟在广州一家餐厅，服务员接待了四位江浙口音的男士，他

动画
▼

向推销员推销

们入座后只是一个劲地喝饮料,并不着急点菜。当服务员走上前再一次询问他们是否需要点什么菜时,只听他们有的说:"腿都跑细了,身子像散了架,真不想吃东西。"服务员根据他们随身携带的产品说明书、购销协议合同书来分析,他们可能都是做产品推销的,便主动招呼说:"各位是做产品推销的吧?"客人答:"你猜对了,今年丝绸产品出口量大大减少,厂里积压了一大批货,再推销不出去,职工们的工资、奖金就难办了,这顿饭菜你就代我们随便点一些吧。"服务员立即由衷地说:"这么热的天,你们满城去找百货店、商场跑推销,实在够辛苦的。这样吧,我先给各位上啤酒和四个凉菜,然后再上一个四川白肉、一个锅贴酿豆腐、一个清蒸鱼、一个青椒炒肉丝、一个榨菜肉丝汤和两盘小笼包子,怎么样?这是本餐厅价廉物美、清淡可口的夏日菜肴,欢迎各位品尝。"饭后,本来就没有什么胃口的四位男士,却高兴地对服务员说:"感谢你的热情服务,这顿饭我们吃得很开心,吊起了胃口,饭菜都吃光了,也恢复了精神。"事后,这位服务员在谈体会时说:"我首先很清楚他们的职业,当时外边天气特别热,他们个个疲惫不堪,我很能理解他们,所以在为他们服务时,语言上就格外地以'关怀'二字为核心进行交谈与服务,也就受到了他们的表扬。"

分析与决策: 应该如何正确进行点菜服务?

【案例评析】 点菜服务是一门艺术,需要服务员用"心"去完成。首先,服务员应用心了解顾客。案例中的服务员细心观察顾客,对顾客的身份做出了准确的判断,为推销开了一个好头。其次,服务员应用心了解菜单(产品)。案例中的服务员向顾客推荐了令其满意的菜品,与该服务员对菜肴的熟悉不无关系。最后,服务员要用心设计自己的服务语言。恰到好处的语言,是服务员与客人之间进行沟通、彼此了解,最终使客人满意的重要因素。案例中服务语言令人感到亲切、具有说服力,因此成为推销成功的重要因素。

2. 席间服务
1) 餐前准备服务
(1) 为客人打开餐巾,铺在客人面前的餐台上。
(2) 递送香巾、上茶水。
(3) 从客人右边撤下茶杯。
2) 上菜服务
(1) 10分钟内上齐凉菜,15分钟内按顺序开始上热菜。
(2) 上菜时,菜肴摆放要规范、有序。
(3) 上菜时如需跟上佐料的,要先上佐料后上菜;上虾、蟹等菜时需跟上洗手盅,以及换上洁净的香巾。
(4) 上菜后,若客人未点主食,应及时提示客人。
(5) 上菜时,要询问客人是否需要分菜。如不需要,可通知厨房上菜速度快些。
(6) 上汤或羹时,应为客人将汤或羹分到碗中。

(7) 检查点菜单及台上的菜是否上齐,如有错单及遗漏,要及时通知厨房为客人先制作。

(8) 客人所点的菜若已沽清或暂时无原材料,要及时告知客人,并询问是否换菜,若客人同意,则可立即为客人下单,并让厨房快速为客人制作。

(9) 菜上齐后,须通知客人,并询问其对菜品的意见及是否需要加菜。

3) 餐中服务

(1) 服务过程中应勤巡台,勤收盘,勤换骨碟、烟灰缸,但绝不能在客人进食时撤换。

(2) 若客人把骨头或渣堆放在桌上,应及时清理。

(3) 若客人将汤等打翻,要先用口布吸干,再将干净的口布铺在上面,要尽量保持台面的清洁。

(4) 收空盘时,动作要轻,避免汤洒在客人身上,相应的调味品和酱汁也应一并撤走。

(5) 及时更换香巾、茶水,整理台面。

(6) 餐中服务一般应遵循右上右撤的原则,也可灵活运用,提供令客人满意的服务。

(7) 在服务过程中尽可能地满足客人的服务需求,对于某些不能确定的问题,不可随便地回答客人,需汇报上级后再做决定。

4) 餐尾服务

(1) 上水果前应为每位客人派发香巾,并摆上果叉。

(2) 客人点甜品后,要征得客人同意后撤走餐具,并在上甜品时跟上相应的餐具。

(3) 餐后,换上洁净的香巾,并送上热茶。

(三) 结账与收银服务

1. 结账前的准备

(1) 询问客人有没有要添加的东西,若要添加东西,请客人先下单。

(2) 检查所有菜品和酒水是否上齐,若没上齐,询问客人是否需要退掉。

(3) 仔细核单,看有没有未下单的东西,若有则及时补单。

(4) 检查需要分单的客人单据是否分开。

(5) 打好账单然后请客人过目,客人没有疑义,再让客人买单。

2. 结账

1) 现金结账

当客人用餐完毕后示意结账时,服务人员应到收银台拿账单(账单提前打印)并核对账单,用结账夹递给客人,不要主动大声地报账单金额。宾客付款后,应礼貌致谢,当面点清钱款,注意辨别真伪并询问一下客人是否需要开发票。用收银夹将账单及现金送回收银台,然后将找回的零钱及发票用结账夹递交客人,并请客人当面点清。最后,再次向客人表示感谢。

2) 信用卡结账

当客人提出用信用卡结账时，首先确认客人的信用卡是否为本餐厅所接纳，检查持卡人姓名、信用卡有效期等，并向客人致谢。带客人到收银台刷卡或服务员代为刷卡，请客人确认账单金额，并在信用卡使用凭据上签名。核对客人签名是否与信用卡背后签名相同，将信用卡凭据中的顾客副本、信用卡交还客人，正本由收银员保管。

3) 签单

在酒店住宿并在酒店餐厅就餐的客人可以签单结账。当客人提出签单结账时，首先确认客人是否是有效签字人，请客人在账单上填写房间号及正楷签名（签名要写办理入住登记时的名字）。然后将账单送到收银处进行核对，检查无误后，请客人放心离开，并再次致谢。

知识拓展 Learning More

结账注意事项

（1）客人不说结账，永远不要主动拿账单给客人。当客人用餐完毕，不要急于要求客人结账，以免失礼，习惯上要等客人招呼结账时，迅速送上账单。

（2）当客人用餐基本结束时，服务员应至少一次上前主动询问客人是否还需要其他食品或饮料，并再次为客人进行一些服务。

（3）收银台应视客人就餐情况提前打出账单，随时等候客人提出结账，减少顾客等待时间。

（4）在把账单送给客人之前要尽量帮客人核实一遍，这不仅仅是为客人着想，更可提升客人的满意度。

（5）当客人把现金放到账单夹里时，服务员应马上走上前并合上账夹，交到收款台前务必先检查一下现金是否足够。如果有找零，零钱必须找回给客人，除非客人表示零钱留作小费。

（四）收尾工作

收尾工作主要是送客及清理台面。

1. 送客

1) 协助客人离开

当客人结完账准备离开时，服务员要帮客人拉开椅子，同时提醒客人整理好自己的随身物品。如果客人要求打包剩余的食物时，服务员应该主动为客人打包。

2) 送到门口

服务员在得到客人允许的情况下可以帮客人拿东西，把客人送到楼梯口或送上电梯，特别重要的客人可以一直送到餐厅门口，有条件的话，可以帮客人叫出租车。

2. 清理台面

1) 收拾餐具要注意顺序

客人就餐时用到的餐具可能有餐巾、餐盘、酒杯等不同材质,因此,收拾餐具时要注意顺序。收拾餐具的一般顺序:①小毛巾、餐巾;②高档餐具;③玻璃杯;④小件餐具(水果叉等);⑤汤碗、骨碟;⑥大件餐具(汤盆等)。

2) 收拾台面应文明作业

收拾台面时,邻近的台面可能还有客人正在就餐,因此应尽可能迅速且不发出声响,要把对其他客人的影响降到最低。

二、西式零点餐服务

西餐服务经过多年的发展,各国和各地区都形成了自己的特色。不同国家的人有着不同的饮食习惯,有一种非常形象的说法:法国人是夸奖着厨师的技艺吃,英国人注意着礼节吃,德国人考虑着营养吃,意大利人痛痛快快地吃……西餐服务常采用法式服务、俄式服务、美式服务、英式服务等方式,因此,一个优秀的西餐服务员应掌握各种服务方式的规程,以满足不同就餐客人的需求。

(一) 西餐咖啡厅早餐服务

1. 准备工作

服务员须在早餐开始前半小时全部到岗。领班负责检查员工仪容仪表,介绍厨房当日菜肴和推销菜肴。服务员和领班应检查餐台、台布、餐巾、餐具准备情况,准备好菜单、饮料单等。

2. 迎宾领位

迎宾服务员站在餐厅门口,面带笑容等待客人光临。见到客人主动问好,并将客人引领到合适的餐位。

3. 点餐

客人就座后,服务员应表示欢迎,并从客人右边递上菜单和饮料单。客人点菜时,服务员应站在客人右后方,上身微躬,等候客人点菜。如果客人不能确定菜肴,服务员应主动地向客人介绍菜肴,帮助客人选择菜肴。入厨单一式三联,饮料单一式两联,书写字迹要清楚,如有特殊要求,须加以说明。客人点完单后,应复述点单内容,请客人确认。如客人所点菜肴出菜时间较长,应及时提醒客人,并征求客人意见,询问客人是否需要更换。

4. 上菜

服务员应根据客人所点菜肴,调整桌面原有的餐用具。上饮品、菜肴或撤餐碟时,服务员应一律使用托盘。除自助餐外,无论客人吃美式早餐、欧陆式早餐还是零点,服务员都应在客人确定好饮料和菜肴后,尽快为客人提供饮料。上菜时,服务员应检查所上菜肴与客人所点菜肴是否一致,以及调味品与辅料是否齐全。西餐早餐上菜顺序为先冷后热。

欧陆式早餐上菜顺序为自选果汁、各色早餐包点、咖啡或茶;美式早餐上菜顺序为自选果汁或水果、鲜蛋配火腿、咸肉或香肠、咖啡或茶。从客人右侧上菜,从客人左侧撤碟;上菜时要报菜名,放菜要轻;每上一道菜,都须将前一道用完餐的用具撤掉;咖啡或茶只有在客人结账离去后才可撤走。

5. 用餐服务

早餐就餐客人多、周转快,服务员须不断地与厨房联系,以确保供应,保证出品质量,控制出菜时间。每个服务员应对自己所分管台面负责,要注意客人的表情,尽可能地解决和满足客人提出的问题和要求,经常为客人添咖啡或茶。在就餐过程中,要避免产生送错菜或冷落客人,以及让客人久等的现象。及时撤去餐后碗碟,勤换烟灰缸,做好台面清洁。

6. 征询意见

在不打扰客人的情况下,服务员应主动征求客人对服务和出品的意见。若客人满意,应及时表示感谢;若客人提出意见和建议,则应认真加以记录,并表示将会充分考虑客人的意见。

7. 结账

只有在客人要求结账时,服务员方可结账。多位客人一起就餐时,应问清统一开账单还是分开账单。凡住店客人要求签单时,服务员应请客人在账单上签上姓名和房号,并由收银员通过电脑查询核实后方能认可。结账要迅速准确,认真核实账单无误后,将账单夹在结账夹内交给客人,结账后,应向客人表示感谢。

8. 送客

客人离开时应为其拉开座椅,递上衣帽,对客人的光顾表示感谢,并欢迎客人再次光临。检查是否有客人遗落的物品,若有发现应及时送还,若客人已离开,则应交送餐饮部办公室。

9. 撤台

客人离去后,服务员应及时检查是否有尚未熄灭的烟蒂,按先口布、毛巾,后酒杯、碗碟、刀叉的顺序收拾餐具及有关物品,按铺台要求重新铺台,准备迎接新的客人。

(二)西餐正餐服务

1. 餐前准备

服务员须在开餐前半小时全部到岗。领班检查员工仪容仪表,布置当日工作,分配员工工作岗位,介绍厨房当日菜肴和推销菜肴。领班和服务员按区域检查餐台、台布、餐巾、餐用具、玻璃器皿、不锈钢器皿、各种调味品、托盘、花瓶等是否齐全、清洁、明亮,摆放是否规范,整个餐厅是否统一;准备好菜单和饮料单,菜单和饮料单须清洁,配合厨房摆放自助餐用具和食品,所有用具要保证一定的周转量,以备更换。

2. 预订

为了给客人提供更好的服务,一般西餐厅要求客人提前预订餐位。客人可以打电话到餐厅预订,预订服务员要详细记录顾客预订的时间、就餐人数、菜肴要求等信息,并及时提醒顾客。

知识链接

西式早餐服务主要形式

3. 迎宾

客人来到餐厅,迎宾服务员面带微笑向客人主动问好,询问客人预订情况并将客人引领到合适的餐位。

4. 餐前服务

客人入座后,为客人服务面包和水,为客人点餐前饮料,呈递菜单、酒单,介绍菜品、酒水并回答客人的疑问,为客人上饮料,记录客人点菜内容,跟客人确认后迅速下单。

5. 就餐服务

1) 上菜

西餐上菜顺序为开胃头盘、汤、色拉、主菜、甜品、咖啡或茶。服务员应根据客人所点菜肴,适当调整桌面原有的餐具。上菜或撤盘时,服务员应一律使用托盘,左手托盘,右手上菜或撤盘。此外,服务员应检查所上菜肴与客人所点是否相同,以及调味品和辅料是否齐全;上菜时先宾后主、先女后男,从客人右侧上菜,从客人左侧撤盘;上菜时报菜名,并做适当介绍。除面包、黄油外,其他菜肴、汤、甜品等上桌时,服务员须将前一道用完菜肴的餐具撤去。待菜肴全部上完后,服务员应向客人示意,并询问客人还需要什么,然后退至值台位置。咖啡或茶待客人结账离去后方可撤去。

2) 巡台

当客人酒杯里酒较少时,服务员要为客人添酒,水杯里的水也要持续添加。整个就餐过程中,面包盘里的面包要持续添加。如果客人还在吃面包,那么黄油碟中的黄油也要持续添加。

6. 餐后服务

1) 结账收银

服务员不能催促客人结账,要等客人要求结账时及时呈递账单;迅速准确地为客人完成收银服务。

2) 送客

当客人离开时要说:"谢谢光临,很高兴为您服务,欢迎您再次光临!"并且礼貌地将客人送到餐厅门口。

3) 翻台

收拾客人用过的餐具,整理台面并重新摆台,等候下一批客人光临。

知识拓展
Learning More

西餐服务方式

1. 法式服务(French Style Service)

传统的法式服务在西餐服务中是最豪华、最细致和最周密的服务。通常,法式服务用于法式餐厅,即扒房。法式餐厅装饰豪华高雅,以欧洲宫殿式为特色,餐具常使用高质量的瓷器和银器,酒具常使用水晶杯。通常在手推车或旁桌现场为客人提供加热、调味及切割菜肴等服务。在法式服务中,服务台的准备工作很重要,要在营业前做好服务台的一切准备工作。法式服务注重服务程序和礼节礼貌,注重服务表演,注重吸引客人的注意力,服务周到,每位客人都能得到充分的照顾。但是法式服务节奏缓慢,需要较多的人力,价格昂贵。

法式服务由两名服务人员,即一名服务员和一名服务员助手共同为一桌客人服务。服务员的任务包括:接受客人点菜点酒,上酒水;在客人面前即兴烹制表演,以烘托餐厅气氛;递送账单,为客人结账。服务员助手的任务包括:送点菜单入厨房;将厨房准备好的菜盘放在推车上送入餐厅;将服务员已装好盘的菜肴端送给客人;负责收拾餐具,听从服务员的安排。在法式服务中,除面包、黄油、色拉和其他必须放在客位左边的食品从客人的左手边上桌外,其他食品饮料一律用右手在客位的右边送上餐桌。

法式服务是一种非常豪华的服务,最能吸引客人的注意力,给客人的个人照顾较多。但是,法式服务要使用许多贵重餐具,需用餐车、旁桌,故餐厅的空间利用率很低,同时还需要较多的经过培训的专业服务人员。

2. 俄式服务(Russian Style Service)

俄式服务同法式服务相似,也是一种讲究礼节的豪华服务。但其服务方法不同于法式。俄式服务讲究优美文雅的风度,将装有整齐、美观菜肴的大浅盘端给所有客人过目,让客人欣赏厨师的装饰和手艺,并且也刺激了客人的食欲。俄式服务由一名服务员完成整套服务程序,服务的方式简单快速,服务时不需要较大的空间。因此,它的效率和餐厅空间的利用率都比较高。服务员从厨房里取出由厨师烹制并加以装饰的银制菜盘的菜肴和热的空盘,将其置于餐厅服务边桌之上。用右手将热的空盘按顺时针方向,从客位的右侧依次派给客人,然后将盛菜银盘端上桌让客人观赏,再用左手垫餐巾托着银盘,右手持服务叉勺,从客位的左侧按逆时针方向绕台给客人派菜。派菜时,根据客人的需求量派给,避免浪费和不足分派,每派一道菜都要换清洁的服务叉勺。汤类菜肴可盛放在大银碗中用勺舀入客人的汤盘里,也可以盛在银杯中,再从杯中倒入汤盘。

俄式服务使用了大量的银器,并且服务员将菜肴分给每一位客人,使每一位客人都能得到尊重和较周到的服务,因此增添了餐厅的优雅氛围。俄式服务是在大浅盘里分菜,因此可以将剩下的、没分完的菜肴送回厨房,避免浪费。俄式服务的银器投资很大,如果使用和保管不当就会影响餐厅的经济效益。在俄式服务中,最大的问题是最后分到菜肴的客人,看到大银盘中的菜肴所剩无几,总会有一些影响食欲的感觉。虽然采用大量的银质餐具,但服务员的表演较少。它注重实效,讲究优美文雅的风度。

俄式服务较法式服务节省人力,服务速度也较快,餐厅的空间利用率高,又能显示其讲究、优雅的特点,使客人感受到特别的关照,派菜后多余的食物可以回收。但是,如果客人同点一道菜,那么派到最后一位客人时,所能看到的是一盘并不美观的菜肴。如果每一位客人点的菜不同,那么服务员必须端出很多银盘。可想而知,多种银器的投资很大,而使用率却又相当低,因此,这种高额的固定成本会影响餐厅的经济效益。

3. 英式服务(British Style Service)

英式服务也称家庭式服务,其服务方法是服务员从厨房里取出烹制好的菜肴,盛放在大盘里和热的空盘里,一起送到主人面前,由主人亲自动手切割主料并分盘,服务员充当主人的助手,将主人分好的餐盘逐一端给客人。各种调料、配菜都摆放在餐桌上,由客人根据需要互相传递或自取。英式服务的家庭气氛很浓,许多服务工作由客人自己动手,用餐的节奏较缓慢。主要适用于宴会,很少在大众化的餐厅里使用。在美国,家庭式餐厅很流行,这种家庭式餐厅采用的就是英式服务。

4. 美式服务(American Style Service)

美式服务又称为"盘子服务",是一种简单快捷的餐饮服务方式,一名服务员可以照看数张餐台。食物都由厨师烹制好,然后分别装入盘中,由服务员送至餐厅,直接从客位的右侧将餐盘递送给每位客人,脏盘也从右侧撤下。热菜要盖上盖子,并且在顾客面前打开盘盖。传统的美式服务,上菜时服务员在客人左侧,用左手从客人左边送上菜,从客人右侧撤掉用过的餐盘和餐具,以及斟倒酒水。而目前许多餐厅的美式服务从顾客的右边上菜,用右手,顺时针进行。

美式服务简单明了、速度快、人工成本很低,有利于用有限数量的服务人员为数量众多的客人提供服务。它常用于各类宴会,也是西餐厅、咖啡厅中十分流行的一种服务方式。

5. 大陆式服务(Continental Service)

大陆式服务融合了法式、俄式、英式、美式的服务方式,餐厅可根据菜肴的特点选择相应的服务方式。如第一道菜用美式服务,第二道菜用俄式服务,第三道菜用法式服务等。但不管采用何种方式,都必须遵循方便客人用餐、方便员工操作这两个原则。又如,西餐零点餐厅多以美式服务为主,但也可根据点菜情况在客人面前烹制青椒扒,配制魔鬼咖啡或爱尔兰咖啡,用法式服务来点缀菜肴,烘托整个餐厅的气氛。

6. 自助式服务(Buffet Service)

自助式服务是把事先准备好的菜肴摆在餐台上,客人进入餐厅后支付一餐的费用,便可自己动手选择符合自己口味的菜点,然后拿到餐桌上用餐,这种用餐方式称为自助餐。餐厅服务员的工作主要是餐前布置,餐中撤掉用过的餐具和酒杯,补充餐台上的菜肴等。自助餐是客人支付一定费用后,进入餐厅,在预先布置好的食品台上自己动手,任意选菜,自己取回在座位上享用的一种近于自我服务的用餐形式。当今,自助餐和各种冷餐会的用餐方式日趋流行。原因之一是食品台上的菜肴丰富,装饰精美,价格便宜。人们只花少量的钱即可品尝到品种繁多又具特色的佳肴。原因之二是就餐速度快,餐位周转率高。客人进入餐厅后,无须等候,适合现代社会快节奏的工作方式和生活方式。服务员只需提供简单的服务,如斟倒酒水、撤脏盘、结账等,这样餐厅可节省人员、节省开支。因此,许多酒店的咖啡厅早餐、午餐多采用自助餐的形式。

对点案例 Case Study

先上汤的西餐服务

小李从学校毕业后被分配到一家四星级酒店的西餐厅工作。首先是跟班见习,但没想到第一天上班因为带班师傅请假,服务区域内只有她一人值台。客人点完菜后,小李按自己在学校学得的知识开始上菜,菜上完之后,上点心,最后上汤。用餐的客人便不高兴了。

分析与决策:试分析客人不高兴的原因。

【案例评析】总体来讲,中西餐上菜顺序没有太大差别,但在西餐中,汤总是先上的。小李机械地搬用中餐的服务程序,难免要出差错。

任务二 宴会服务

宴会(Banquet)是多人聚餐的饮食方式之一,在我国有着悠久的历史。它是社会历史发展的产物,是我国文化遗产的一部分。宴会也是国际和国内政府、社会团体、单位、公司和个人之间进行交往的一种常见交际活动形式,是为了表示欢迎、答谢、祝贺、喜庆等而举行的一种隆重的、正式的餐饮活动。宴会的种类有很多,从规格上分,有国宴、正式宴会、便宴;从宴会的餐别上分,有中餐、西餐、自助餐和鸡尾酒会等;从举行宴会的时间上分,有早宴、午宴和晚宴等。宴会有就餐人数多、消费标准高、菜点品种多、气氛隆重热烈、就餐时间长、接待服务讲究等特点。

任务导入 Task Leading-in

大型宴会上的小波折

南方某四星级酒店三楼气派豪华的宴会厅内,正在举办规模盛大的宴会。由于此次活动参加人数多、规格高,餐饮部不得不临时抽调了几名实习生前来帮忙。席间,一切按计划进行,客人的欢声笑语不断。忽然,离主桌最远的一张桌前有位女客人发出尖叫声,宴会领班小丁和公关部朱经理闻声同时赶去,发现那位女客人的一身套装湿淋淋的,一个实习生手里托着倾翻的汤碗,面如死灰,呆立一旁,手足无措。朱经理立即明白了一切,她一面安排另外几名服务员收拾被女客人带落到地上的筷子、酒杯等物品,一面与小丁用身体挡住女客人,并将其护送出宴会厅,一路上女客人少不了埋怨。

朱经理关照小丁先安排客人到房间里淋浴,压压惊,她自己到客房部暂借一套干净的酒店制服请女客人先穿一下。小丁又委婉地问清了女客人内衣的尺寸,接着一个电话打到公关部,请秘书以最快的速度到附近的大商场购买高档内衣。朱经理另派人将女客人换下的脏衣送到洗衣房快洗。在这些工作分头进行的同时,小丁已陪同梳妆完毕的女客人到一楼餐厅单独用餐,并代表酒店向她表示真切的歉意,女客人很快便恢复了平静。

再说三楼宴会厅,由于处理及时,客人们继续开怀畅饮,气氛又热烈起来。此时酒店外方总经理正好前来敬酒,朱经理把事情经过向他报告后,他随即同朱经理一起来到了一楼餐厅,向女客人郑重致歉,后来又特地向女客人的上司表示歉意。女客人反而感到不好意思了,她指指身上的酒店制服,幽默地说:"我也成了酒店的一员,自己人嘛,还用这么客气?"

半小时后,洗衣房已将女客人的衣服洗净烫平,公关部秘书早已买来了内衣。女客人高高兴兴换上自己的套装,还不时向朱经理和小丁道谢。临出门时,朱经理还为她叫了一辆出租车……

想一想:造成上述问题发生的原因是什么?该酒店处理上述案例的成功经验对你有哪些启示?

一、中餐宴会服务

中餐宴会是在我国宴席基础上发展起来的具有中国传统民族形式的宴会。中餐宴会按照中国人的饮食习惯,用中国酒、中国菜点、中餐餐具,行中国的传统礼节。其形式典雅,气氛隆重,以热菜为主,所有菜点均按一定程序和礼节陆续上席。

(一)宴会预订

1. 预订方式

宴会预订常用的预订方式有电话预订、当面预订、网络预订等。其中,电话预订适合一些规模较小的宴会预订;当面预订适合涉及细节较多的大型宴会预订;网络预订是随着互联网技术的快速发展,用户用电脑、手机等工具通过大众点评网等网络媒介进行订餐的一种新型订餐方式。

2. 预订流程

(1)礼貌地向客人表示问候。
(2)了解客人预订的时间、人数及其他要求。
(3)确认能否满足客人的预订要求。
(4)重复客人的预订要求做确认。
(5)记录客人的姓名、单位、联系电话,跟客人保持联系。
(6)告诉客人预订餐位的最后保留时间。
(7)礼貌地向客人告别。
(8)完善相关手续,将预订单送交相关部门。

3. 预订注意事项

（1）预订员要礼貌询问并详细记录客人预订用餐的时间、用餐人数及标准、结账方式、订餐客人的姓名或单位及联系电话、用餐的特殊要求等重要信息。

（2）要主动、清楚地告诉客人酒店为其保留座位的时限，超过保留时限其座位会让给其他客人使用。

（3）对于VIP客人的预订，要主动了解其抵店用餐的时间及变更信息，从而保证餐厅的正常营业和接待服务质量。

（4）如果客人要求取消预订，应尽量问清取消预订的原因，以便今后的餐饮促销工作改进。

（5）如果因酒店原因要变更客人的预订信息，须事先征得预订客人的同意，同时还应给予客人一定的折扣优惠以示补偿。

（二）宴会准备工作

1. 员工动员

检查仪容仪表，认真听取和记录餐宴会内容、要求，接受分配的工作任务，做到"八知""三了解"，留意特殊菜品的上菜要求。"八知"即知宴会台数、人数，知开餐时间，知宴会菜品，知上菜程序，知主人身份，知宴请对象，知结账方式，知优惠内容；"三了解"即了解客人的风俗习惯，了解客人的生活忌讳，了解客人的特殊要求。

2. 布置场地

随着人们价值观的改变和社会生产力的高度发展，人们对饮食、服务及环境气氛的要求越来越高。酒店能否吸引客人，给客人留下难忘的印象，与就餐的环境有着密切联系。精心设计的宴会厅环境，可以对客人的情绪产生积极影响，从而增加宴会销售的可能性。根据餐厅大小形状、宴会规模、设备条件和客人要求做台型设计，根据台型设计图将桌子整齐排列成型，桌与桌的距离适中、松紧适度，以方便客人就餐和服务员服务为宜。主桌的位置面向会场的主门，居显著位置能纵观全局、突出主位。主人、主宾入席、退席通道为主通道，主桌台布、餐椅、餐具、花草装饰与其他桌有区别。根据宴会所需合理设置工作台，便于服务员提供服务并尽量缩短走动距离。

3. 餐厅设施设备的检查

检查照明、空调、音响等设备是否正常完好，能够有效使用。宴会餐台、餐椅、备餐柜是否完好、牢固且符合宴会的要求。发现问题通知工程部加紧维修并及时跟踪检查，确保宴会举办前达到要求。

4. 备好佐料、餐用具、酒水等

根据特殊菜品菜式要求配好佐料与器皿。备好各类餐用具，确保数量充足、清洁卫生。根据客人要求准备好各种酒水，客人自带酒水时要当面检查清点，并派专人保管发放。

宴会台形设计注意事项

小贴士 Tips

1. 台形布置和主位安排

(1) 中餐宴会多数用圆桌。餐桌的排列十分强调主桌位置。主桌应放在面向餐厅主门,能够纵观全厅的位置。将主宾入席和退席要经过的通道辟为主行道,主行道应比其他行道宽敞、突出一些。其他桌椅的摆放方法、方向要以主桌为准。

(2) 中餐宴会不仅强调突出主桌的位置,还十分注意对主桌进行装饰,主桌的台布、餐椅、餐具、花卉等,也应与其他桌有所区别。

(3) 要有针对性地选择台面,一般直径为150厘米的圆桌,每桌可以坐8人左右;直径为180厘米的圆桌,每桌可以坐10人左右;直径为200~220厘米的圆桌,可坐13~14人;如主桌人数较多,可安放特大圆桌,每桌可坐20~30人。直径超过180厘米的圆桌应安放转盘。

(4) 大型宴会中,除主桌外,所用餐桌都应编号。号码放在桌上,使客人从餐厅的入口处就可以看到,客人也可以从座位图知道自己桌子的号码和位置。座位图应在宴会前画好,宴会的组织者按照宴会图来检查宴会的安排情况,划分服务员的工作区域。而宴会的主人可以根据座位图来安排客人的座位,但任何座位安排都应为可能出现的额外客人留出座位。一般情况下应预留10%的座位,不过,事先最好与主人协商一下。

(5) 餐桌台形排列要根据餐厅的形状和大小及赴宴人数的多少来安排,桌与桌之间的距离以方便穿行上菜、斟酒、换餐碟为宜。在整个宴会餐桌的布局上,要求整齐划一。做到:桌布一条线、桌腿一条线、花瓶一条线,主桌主位能互相照应。

2. 中餐宴会的席位安排

(1) 中餐宴会一般有主人、副主人、主宾、副主宾、翻译及陪同人员。其席位都有固定的安排,主人座位坐在上首,面向众席(背对重点装饰面),副主人在主人的对面,主宾在主人的右侧,副主宾在副主人的右侧,翻译在主宾的右侧。对于陪同人员,一般无严格规定。

(2) 多桌宴会餐桌主位的安排通常有两种。一种是各桌主位方向一致,另一种是各桌主位方向不同,各桌主位都面向主桌方向,具体选择哪种方式主要是根据主办单位(人)的要求及餐厅的场地来决定。

(3) 若为高规格的中餐宴会,餐厅要协助主办单位(人)绘制席次图并安排座位。一般都根据来宾地位的高低预先排定;将来宾的姓名依次列在一张平面图上,张贴在餐厅入口处,以便引导来宾按序顺利入席。

知识链接

中餐宴会台形布置

(三)宴会迎宾工作

1. 迎客服务

开餐前30分钟,迎宾服务员要进入工作状态,站在大门口指定位置准备迎接客人。迎宾服务员应精神饱满、面带笑容、站姿规范。

2. 热情问候

当客人到来时,迎宾服务员应热情礼貌地进行问候,说"欢迎光临",把客人引进宴会厅或专用的休息厅休息等候。

3. 拉椅让座

拉椅背并用手示意客人入座,左膝抵椅背往里送,至客人坐下舒服为宜。拉椅顺序一般为女士、重要客人、一般客人、主人。

(四)宴会就餐服务

1. 上菜

1)上菜顺序

中餐宴会一般按先冷后热、先荤后素、先咸后甜、先优质后一般的原则上菜。

2)上菜规范

上菜前要先确定餐台是否有空间,若无空间,应先撤盘,调整台面,腾出上菜的位置。上菜时,双手端盘,将菜上至转台,并转至主宾、主人处,退后半步报菜名并介绍其特点或典故趣闻,介绍生动简洁、声音清晰响亮。

上菜位置的选择也很重要,大型宴会一般在副主宾右边的第一或第二位客人之间侧身上菜、撤盘,使用礼貌用语,注意不要在主人、主宾身边进行,以免影响客人就餐。

3)把握上菜速度

服务员应熟知菜品烹制方法、过程,结合客人就餐快慢,掌握好上菜节奏,既不能造成空台,又不能堆积过多。菜品太多可将大盘换小盘,但要事先征得客人同意。

2. 餐间服务

1)分菜

根据菜肴的特点或宴会规格和客人要求进行分菜,并提供相应的服务。派送菜品应从客人的右手边,并按先主宾后主人再顺时针方向进行。掌握好分菜件数,分量均匀,汤不流失,分后留少许在盘中让客人自取。

2)撤换餐具

上口味差异较大的菜肴前应撤换餐具,撤餐具时发现里面还有菜点,应礼貌征询客人是否还要用,再做处理。同时应注意客人用餐习惯,如客人筷子放在骨碟上,换完骨碟后还应将筷子还原。撤换餐具应做到动作熟练,手法卫生,随时保持餐台整洁。

3)续斟酒水

随时注意观察每位客人的酒杯,当客人干杯或杯中酒只剩下1/3时应及时添加,记住每位客人所饮酒水,征询后再行添加。

4)果盘服务

当客人用餐基本完毕时,清理台面,换餐具,送上时令水果并同时上水果叉或牙签等。

(五)宴会送客服务

1. 结账收银

将账单和宴席预订单一同拿到收银台汇总打单,实际出菜桌数应双方确认签字。优惠事项、收费标准,按宴会预订单规定执行,账单确认不错不漏。与宴会举办方负责人完成收银工作。

2. 礼貌送客

宴会结束,客人站起准备离席,服务员应主动拉椅,留出退席的通道。提醒客人带好随身物品,帮助客人穿外衣。将客人送至宴会厅门口,并向客人致谢。

3. 收尾工作

服务员应按规范整理餐具,避免撤台过程中造成台面、地面污染或餐具损坏。撤走临时工作台,清扫场地、整理桌椅,关闭电器。

知识拓展 Learning More

中餐宴会服务的注意事项

(1)服务操作时注意轻拿轻放,严防打碎餐具和碰翻酒瓶酒杯,从而影响场内气氛。如果不慎将酒水或菜汁洒在客人身上,要表示歉意,并立即用毛巾帮助客人擦拭。若为女客人,男服务员不要动手帮助擦拭。

(2)当重要客人在席间讲话或举行国宴演奏国歌时,服务员要停止操作,迅速退至工作台两侧肃立,姿势要端正。餐厅内保持安静,切忌发出响声。

(3)宴会进行中,各桌服务员要分工协作,密切配合。服务出现漏洞,要立刻互相弥补,以高质量的服务和食品赢得客人的赞赏。

(4)宴会结束后,应主动征求客人对服务和菜品的意见,客气地与客人道别。当客人主动与自己握手表示感谢时,视客人神态适当地握手。

对点案例 Case Study

婚宴上错菜　得到赔偿

"桌上的这些都不是我们菜单上点的菜,这是不是在欺骗顾客?"3月8日,吴先生在贵阳某酒店举行婚宴,事后发现宴席上食用的菜式与菜单上的完全不同。据吴先生介绍,他在该酒店预订了20桌婚宴,但当天实际消费了15桌。"剩下的5桌我打算第二天请亲朋再去吃一顿。"吴先生说,3月9日中午,他与亲朋发现,餐桌上的很多菜在婚宴当天并没有"亮相"。吴先生经查

动画
▼

婚宴上错菜 得到赔偿

验菜单,才发现是该酒店在婚宴时上错了菜。"出现这样的情况,原因是厨师把菜单弄错了。"该酒店公关部的杜经理说,688元/桌的标准婚宴宴席菜单有A、B两套,由于厨师疏忽,将顾客预订的那套菜单弄成了另一套。"两套菜单菜式虽不同,但是价格完全是一样的。"杜经理说,发现问题后,该酒店餐饮部负责人当即向顾客表示道歉,并给予3000余元的补偿费,同时,酒店也对相关人员做出相应处罚。

分析与决策: 上述案例中,你认为是什么保证了婚宴客人的权益?

【案例评析】 此案例体现了签订婚宴协议的重要性。当婚宴过程中出现任何问题,酒店和客人双方都能有所依据对出现问题进行及时解决。宴会协议或合同中要明确双方的权利和义务,所有经双方同意的特殊要求的项目必须记入合同,酒店宴会组织者应收取一定比例的预付金。

二、西餐宴会服务

西餐宴会是按照西方国家举行宴会的布置形式、用餐方式、风味菜点而举办的宴请活动。西餐宴会摆西式餐台,使用各式西餐餐具,并且按西餐礼仪服务。西餐宴会的服务环节较多,要求也较严格。西餐宴会服务与零点服务相比,表演的性质强于服务本身的实用性。由于西餐宴会所需的物品相对较多,除精美的餐具外,还需准备鲜花、烛光、音乐等以调节宴会气氛,所以宴会必须提前预订,以便为宴会前的准备工作留出足够的时间。

(一)宴会预订

1. 准备工作

准备好宴会预订登记簿,检查当日登记簿上的预订情况,掌握餐厅可接受的预订容量。

2. 问候客人

礼貌、主动地向客人作自我介绍。比如"Good morning/afternoon/evening. ××restaurant, May I help you?"或者"早上(下午、晚上)好,××餐厅,我能为您做些什么?"

3. 洽谈预订

主动介绍宴会标准、场所、推销特色菜肴,询问客人预订的标准,尽量争取规格高一些。如果遇到客人提出的要求无法满足时,不要一口回绝,可尝试与客人商量解决。

4. 接受预订

接受预订时,必须问明预订单位、联系人姓名、联系电话、宴会时间、人数、桌数、标准、出席对象、有何特殊要求、有何禁忌、用什么酒水等,准确将其记录在宴会预订登记簿上,最后向客人复述确认。

5. 跟踪预订

当客人完成预订后,服务员要及时通知餐厅各相关部门,另一方面还要和客人保持联系,提醒客人按时来餐厅就餐。

（二）宴会准备工作

1. 了解宴会情况

宴会服务员应了解宴会举办方、宴请对象、客人身份、宴会人数、规格标准、客人饮食习惯与禁忌等。同时还应了解宴会菜单，熟悉上菜顺序、上菜要求、菜品酒水搭配等。

2. 宴会台形设计

西餐宴会常用的台形设计有"一"字形台、"回"字形台、U形台、E形台。"一"字形台通常设在宴会厅的正中央，与宴会厅四周的距离大致相等，但应留有较充分的余地，以便于服务员服务。"回"字形台，一般设在宴会厅的中央，是一个中空的台形。U形台又称马蹄形台，一般要求横向长度应比竖向长度短一些。E形台的三翼长度应相等，竖向长度应比横向长度长一些。

按照宴会举办要求及宴会厅实际情况选择合适的台形设计，并按宴会规格布置餐台。

3. 餐前服务

在宴会开始前10分钟，提前将开胃菜摆上餐桌。在宴会开始前5分钟，将面包、黄油摆上餐桌，同时为客人斟倒好冰水或矿泉水。

知识链接

西餐宴会台型设计方法

对点案例 Case Study

酒店宴会预订工作

小谢是某酒店预订部的秘书，她第一次接到一家客户的大型宴会预订电话时，在记录宴会日期、主办单位、联系人情况、参加人数、宴会的类别和价格等基本情况后，就急忙带上预订单和合同书要亲自去客户单位确认。同事老王阻止了她，并告诉她最好先请对方发个预订要求的传真过来然后根据要求把宴会预订单、宴会厅的平面图和相关资料反馈给对方，并要求对方二次传真预订。小谢按老王说的去做了，几天后，她接到客户的传真。果然，这一次对方在宴会预订的很多方面都发生了变化，并且在价格上提出了意见。小谢与之商谈后，客户最终签订了预订合同并交纳了订金。

分析与决策：怎样做好西餐宴会的预订及准备工作？

【案例评析】小谢对宴会的预订工作不太熟悉。宴会厅的布置应尽量按客户的要求进行，因为宴会环境的好坏直接关系到客户宴请活动的成败，同时也属于宴会预订的重要内容。菜单的预订要根据客户的需要灵活掌握，但一定要了解客户的饮食习惯。一般来讲，宴会菜肴要求外表美观、加工不太复杂、容易批量生产以及口味大众化。

动画

酒店宴会预订工作

(三)宴会迎宾工作

1. 迎宾服务

宴会迎宾服务员提前站在宴会厅门口等候客人到来,当客人到来时热情迎接,将客人引至相应的餐位或到统一的休息区域休息。

2. 拉椅让座

等客人到齐,宴会举办方示意客人入席时引领客人到相应餐位,拉开餐椅示意客人入席。拉椅顺序遵循女士优先、先宾后主、先重要客人后一般客人的原则。等客人落座后协助客人铺好餐巾。

(四)宴会就餐服务

1. 上菜

西餐宴会的菜肴包括头盘、汤、副菜、主菜、蔬菜类菜肴、甜品等。

1)头盘

西餐的第一道菜是头盘,也称为开胃菜。开胃菜的内容一般有冷头盘和热头盘之分,常见的品种有鱼子酱、鹅肝、熏鲑鱼、鸡尾杯、奶油鸡酥盒、焗蜗牛等。因为是要开胃,所以开胃菜一般都有特色风味,味道以咸或酸为主,而且数量较少、质量较高。

2)汤

和中餐不同的是,西餐的第二道菜就是汤。西餐的汤大致可分为清汤、奶油汤、蔬菜汤和冷汤4类。品种有牛尾清汤、各式奶油汤、海鲜汤、美式蛤蜊汤、意式蔬菜汤、俄式罗宋汤、法式焗洋葱汤。冷汤的品种较少,有德式冷汤、俄式冷汤等。

3)副菜

水产类菜肴一般作为西餐的第三道菜,也称为副菜。品种包括各种淡、海水鱼类、贝类及软体动物类。通常水产类菜肴与蛋类、面包类、酥盒菜肴品都称为副菜。因为水产类等菜肴的肉质鲜嫩,比较容易消化,所以放在肉类菜肴的前面,叫法上也和肉类菜肴有所区别。西餐吃水产类菜肴讲究使用专用的调味汁,品种有鞑靼汁、荷兰汁、白奶油汁、美国汁和水手鱼汁等。

4)主菜

肉类、禽类菜肴是西餐的第四道菜,也称为主菜。

肉类菜肴的原材料取自牛、羊、猪等各个部位的肉,其中最有代表性的是牛肉或牛排。牛排按其部位又可分为沙朗牛排(也称西冷牛排)、菲力牛排、T骨牛排等。其烹调方法有烤、煎、铁扒等。肉类菜肴搭配的调味汁主要有西班牙汁、浓烧汁、蘑菇汁、白尼斯汁等。

禽类菜肴的原材料一般取自鸡、鸭、鹅等,通常将兔肉和鹿肉等也归入禽类菜肴。禽类菜肴品种最多的是鸡,有山鸡、火鸡、竹鸡,可煮、炸、烤、焖,主要的调味汁有黄肉汁、咖喱汁、奶油汁等。

5）蔬菜类菜肴

蔬菜类菜肴可以安排在主菜之后，也可以和主菜同时上桌，所以可以算为一道菜，或称为一种配菜。蔬菜类菜肴在西餐中称为沙拉。和主菜同时服务的沙拉，称为生蔬菜沙拉，一般用生菜、番茄、黄瓜、芦笋等制作。沙拉的主要调味汁有法国汁、千岛汁、奶酪沙拉汁等。除蔬菜外，沙拉还可以添加鱼、肉、蛋类。沙拉在进餐顺序上可以作为头盘。还有一些蔬菜是熟的，如花椰菜、煮菠菜、炸薯条。熟食的蔬菜通常和主菜的肉食类菜肴一起摆放在餐盘中上桌，称为配菜。

6）甜品

西餐的甜品是主菜后食用的，可以算作第六道菜。从真正意义上讲，它包括所有主菜后的食物，如布丁、煎饼、冰激凌、奶酪、水果等。

7）咖啡、茶

西餐的最后一道是上饮料，咖啡或茶。

2．巡台

1）添加酒水

当客人酒杯里酒水较少时要询问客人是否添加，当酒瓶已空时要告知客人并询问是否再开新瓶。水杯里的水也要持续添加。

2）添加面包、黄油

整个就餐过程中，面包盘里的面包要持续添加。如果客人还在吃面包，黄油碟中的黄油也要持续添加。

3）清理台面

如果客人不慎将台面弄脏，要及时清理干净。若洒了酒水，可以先用干净的餐布覆盖，保证台面的整洁。

（五）宴会收尾工作

1．结账收银

宴会结束时，向宴会举办方确认宴会出席人数、菜肴酒水消费情况，由收银台打印账单结账。

2．送客服务

宴会客人准备离开时，服务员应主动为客人拉椅，提醒客人带好随身物品，将客人送至宴会厅门口。

3．收尾工作

收拾餐台、整理餐具、恢复桌椅位置，关闭电器等。

西餐与酒水的搭配

在正式的西餐宴会里，酒水是主角，不仅它最贵，而且它与菜肴的搭配也十分严格。一般来讲,吃西餐时,不同的菜肴要配不同的酒水,吃一道菜便要换一种新的酒水。西餐宴会中所喝的酒水,一般可以分为餐前酒、佐餐酒、餐后酒3种。它们各自又拥有许多具体种类。

餐前酒,别名开胃酒。显而易见,它是在开始正式用餐前饮用,或在吃开胃菜时与之搭配的。在一般情况下,人们喜欢在餐前饮用的酒水有鸡尾酒、味美思和香槟酒。

佐餐酒,又叫餐酒。毫无疑问,它是在正式用餐期间饮用的酒水。西餐里的佐餐酒均为葡萄酒,而且大多数是干型葡萄酒或半干型葡萄酒。

在正餐或宴会上选择佐餐酒,有一条重要的原则,即"白酒配白肉,红酒配红肉"。这里所说的白肉,即鱼肉、海鲜、鸡肉。吃这类肉时,须以白葡萄酒搭配。这里所说的红肉,即牛肉、羊肉、猪肉。吃这类肉时,则应配以红葡萄酒。鉴于西餐菜肴里的白肉多为鱼肉,故这一说法有时又被改头换面地表述为"吃鱼喝白酒,吃肉喝红酒"。不过,此处所说的白酒、红酒,都是葡萄酒。另外,咸食选用干、酸型酒类,甜食选用甜型酒类。难以确定时,则选用中性酒类。

餐后酒,指的是在用餐之后,用以助消化的酒水。最常见的餐后酒是利口酒,它又叫香甜酒。最有名的餐后酒,则是有"洋酒之王"美称的白兰地酒。

在一般情况下,饮用不同的酒水,要使用不同的专用酒杯。在每一位用餐者面前桌面上右边餐刀的上方,大都会横排放置四只杯子。取用时,可依次由外侧向内侧进行,它们分别是香槟杯、红葡萄酒杯、白葡萄酒杯以及水杯。

对点案例 Case Study　　餐前准备工作不到位

动画
▼
餐前准备
工作
不到位

某三星级酒店的西餐厅正在进行宴会。突然,一位外宾发出诧异的声音,原来他的红葡萄酒杯有一道裂缝,酒顺着裂缝流到了桌子上,翻译急忙让服务员过来换酒杯。另一位客人用手指着眼前的小碟子让服务员看,原来小碟子上有一个缺口。翻译赶忙检查了一遍桌上的餐具,发现许多餐具均有不同程度的损坏,上面都有裂痕、缺口和瑕疵。翻译站起身把服务员叫到一旁说:"这里的餐具怎么都有问题?这可会影响外宾的心情啊!""这批餐具早就该换了,最近太忙还没来得及更换。您看其他桌上的餐具也有问题。"服务员红着脸解释着。"这可不是理由啊!难道这么大的酒店连几套像样的餐具都找不出来吗?"翻译有点生气了。"您别着急,我马上给您换新的餐具。"服务员急忙改口,并更换了餐具。望着桌上精美的餐具,喝着可口的酒水,这几位客人终于露出了笑容。

分析与决策:餐前准备时应该重视的问题有哪些?

【案例评析】环境的布置与餐厅的摆台实际上也是酒店餐饮文化的具体体现。酒店的物质条件、气氛、卫生、安全,餐厅的环境、温度、音乐背景、餐桌的布置,服务员的气质、服饰、礼貌、技巧等综合因素,构成了这种文化的氛围,显示了餐前准备程序的重要性。因此,餐前准备的过程同时也是一个完善餐饮文化和体现酒店文明程度的过程。

任务三 其他服务

在餐饮服务中,宴会服务、零点服务是餐厅服务员必须掌握的重要服务内容。除此之外,还有一些餐饮服务内容在实际工作中也经常接触到,如冷餐会、客房送餐服务等。

任务导入 Task Leading-in

客房送餐的餐具丢了

一天晚上将近19:00,懒得到餐厅用餐的509房间的张先生打电话到餐厅要求客房送餐服务,他随意点了两个菜和一碗米饭,外加一瓶啤酒。10分钟后,客房送餐员送来客人所点菜肴和啤酒。用餐完后,客人看见这残羹剩饭觉得挺别扭的,就打开房门将餐具放在门外的地毯上。5楼服务员小王路过时发现地毯上的餐具,就顺手将餐具拿到楼层工作间,放在了柜子上面,准备过会儿带到餐饮部去。20:30左右,客房送餐员打电话到509房间询问是否可以来收餐具,张先生告诉他餐具已经放在门外走廊上。可是,当送餐服务员上楼后,并没有看到放在门口的餐具,于是就敲门询问张先生,张先生发现放在门外的餐具不见了,也着急起来,再三强调确实是放在了门口。此时,正在隔壁房间做夜床的小王听到了争执声,便走出来询问是什么事情。得知原委后,小王说:"对不起,我看见走廊上的餐具有碍观瞻,就把餐具收起来了,就在工作间里,想等一会儿送还给餐厅。"客房送餐员听了忙向张先生赔礼道歉,张先生说:"找到就好。"

想一想:什么是客房送餐服务?客房送餐时,客房服务员应如何和餐饮服务员配合完成送餐工作?该事件发生的主要责任者是谁?为什么?

一、冷餐会服务

(一)冷餐会基础知识

冷餐会是按自助餐的进餐方式而举办的一种宴会形式。冷餐会的菜点以冷菜为主,但有时也备有少量的热菜。冷餐会要准备自助餐台,餐台上同时摆放着各种餐具,菜品、饮品都集中放在自助餐台上。客人根据个人需要,自己取餐具挑选食物。客人可多次取食,可自由走动,可任意选择座位,也可站着与别人边谈边用餐。

1. 冷餐会台形设计的基本要点

(1) 保证有足够的空间布置餐台,餐台数量应充分考虑客人取菜进度,以免造成客人排队或坐在自己座位上等候较长时间。每80～120人设一组餐台,若为500人以上,可每150人设一组餐台。

(2) 现场操作的菜点,为了避免拥挤,主菜如烤牛排等客人较受欢迎的菜点,应该设置独立的供应摊位。

(3) 为了突出主题,可在厅房的主要部位布置一张装饰台,通常是点心水果台。

(4) 冷餐会布局设计分为设座与不设座两种形式,因此,它的台形设计形式也各不相同。

(5) 冷餐会布局设计中的餐台面积应根据厨房装菜盘的大小与数量、餐桌布置装饰物的大小与多少来决定。客人单边取餐台的宽度不能超过60厘米,两边取餐台宽度不大于60厘米+中间装饰物的宽度+60厘米,长度为(菜盆长度+两菜之间的间距)×菜的数量,菜盆长度为菜盆的寸数×2.54厘米。例如,14寸=35.56厘米,16寸=40.64厘米,18寸=45.72厘米。简易算法:一张常规标准的条桌(1.83米×0.45米)可放4个菜盆。

(6) 要注意客人取餐路线的流向。人流的交汇处应在取餐口,而不能是取餐处的尾部,这是因为客人手持盛满菜肴的餐盘,穿过人群是比较危险的。另外,客人取餐路线应尽量与加菜厨师的路线分开。

2. 冷餐会餐台桌形设计的基本图案

冷餐会餐台拼搭的先决条件是各类桌子尺寸必须规范,桌形的变化要服从实际的需要。餐台分布匀称,餐桌可组合成U形、V形等各种图案。

(1) U形长条类餐台。中间的空隙可以站服务员,为客人提供分菜服务,提高客人的移动速度,如图3-1所示。

(2) 步步高形长条类餐台,如图3-2所示。

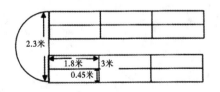

图3-1　U形长条类餐台

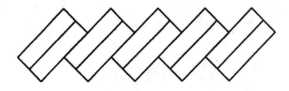

图3-2　步步高形长条类餐台

(3) V形长条类餐台,如图3-3所示。

(4) Y形长条类餐台。当从Y底部开始取菜的客人取完餐后,很自然地顺着台形分散开,而不会聚集在餐厅中间180°后转,引起翻碟,如图3-4所示。

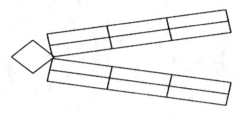

图3-3　V形长条类餐台

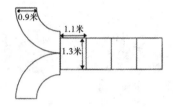

图3-4　Y形长条类餐台

(5) 串灯笼形长条类餐台,如图3-5所示。

(6) 长蛇形长条类餐台,如图3-6所示。

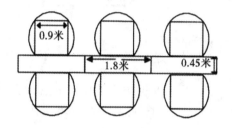

图3-5　串灯笼形长条类餐台

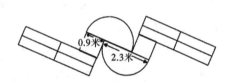

图3-6　长蛇形长条类餐台

(7) J形组合长条类餐台,如图3-7所示。

(8) 红灯笼形长条类餐台,如图3-8所示。

图3-7　J形长条类餐台

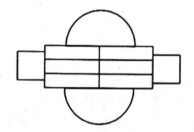

图3-8　红灯笼形长条类餐台

3. 冷餐会台型布局设计

1) 不设座冷餐会的布局设计

设计要点如下:

(1) 站立式就餐,时间不会很长,餐台设计要加快客人的流量;

(2) 不用大圆桌与椅子,空旷区域较大,餐台的布局要松散,但相互间要有呼应;

(3) 舞台设计要小,即使有演出也是独奏类的节目;

(4) 四周可摆少量椅子,供女宾和年老体弱者使用;

(5) 不设主宾席。若设主宾席,可在厅室的前方摆上几组小餐桌,也可摆大圆桌或长条桌作为主宾席。

图3-9(a)餐台设计成三只羊的形状,取三阳开泰之意,是为了迎接羊年的到来。而举行的企业"尾牙"人数较多,因此采用的是无座式自助餐。图3-9(b)是两组餐台的布置。以横向面的设计为佳,竖向设计会使主席台的位置比较拥挤,或取餐台较拥挤。

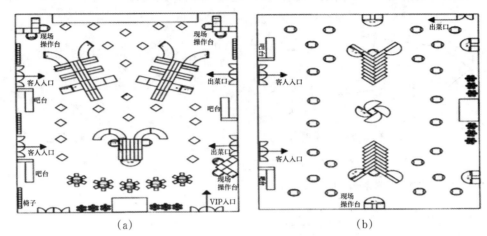

图3-9 不设座冷餐会的布局设计

2) 设座冷餐会的布局设计

设座冷餐酒会的台型设计有两种形式:一种是用小圆桌,每张桌边摆6把椅子。在厅内布置若干张菜台;另一种是用10人桌面,摆10把椅子,将菜点和餐具按西餐美式用餐的形式摆在餐桌上。

图3-10(a)为有柱子的宴会厅,合理地把柱子利用到餐台的中间,节省了很大的空间。图3-10(b)为梯形宴会厅,为了解决人少厅大的问题,将菜台设计在宴会厅的中间,按客人的需求,通过X形的菜台设计,把宴会厅有机地分割为4个部分。

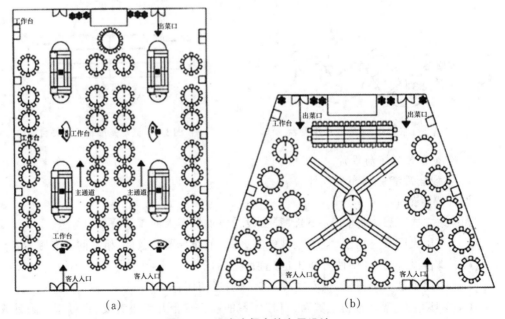

图3-10 设座冷餐会的布局设计

4. 冷餐会的布置和具体要求

1) 冷餐会主题和环境

冷餐会不同于传统的中式宴请,是讲主题、讲环境、讲氛围、讲品格的宴请方式,又是既有档次又不失轻松的交流场所。所以,不同的冷餐会应有不同的明晰的主题,不同的冷餐会要创造不同的环境。譬如,重大的节日宴请,有影响的活动宴请,都有其独特的内涵和外延。冷餐会有不同的主题,因此必须在其主题和环境上有不同的体现,既有共性,又有个性。

2) 冷餐会台面设计

冷餐会台面是冷餐会中最占据视线,最反映氛围的部分,是冷餐会的大色块、大布局,是宴请的主色调。一般来说,色调有冷暖之分。冷餐会中,采用蓝白横拼的冷色调,反差冷峻而不失高雅。招待会中,采用黄红相间的暖色调,融入了基本色彩,既充满节日的喜庆而又不入俗套。所以,台面设计的基本要求,既要兼顾中外文化的传统习俗,更要追求色彩的创新和谐,体现冷餐会的主题和主人的爱好。

3) 冷餐会菜单设计

菜单设计首先要坚持整体性,在为主题服务的前提下,充分考虑主人、客人的意见和餐饮习惯。同时又要坚持多样性,每一组菜不要少于50种。在类别上要中西兼顾,在烹制上要技法兼顾,在用料上要"海、陆、空"兼顾。菜单设计与台面设计要相辅相成,台面较深,主菜色彩可以较浅;台面较浅,主菜色彩可艳丽些,冷暖搭配,深浅搭配。菜单设计要注意预制菜肴、厨房热菜和冷餐会现场操作的配合。实践证明,现场操作既可增加进食气氛,也有利于提升菜肴质量,尤为外宾所青睐。

4) 冷餐会立体及平面摆放

冷餐会的桌面菜肴摆放,大多是放着几个盒子,摆着几个保温锅,外观普通。而在菜肴平面摆放上突出层次感以及桌面摆放的立体性,效果会很好。譬如,可以用置放托架的办法来体现立体感。在高托架底部放置水果盆来表现层次感,在有机托架下方放置雕刻作品既可增加菜肴的美感,又可在菜肴取完后起到点缀作用。例如,菜肴、水果、花草、雕刻、冰雕等在菜台上的多层次放置、立体展示等,若操作得当,可以起到画龙点睛之效,使整个桌面"活起来"。

5) 冷餐会餐具及盛器

餐具及盛器从来就是餐饮文化中的重要一环,俗话说"好马配好鞍",故而好菜也需要配好餐具及盛器,这在冷餐会上尤为重要。现代制造技术及文化的发展创造了无与伦比的各种新材料、新工艺、新造型、新产品,其中许多是为餐饮业增辉添彩的。所以,我们要大胆寻找和使用具有现代造型美的器皿,用于冷餐会的菜肴、点心、水果等的装盆、点缀,从而起到事半功倍的效果。

6) 装盆与点缀

冷餐会菜肴装盆,既要美观又要实用,既要丰富多彩又要便于取食。譬如,装盆要有一定的造型,有完整的外观,给人以美感。但冷餐会自由取食的特点,又要求在装盆时必须给客人提供方便,便于快捷取食,利于客人避免把菜肴弄得支离破碎且手忙脚乱,使后到的客人不会产生厌恶感。装盆的点缀,无论中菜、西菜,一般都以素菜作为烘托,不要喧宾夺主,要突出主菜本身。点缀的素菜,要在品种和形式上多有变化,不要都是萝卜花、香菜叶、黄瓜环,要避免千篇一律。

7) 冷餐会灯光增色

局部灯光的使用是冷餐会上很重要的内容,这里主要是指直接照射菜肴的辅助光源的设计和使用。辅助光源(如射灯)照射在菜肴上,可以起到两个基本作用——保温和增色。所谓保温,可以对热菜或点心起到防冷及增脆的作用;所谓增色,是指不同光谱的灯光,可以给不同色彩的菜肴增添色彩、增加美感。如果再配以一定的烟雾效果等,更能够增进菜肴的色、香、味。

8) 冷餐会调酒与饮料

冷餐会相对传统的宴会,更具轻松的特色,以及自由交流的特点。因此,在客人享受方面,酒和饮料的作用就更为重要。与国外相比,我们在这一方面就往往暴露出差距。高档的冷餐会,除了酒和饮料的多样性,还可以增加调制酒,安排调酒师现场调酒,以增添喜庆氛围、活跃现场气氛。

9) 冷餐会服务

冷餐会服务较之传统宴请,更具随意性和多样性,以及个性化。从这个意义上说,冷餐会服务更难达到高水准。所以,要研究冷餐会,特别是大型冷餐会的规范化服务与客人需求,研究国际上的服务经验,融会贯通,制定和培养出我们的服务规范和服务人才。

10) 大型冷餐会乐队和音乐

优美的音乐和训练有素的乐队,是大型冷餐会高档次的重要表现。古典与流行要交替进行。古典可参考李斯特的《爱之梦》、肖邦的部分简单的圆舞曲及莫扎特的奏鸣曲。乐能助酒和助兴,好的音乐和乐队,更能使参会客人流连忘返、依依不舍,更能使参会客人敞开心扉、相互交流,这就是冷餐会举办的宗旨所在。

(二) 冷餐会服务程序

1. 餐前准备

1) 预订承接

预订人员熟悉冷餐会服务内容、服务程序和餐厅利用情况,具有较丰富的食品和饮料知识。预订过程中,对主办单位、预订标准、出席人数、举办时间、菜点、饮料要求、厅堂布置和台型设计等要求记录清楚、准确。预订单填写或打印规范。预订完成后,及时拟定接待方案,提前做好安排。

2) 会场布置

冷餐会举办当天,提前2~3小时组织服务人员布置会场。从宴会通知单上了解参加人数、酒会形式、台型设计、菜肴种类、布置主题等事项。餐台的摆放应方便客人选取菜肴,并注意客人流动方向。环境布置要围绕宴会主题。会场布置与主办单位要求、接待规格相符。台形设计要美观,突出主宾席或主宾席区。餐台摆放要整齐,台面餐具、茶具、冷餐食品摆放要规范,席次牌、烟灰缸位置要得当。过道宽敞,方便客人进出及用餐。会场布置要做到设备、餐台整体布局合理,室内清洁卫生,环境宜人,气氛和谐,符合主办单位的要求。

3) 餐台摆设

(1) 食品陈列台(自助餐台)的布置。客人所取菜肴整齐放在餐台最前端。色拉、开胃菜等放在客人首先能取到的一端;接下来放蔬菜、肉食菜肴,每种菜肴的配料放在一起;热菜放在加温与保温的设施上;甜品、水果放在主菜后或单独设台摆放;陈列台的前部或后部放餐具(盘、刀、叉、勺等)。

(2) 装饰台的布置。布置看台时,先在餐台上铺台布,然后围上装饰用的桌裙。台中央可布置冰雕、鲜花、水果等装饰物进行点缀,以烘托气氛、美化环境。

(3) 餐台的摆放。餐台主要摆放小件物品,如酒具、椒盐瓶、牙签筒、烟灰缸、桌号、鲜花、烛台、小毛巾或纸巾等。

2. 迎宾与领位

服务员在酒会开始前15分钟或半小时到位,客人来到餐厅时应主动、热情迎接,服务语言运用规范,坚持微笑服务。一般在宴会厅外为先到的客人准备鸡尾酒、简单小吃。酒会开始,服务员礼貌地问好,引领客人至宴会厅。

3. 就餐服务

(1) 宾主全部就座后,主办方致辞、敬酒并宣布冷餐会正式开始。客人自取酒食。

(2) 自助餐台应由厨师值台。厨师负责向客人介绍、分送菜肴,切割烤肉;及时添加菜肴并对菜肴进行保温。

(3) 服务员要随时接受客人点用酒水,并负责将酒水送到客人手中或餐桌上。

(4) 帮助客人拿取菜肴、饮品。

(5) 巡台服务。在客人用餐过程中,照顾好每个台面,时刻关注、体察客人的需要,适时补充冷餐食品、饮料。客人询问时,认真倾听,礼貌回答。及时更换台面上的烟灰缸,保持台面整洁。

(6) 与厨房保持联系,保证餐台菜品满足使用。尽可能满足客人的特殊需要。

4. 收尾工作

(1) 宴会接近尾声时,宴会负责人与服务员要清点酒水,核实人数,协助收款员打出账单,办理结账手续。

(2) 拉椅送客,同时注意是否有客人遗留物品。

(3) 客人全部离开后,厨师负责将余下的菜肴全部撤回厨房,分别按规定处理。服务员负责清理台面。

(4) 由宴会负责人写冷餐会服务报告,并进行工作总结。

二、客房送餐服务

(一) 客房送餐基础知识

客房送餐服务(Room Service)是指根据客人要求,在客房中为客人提供的餐饮服务。它是高星级酒店为方便客人、增加收入、减轻餐厅压力、体现酒店等级而提供的服务项目。

由此可见,客房送餐服务是高星级酒店必备的一项服务项目。送餐部通常为餐饮部下属的一个独立部门,一般提供24小时服务。由于服务周到、涉及环节多、人工费用高,产品和服务的价格一般比餐厅售价高20%~30%。

1. 客房送餐服务的内容

1) 饮料服务

(1) 普通冷饮料包括汽水、果汁、可乐等。客人在房间内用任何一种饮料时,服务员需将饮料和杯具按客房内实际人数备齐,在主人示意后将饮料倒入杯中。

(2) 普通热饮料包括咖啡、红茶、牛奶等。服务员必须将方糖、袋糖、茶匙、垫盘备齐,以便客人使用。

(3) 酒类包括开胃酒、烈性酒、葡萄酒、香槟酒等。对于重要的客人,服务员要在客房内提供酒水服务。

2) 食品服务

(1) 早餐是客房送餐服务的主要项目,主要为客人提供正式的欧陆式和美式零点早餐。

(2) 午餐和晚餐一般为烹调较简单、便捷的快餐和西餐。

(3) 点心包括三明治、面包、甜点、水果等。

3) 特别服务

(1) 总经理赠给VIP的花篮、水果篮、欢迎卡等,由客房送餐部门负责送入客人房间,以示对客人的欢迎。

(2) 送给VIP的生日礼物,如鲜花、蛋糕、礼品等,由客房送餐部门负责派人送入房内。

(3) 节日送给全部或部分客人的礼品,由客房送餐部门与客房部相互配合共同完成。

2. 客房送餐菜单

1) 门把手菜单

这种客房送餐菜单是为了方便客人而挂在门把手上的一种纸质菜单,通常适用于早餐。上面列有各种菜肴、酒水和各式套餐的名称、价格和供应时间。客人订餐时,只要简单地在菜点名称前面的小方框内打"√",挂在门外把手上即可。菜单由送餐部门夜班员工收取,再据此开出点菜单送入厨房备餐。

2) 床头柜菜单

这种菜单通常摆放在客房的床头柜上或服务指南文件夹内,适用于午餐、晚餐和夜宵。菜单中一般列出的菜肴品种少而精,而且是较容易烹制和制作速度较快的菜肴。

3. 客房送餐的订餐方式

1) 订单预订

(1) 门把手菜单预订。

(2) 床头柜菜单预订。

2)电话预订

电话铃响三声之内接听电话,首先要向客人问好,问清人数、姓名、房号、用餐时间、菜肴名称以及特殊需要,可以提供建议性意见。之后复述上述内容,防止出错,然后按照客人需要开出订单,做好备餐准备,并开出账单以备结账。

4.客房送餐服务设计

1)送餐菜单设计

客房送餐菜单的设计中应考虑以下因素:

(1)视觉直观性。目前很多餐厅已经采用明档点菜,简单明了,避免了个别菜名让人不知所云的尴尬。而保留菜单点餐的餐厅,也在菜单上做了改进,配上彩色插图,方便客人点菜。那么,客房送餐菜单也可以借鉴一下,配上精美的插图,这些诱人的美食图片就是最好的促销宣传途径。

(2)烹饪便捷性。大多数要求提供客房送餐服务的客人都是追求时效的,《星级饭店访查规范》(LB/T 006—2006)中明确规定了午餐/晚餐的送餐时间应控制在40分钟内。因此,在设计客房送餐菜单时应充分考虑菜肴的烹饪时间。一些烹饪时间较长(超过20分钟),如炖、蒸类的菜肴应避免列入菜单。

(3)菜肴欣赏性。客房送餐服务能够体现高星级酒店的服务水平,因此,送餐菜肴就必须注重品质。由于送餐路径较长(从餐厅到客房区域),一些容易变色或改变口味的菜肴也应避免列入菜单。

2)服务流程设计

(1)接听电话。送餐服务订餐电话必须具备来电显示功能,以便准确掌握客人的房间号码;订餐员应在电话铃响三声以内接听电话,准确记录并复述客人所点食品、酒水的种类、数量、特殊要求、客人的姓名、人数、要求的送餐时间等内容;告知客人送餐预计需要的时间;向客人道谢并等客人挂机后再挂断电话。

(2)下单制作。送餐员在填写订单时应认真核对订餐的内容,以免遗漏;订餐单上要注明下单的时间,以便传菜组、厨房等环节掌握时间;厨房在接到送餐订单后,要特别注意时效及出菜的同步性,避免因某一道菜烹饪延时而导致其他已烹饪好的菜肴长时间等候而温度变冷。

(3)送餐准备。送餐准备工作是否全面无遗漏,直接关系到送餐服务质量和服务效率。送餐员应根据客人所点菜肴及酒水,准备好用餐餐具、酒杯、开瓶器等;准备好牙签、小方巾、盐瓶、胡椒瓶及其他调味品;准备好账单、零钱(如客人现金支付)、签字笔(如客人签单挂房账),提前与总台确认客人签单的权限等。

(4)客房送餐。餐饮部应对送餐员进行严格的进房程序培训,进房前必须先敲门、通报身份,在客人示意进房后方可进入。如遇客人着装不整,送餐员应在门外等候,等客人穿好衣服后再进房送餐;进房后应征询客人用餐位置的选择及餐具回收的时间(或留下餐具回收卡,以便客人知道回收餐具的联系方式);退出房间前应面向客人并礼貌道别。

(5)餐具回收。餐具回收由于是跨部门合作,往往成为管理上的空白点——餐具回收不及时而导致餐具遗失或剩菜存放过久而变质,以致影响环境卫生等。因此,在餐具回收环节要注重一下细节：送餐组设立送餐餐具登记单（一式两联，餐饮、客房各一联），列出所有送餐的房号、餐具种类、名称、餐具回收的时间等，送餐完毕后请客房中心签收并各自留下一联。到了约定时间或客人来电通知收取餐具时，应及时收取餐具并核对。

3）送餐餐车设计

餐车的布置也是体现送餐服务品质的重要因素，应充分考虑客人用餐的舒适度和美观度。要做到：送餐推车清洁，保养良好；桌布、口布清洁，熨烫平整；摆放鲜花或装饰品；向外宾提供西餐餐具并按西餐摆台要求摆放。

（二）客房送餐服务程序

1. 餐前准备程序与标准

餐前准备程序与标准如表3-1所示。

表3-1 餐前准备程序与标准

服务程序	服务标准	注意事项
1.准备餐具	所有餐具用抹布擦净： ①无水迹、无破损； ②茶壶无茶渍； ③咖啡壶干净、无味； ④刀、叉、筷、勺无水迹，分类摆放整齐	检查餐具
2.餐巾准备	①检查餐巾、餐巾纸有无污渍； ②按标准叠整齐，摆放好	检查口布，叠好纸巾
3.检查日常用品	①检查日用品种类和数量，保证种类齐全、数量充足； ②提前填写所需用品提货单； ③每天早餐后完成上述两项工作	检查送餐所用的日用品
4.送餐托盘准备	①托盘无破损、无水迹； ②垫好盘垫、数量充足	检查托盘
5.餐具检查	①咖啡杯无破损、无异物、无水迹； ②水杯无水迹、无破损、无异物； ③奶罐无奶渍； ④各类餐具分类摆放整齐	检查杯具
6.干货物品检查	①果酱包装无破口、黄油未变质； ②果汁经过冷藏，并在保质期内	检查消耗品质量

2. 客房送餐服务程序与标准

客房送餐服务程序与标准如表3-2所示。

表 3-2　客房送餐服务程序与标准

服务程序	服务标准	注意事项
1. 了解当天供应食品	①服务员了解当天食品供应情况； ②每天上午一次(10:30)，下午一次(14:30)； ③准确记录菜单上食品实际供应的变动情况，详细记录食品原材料、配料、味道及制作方法； ④将食品信息通知到餐厅每一位工作人员	每位员工对每天厨房出品情况要有详细的了解，避免出现客人点餐后厨房无法制作的情况
2. 接受客人预订	①电话铃响三声之内接听电话："Good morning/afternoon/evening, room service. May I help you?" ②聆听客人预订要求，记录客人订餐种类、数量及特殊要求，解答客人的疑问； ③主动向客人推荐，说明客房送餐服务项目，介绍当天推荐食品，描述食品的数量、原材料、味道、辅料及制作方法； ④复述客人的预订内容及要求，得到客人确认后，告知客人等候时间根据菜品制作时间而定，然后致谢； ⑤待客人挂断电话后，方可放下听筒	熟悉餐厅所售卖的菜品与酒水，详细记录客人订餐信息，并确认
3. 填写订餐单并记录	①订单一式四联：分送厨房、冷菜间、收款台、酒吧； ②订餐员按照头盘、汤、主菜、甜点、咖啡和茶的用餐顺序，将客人所订食品依次填写在订单上； ③若客人需要特殊食品或有特殊要求，需附文字说明，连同订单迅速送往厨房，必要时，可向厨师长当面说明； ④在客餐服务记录本上记录客人订餐情况，包括订餐客人房间号码、订餐内容、订餐时间、服务员姓名、账单号码	要求详细记录客人的特殊要求，并通知厨房
4. 备餐摆台	①准备送餐用具(送餐车、托盘)和餐具； ②取客人所订食品和饮料，备好餐巾纸、牙签； ③依据客人订餐种类和数量，按规范摆台	检查餐具，并按菜品搭配相应的餐具
5. 送餐至客房	①送餐途中，保持送餐用具平稳，避免食品或饮料溢出； ②食品、饮料餐具，须加盖或包保鲜膜(带汤)，确保卫生； ③核实客人房号，敲门三下，报称："Room Service."	送餐途中必须使用餐盖

续表

服务程序	服务标准	注意事项
6.客房内服务	①待客人开门后,问候客人,并询问是否可以进入房间,得到客人允许后再进入房间,并致谢; ②询问客人用餐位置,如"Where would you like to have it?" ③按照客人要求放置,依照订餐类型和相应规范进行客房内服务	熟悉房间内服务,并对菜品进行有特色的介绍
7.结账	①双手持账单夹上端,将账单递给客人; ②将笔备好,手持笔的下端,将笔递给客人; ③客人签完后,向客人致谢"Thank you sir/madam." ④询问客人是否还有其他要求:"Is there anything else that I can do for you?"若客人提出其他要求,尽量满足	和客人核对结账方式,如果是现金付款要当客人面核对好现金数量
8.道别	①请客人用餐:"Enjoy it, please." ②告知客人来收餐的时间,也可请客人用餐完毕后将餐具放置于房间门口,退出房间	祝客人用餐愉快
9.收餐	①查看订餐记录,确认房间号码; ②早餐为30分钟后打电话通知收餐,午、晚餐为60分钟后打电话通知收餐; ③问候客人,称呼客人名字并介绍自己,询问客人是否用餐完毕,服务员能否到房间收餐; ④服务员收餐完毕后,详细记录所收餐具情况; ⑤当客人不在房间时,请客房服务员开门,及时将托盘、餐用具取出; ⑥若客人在房间,收餐完毕,需询问客人是否还有其他要求,并道别	通知房务中心,请将房间外的客用餐具放置于员工通道,统一核对收餐之后的餐具数量及是否完好

对点案例 Case Study

客房送餐账单

北京某五星级宾馆的客房部接到美国客人雷克先生的客房送餐预订电话,订餐员在问明情况后便与厨房联系加工。15分钟后,服务员小姜把客人预订的餐食和酒水送进了16层的客房。雷克先生非常感谢,并准备签单记账。但雷克夫人却要用现金支付,不愿签单。小姜明白,如果用现金结账必须要由他到一层的付款台替客人结账,然后再返回16层交账单。虽然想到有这些麻烦,小姜仍然同意了雷克夫人的要求。没想到雷克夫人递给他的是美元。小姜忙向她解释,现金结账要用人民币来结算,美元要到外币兑换处换成人民币方能使用。雷克夫人告诉他,他们刚住进酒店,还没来得及兑换人民币,希望能用美元支付。小姜见她坚持要用美元支付,但酒店的外币兑换处现在又不营业,感到有些为难。于是小姜向客人提出建议,请他们第二天兑换人民币以后再来结账。雷克夫人欣然同意了此建议。小姜回到一层用自己的钱先为客人垫付了这笔账。

第二天,当小姜把账单交给雷克夫妇时,雷克夫人当即用人民币付了钱,并抱歉地对小姜说:"实在对不起。昨天我以为可以直接用美元付账,后来我才知道这样做不符合你们的财务制度,还知道您为我们垫付了餐费。早知道这样,我会同意签单付账的。"原来,雷克夫人早已打电话了解了这些情况,但她不知道,这天正好是小姜的休息日,他是特意赶到酒店来处理此事的。

"夫人,请不要客气。我们酒店随时都会尊重客人的选择,您有什么要求,我们都会尽力去满足。"小姜微笑着对她说。

分析与决策:此案例给你哪些启示?

【案例评析】本案例中,服务员小姜能够充分满足个性较强的客人之需,不怕辛苦,不怕麻烦,发挥了个性服务的特长。

(1)尊重客人的个性选择。客房用餐一般采取签单的方式,服务员只需将客人签过字的账单交回入账即可。但当雷克夫人坚持用现金付账时,小姜没有过多地向她解释签单付账的简捷性,而是不怕麻烦地满足了客人的这种个性要求。在服务中,客人的一些个性要求有时会超出服务规范的内容,其难度也会增加,但为了体现星级酒店的服务水平,我们还是应该尊重客人的选择,接受个性服务的挑战。

(2)满足客人的个性要求。当雷克夫人坚持用美元结账时,小姜向他们提出第二天用人民币结账的建议,并用自己的钱先垫付了餐费,为客人了解房间用餐的结账方式留出了时间。满足客人的个性要求,是个性服务的实施过程,需要有灵活的服务方式,才能使之不脱离服务程序的正确轨道。

(3)体现个性服务的目的。在雷克夫人向小姜表示歉意时,他道出了个性服务的目的,即客人有什么要求酒店都会尽力去满足。可见,更好地满足客人之需,就是个性服务的目的。

思考与练习

1.问题思考

(1)一般情况下,婚宴的上菜速度都非常快,这是为什么?

(2)寿宴的上菜顺序和规范、基本要求与注意事项有哪些?请收集相关资料,进行讨论。

(3)中餐不同菜系的宴会的上菜基本规范和顺序各有什么要求?西餐不同类别的上菜规范分别有哪些?请收集资料,进行讨论和模拟。

(4)试分析中西餐宴会上菜服务有何不同。
(5)宴会服务如何把握好上菜的节奏?
(6)试比较美式服务、法式服务及俄式服务的异同点。
(7)西餐如何与酒水进行搭配?
(8)简述冷餐会服务程序。
(9)简述客房送餐服务程序。

2. 实战演练

(1)画出一份10人桌的中餐宴会的座次安排图,并在图中标明主人、副主人、主宾的位置。
(2)以小组为单位,自拟一个主题,设计一个冷餐会餐台。

3. 案例分析

自助餐上的香蕉

有一位美国客人入住某酒店,他个性冷漠、不苟言笑,孤身一人在该酒店住了一个星期,几乎从不开口,也不跟别人打招呼,更难得让人看到一丝微笑。

每天早上,他都去自助餐厅吃早饭。当他吃完自己挑选的食品之后,便开始在台上寻找什么东西,一连三天都是如此。第一天,服务员小梅曾问过他要什么东西,他没回答,转头便走出餐厅。第二天小梅又壮起胆询问他,他还是一张冷峻的脸。当这位美国客人正欲步出餐厅时,小梅又一次笑容满面地问他是否需要帮助。也许是小梅的诚意感动了他,他终于吐出"香蕉"一词,这下小梅明白了。第三天早上,那位沉默寡言的客人与平时一样又来到自助餐厅,一盘黄澄澄的香蕉吸引了他的注意力,他紧绷的脸上第一次有了一丝微笑,站在一旁的小梅也喜上眉梢。在接下来的几天里,酒店每天早餐都特地为他准备了香蕉。

一个月后,这位客人又来到该酒店。第二天一早他步入自助餐厅,原以为这次突然"袭击",餐厅一定没有准备好香蕉。谁料刚走进餐厅,迎面就是一大盘引人注目的香蕉。这位金口难开的客人见到小梅,第一次主动询问是不是特意为他准备的香蕉。小梅嫣然一笑,告诉他昨晚总台服务已经给餐厅传递了他入住本店的信息。"太感谢你们了!"这位美国客人几个月来第一次向酒店表示发自内心的感谢。

思考:通过上述案例,你得到哪些启示? 自助餐服务过程中应注意哪些事项?

4. 实训练习

实训1:西餐美式服务

- 实训目标:掌握西餐美式服务的操作规范及操作要领。
- 实训提示:美式服务以简洁、快速、方便为特点,广泛用于一般的餐厅。
- 实训要求:

(1)厨房与餐厅工作协调、配合默契。
(2)服务员动作敏捷、轻盈。
(3)服务员用左手从客人的左侧将菜肴送上,用右手从客人的右侧提供饮料服务。

- 实训程序:

（1）服务员首先应依据用餐客人的人数整理好餐台。

（2）为客人呈送菜单，并侧身站立于客人的右侧约30厘米处，为客人倒水。呈送菜单时应将菜单打开，送至客人视线前且不应遮挡住客人的脸部。

（3）根据客人所点菜肴和酒水品种，将多余的酒杯轻轻撤下，然后才可按程序提供上菜服务。

（4）从客人的左侧将面包篮呈送至客人面前，请客人自由选择，在客人的示意下，服务员右手持面包夹或服务叉、勺，将面包夹放到客人左侧的面包盘中。

（5）站在客人右侧约30厘米处，服务员要用右手将客人所点的汤送至客人面前的展示盘上。在客人用完汤后，服务员仍应用右手从客人右侧将汤盘撤下。

（6）从厨房将客人所点的主菜从客人的左侧用左手送上，注意托盘应避免碰到客人的身体，不可妨碍客人的活动。上菜时，菜盘摆放要端正，手指不可指向菜肴。菜肴的主料部分应该在靠近客人的一侧。

（7）服务员见到客人将刀、叉并列斜放在餐盘中，说明客人将不再享用盘中食品。服务员要主动上前，侧身站在客人的左侧30厘米处。首先要询问客人是否允许撤去餐具，在得到客人的许可后方可撤去餐盘。撤盘时要注意动作轻稳，不可碰撞发出响声，不可将空餐盘从客人的眼前撤下，而应沿台面将餐盘移动至客人身侧再抬高手臂撤下。

（8）甜食服务前，应将客人面前除酒杯外的餐具全部撤下，并将餐台清理干净。从客人的右侧，用右手将甜食送到客人面前。

（9）客人如在餐后要求上咖啡或红茶。服务员在清理了餐台后，要先将糖盅和奶罐送至餐台，然后将咖啡从客人的右侧、用右手送至客人的面前，杯把要在客人的右侧，咖啡勺与杯把平行摆放。

（10）结账时，服务员应从客人的左侧将账单送上。账单正面夹放在账单夹中送至客人的面前，并轻声报出账单金额。

• 实训总结：

_____
_____

实训2：西餐法式服务

• 实训目标：掌握西餐法式服务的操作规范及操作要领。

• 实训提示：西餐法式服务又被称为旁式服务，法式服务中的许多菜肴是在客人餐台旁完成最后的烹饪程序，这样能够烘托用餐时的隆重、豪华的氛围。

• 实训要求：

（1）服务员彬彬有礼，服务周到有序。

（2）服务动作优雅大方，操作卫生安全。

（3）服务员分工协作，责任明确。

• 实训程序：

（1）上黄油。黄油服务是将保持冷冻状的黄油球放在黄油碟中，每碟最多放两枚黄油球。如果是小包装黄油，碟内黄油包装的下面应该向上。服务员按照女士优先的原则,依顺时针的方向从客人的左侧用左手将黄油碟放在面包盘前约1厘米处。

（2）上面包。面包服务是将装有至少3种面包的面包篮从客人的左侧送上。服务员站在客人左侧约30厘米处,根据客人喜好将面包夹放在客人的面包盘中。切片面包一次服务不可超过两片。法式长棍面包按45°斜角方向切成菱形块,每块厚度不可超过4厘米。

（3）更换酒杯。法式服务的一大特点是餐酒和菜肴的搭配。服务员要根据客人所需酒水品种及时更换酒杯。更换酒杯时,服务员要站在客人右侧30厘米处,用右手手指轻轻捏住酒杯下部或杯脚部位,每次只拿一个,防止杯具相互碰撞发出声响,干扰客人用餐的气氛。

（4）上酒。酒、菜相配合是法式服务的关键环节,因此,在为客人上菜以前,服务员首先要为客人提供相应的餐酒服务。

（5）餐台制作。餐厅服务员助手经过厨房烹制的菜肴端至餐厅服务台,由餐厅服务员在客人面前完成最后的调汁和加工,服务员的动作要稳健、准确,菜肴浇汁要均匀、洁净。

（6）上菜。餐厅服务员将菜肴最后制成后,餐厅服务员助手将菜从客人的右侧用右手送上餐台,上菜必须遵循女士优先、主宾优先的服务原则。

（7）撤餐具。当客人将餐刀和餐叉并排斜放于餐盘中时,服务员助手要马上将客人用过的餐具撤下餐台。撤餐具的方法如下:用左手食指、中指和无名指托住餐盘底部,用拇指夹压住餐盘的面部,刀、叉十字交叉放在餐盘中;将第二个餐盘架放于左手腕和第一个餐盘之间,将盘中残渣拨入第一个餐盘中,再将刀、叉交叉与第一副刀、叉并列于第一个餐盘中;第三个餐盘放在第二个餐盘上,依照第二个餐盘的收撤方法清理残渣和刀、叉。餐具的收撤必须遵循三个原则,即撤餐具时要将盘中残渣拨到一起,餐盘要码放整齐,餐具要分类集中。

（8）上奶酪。奶酪服务是法式服务中必不可少的一个环节。上奶酪前应首先重新摆好主餐刀和主餐叉,然后向客人展示奶酪的品种,供客人选择。根据客人的选择,将奶酪分块切好,一般奶酪均切成三角形。每盘分摆三四块,并可搭配咸饼干等食品。服务时按照女士优先、主宾优先的原则,依顺时针方向依次服务,同时提供相应的酒水服务。

（9）上甜食。将甜品叉、勺摆在客人面前,从客人右侧为其上甜食。待客人全部放下餐具后,询问客人是否可以撤下,得到允许后再将餐具撤下。

（10）上餐后酒。在客人用过甜食后,服务员才可将酒水车轻推至客人餐台旁,酒水车陈列的酒品应保持酒标朝向客人的状态,以便客人选择。待客人点好酒品,服务员要及时为客人送上与酒品相配的杯具,从客人右侧送上,并提供斟酒服务。

- 实训总结:

_____

实训3:西餐俄式服务

- 实训目标:掌握西餐俄式服务的操作规范及操作要领。

- 实训提示:俄式服务中,厨师将客人所点菜肴烹制完后盛放在大银盘中并做好适当的装饰,服务员先为客人送上热餐盘,再将大银盘送至餐台旁,按女士优先、主宾优先的原则,逐一为客人分派菜肴,所以此服务又被称为盘式服务。
- 实训要求:

(1)俄式服务注重礼节和服务风格,餐具选用考究。

(2)服务员动作优雅、敏捷。

(3)服务时从客人的左侧按顺时针方向为客人送上热餐盘,并在客人左侧依次为客人分菜。

(4)服务员在撤餐具时要从客人的右侧,按逆时针顺序逐一为客人服务。

- 实训程序:

(1)上面包和黄油。客人点好菜肴后,服务员首先要提供面包和黄油服务。上面包和黄油时,服务员应从客人的左侧,用左手送上。

(2)上汤。服务员先将加热了的汤盘从客人的左侧送上,摆放在展示桌上,再将盛有热汤的大汤盘或银质汤壶送至餐台,由服务员逐一分派。若用银质汤壶分汤,则应在客人右侧逐一服务。

(3)上菜。上主菜前,服务员首先将在厨房中烹制并装摆在大银盘中的主菜端至餐厅的服务台上,再依次从客人右侧撤下汤盘,并从客人的左侧将已经加热的主菜盘逐一摆放在客人面前的展示盘中。

(4)展示菜肴。服务员左手托稳大银盘,向所有客人展示菜肴全貌后,右手持服务叉、勺,站在客人左侧30厘米处为其分菜。

(5)分菜。分派菜肴时,要灵活掌握每份菜肴的量,并注意菜肴分盘后的造型美观和配菜均匀。每次分菜动作完成后,要注意用大银盘接住分菜的服务叉、勺,以防止餐具上的汤汁溅落在餐台或客人的衣服上。分菜结束后,服务员应站直身体,侧身退离客人餐位,手中大银盘应避免从客人头顶移过。

- 实训总结:

_____

实训4:西餐宴会服务

- 实训目标:掌握西餐宴会服务程序及操作要领。
- 实训要求:

(1)熟悉西餐宴会服务程序。

(2)掌握服务中的礼貌用语。

(3)了解不同国家、地区及民族的西式饮食知识。

- 实训程序:

1)准备工作

(1)将水杯注入4/5的冰水,点燃蜡烛。

(2)面包要放在面包篮里并摆在桌上,黄油要放在黄油碟里。

(3)将餐厅门打开,迎宾员站在门口迎接客人。

(4) 服务员站在桌旁,面向门口。

2) 迎接客人

客人进来时,要向客人问好,为客人搬椅、送椅,客人坐下后从右侧为客人铺上餐巾。

3) 斟酒

在为客人斟酒前,要先打开瓶盖把酒倒出少许,先让主人尝试,经许可后再为客人斟酒,其他与斟酒服务程序相同。

4) 餐间服务

(1) 从客人的右侧为客人上菜。

(2) 先给女宾和主宾上菜。

(3) 客人全部放下餐具后,询问客人是否可以撤盘,得到客人许可后,方可从客人的右侧将餐具撤下。

5) 清台

(1) 用托盘将面包、面包刀、黄油碟、面包篮、胡椒瓶、盐瓶全部撤下。

(2) 用服务夹将台面残留物收走。

6) 上甜食

(1) 先将甜品叉、勺打开,左叉右勺。

(2) 从客人的右侧为客人上甜食。

(3) 待客人全部放下餐具后,询问客人是否可以撤下,得到允许后再将餐具统一撤下。

7) 上咖啡和茶

(1) 先将糖罐、奶罐在餐台上摆好。

(2) 将咖啡杯摆在客人的面前。

(3) 上新鲜热咖啡和茶。

8) 送客

拉开餐椅,然后站在桌旁礼貌地目送客人离开。

- 实训总结:
_____
_____

实训5:门把手菜单订餐服务

- 实训目标:掌握门把手菜单订餐服务程序。
- 实训要求:及时收集订餐信息,准确登记订餐信息。
- 实训程序:

(1) 值班服务员按照客房送餐部安排到楼层收取订单。

(2) 收集门把手菜单时,将房间号码由小到大顺序收集、排列,并注意核对房间号码。

(3) 收集完毕后,再按房间号码从大到小的顺序返回起点,沿途检查有无遗漏的订单,然后交给订餐员。

(4) 订餐员核对服务员所记房间号码是否与客人所写房间号码一致。

(5) 订餐员将订餐时间、房间号码、订餐内容、送餐服务员姓名等填写在订餐记录单上(一式三联),自己留存一联,其他两联分别送至厨房、酒吧等相关部门。

- 实训总结:

_____

_____

实训6:电话订餐服务

- 实训目标:掌握电话订餐服务程序。
- 实训要求:态度热情、语调温和,订餐信息登记准确。
- 实训程序:

(1) 订餐员在电话铃响三声以内接听电话,必须使用服务敬语,态度热情、语调温和、音色优美、音量适中、用语准确。

(2) 聆听客人的预订要求,掌握客人订餐的种类、数量、人数和特殊要求,并及时做好记录、解答客人的疑问。

(3) 主动向客人推荐、说明客房送餐服务的项目,介绍当天推荐的食品,描绘食品的数量、原材料、味道、辅助配料及制作方法等。

(4) 复述客人预订的要求,得到客人确认后,告诉客人等候的时间,并致谢。

(5) 待客人挂上电话以后,方可放下听筒。

(6) 开好订菜单(一式三联)。在订单上写上接听时间、订餐客人的房间号码、订餐内容、订餐时间、送餐服务员的姓名等内容,自己留存一联,以便为客人准备账单,其他两联分别送至厨房、酒吧等相关部门。

(7) 若客人需要特殊食品或有特殊要求,需附文字说明,将文字说明和订单一起送往厨房,必要时可向厨师长当面说明。

- 实训总结:

_____

_____

实训7:客房送餐服务

- 实训目标:掌握客房送餐服务程序。
- 实训要求:准备周全、态度热情、送餐准确、收餐及时。
- 实训程序:

1) 客房送餐服务要点

(1)早餐。

早餐服务要点如下:

① 客房应配备"客房用餐点菜单",列出主要供应品种,供客人挑选。

② 问清客人需求和时间。客人不管是向客房服务员订餐还是通过电话向餐饮部订餐,都要问清客人需要什么食物或饮料,烹饪制作上有何要求等。防止同一食品因

烹制方式不同引起客人不满。

③按照客人要求的用餐时间，提前做好准备。如客人所需的菜点较少时，可用托盘；食物较多时，用餐车推送。如同一楼层有几位客人同时用早餐，就要准备好餐车和各种餐用具，如咖啡壶、杯具、刀叉、调味品等。

④厨房准备好食品饮料后，服务员用托盘或餐车将客人的食品装好，记下食品价格和客人的房号。装车时，若有几位客人同时在房间用餐，一定要分开装，同时加盖，注意保温。

⑤早餐送到房间，用右手敲门或按门铃，同时说明"送餐服务"。经客人允许后方可进入房间。

⑥进房后征询客人意见，如"先生/女士，您的早餐已经准备好，请问您想在房间什么地方用早餐？"然后迅速按客人要求将餐桌布置好，并进行必要的服务。

⑦将账单夹双手递给客人，请客人签单或付现金，并向客人致谢。

⑧询问客人收取餐具的时间，祝客人用餐愉快，礼貌地退出房间，将房门轻轻关上。

⑨返回客房送餐部后，送餐员要将签好的账单或现金送到收银台。

⑩在送餐日记簿上记录送餐时间、返回时间、收取餐具时间。

(2)正餐。

正餐服务同早餐服务基本相同，但需要注意：

①客人在房间用正餐，如果是全餐服务，需提前1~2小时订餐。服务员需提前了解客人所订的食品和饮料，开餐前准备好餐具、餐巾，用餐车将第一道菜、汤及面包送到房间。要做好摆台服务，根据用餐人数摆台。

②客人用餐时，未经客人允许，服务员要退出房间。1~1.5小时后，再来照看。若客人要求提供桌面服务，服务员可留下并按照餐厅服务方法提供服务。

③客人用餐1~1.5小时，送上点心、水果或冰激凌。食品和饮料的品种、数量应根据客人订餐情况而定。

④最后给客人送咖啡或茶。过20分钟左右，服务员到客房收拾餐桌，同时整理房间，保持房间清洁。

⑤一般在收拾整理房间时应征求客人意见，向客人表示感谢。然后出示账单请客人过目并付款(或签字)。账单和账款要及时送到餐厅收银处。

2)客房送餐服务注意事项

(1)接到客人送餐服务信息时，要准确、快速地记录客人要求，并准确复述客人姓名、所需食物、数量及特殊要求。

(2)送餐员要熟记菜单的内容，以便向客人介绍并对客人的疑问做出解答。

(3)送餐员收取餐具时应注意卫生并及时检查有无缺损，无法找回的餐具要上报，及时把餐具送到洗碗间洗涤、消毒。

- 实训总结：

_____

_____

实训 8：冷餐会服务

- 实训目标：掌握冷餐会的服务程序及操作要领。
- 实训提示：冷餐会是西方国家较为流行的一种宴会形式。目前，在我国也得到广泛的应用。冷餐会适合于会议用餐、团队用餐和各种大型活动，一般分设座和不设座两种就餐形式。不设座就可以在有限的空间里容纳更多的客人。其原则是客人自我服务，气氛活跃，不必拘泥。
- 实训要求：

场景布置合理，服务周到规范，气氛活跃。
- 实训程序：

(1) 准备工作。

(2) 迎接客人。

(3) 就餐服务。

(4) 收尾工作。
- 实训总结：

_____

_____

项目四
菜单设计

 项目导读

　　一家运营良好的餐厅,不仅要为顾客提供令人满意的服务,更重要的是展现餐厅的风格特色,以提升经济效益,菜单就是体现餐厅风格特色的重要媒介之一。简而言之,菜单是餐厅提供的餐饮产品目录,即餐厅销售的食品与饮料项目清单,通常以书面形式出现,标注有各项食品与饮料的名称及价格。一份制作精美、内容翔实的菜单,可以让顾客乘兴而来,尽兴而归。

　　一份精心设计、装帧精美、雅致动人、色调协调、洁净大方的菜单,不但看起来赏心悦目,而且能使顾客的心情舒畅,这样的一份菜单映入眼帘,顾客立刻就会对餐厅产生好感。菜单是沟通经营者与顾客的渠道和工具。顾客到餐厅就餐,第一步就是点菜,凭菜单选购自己喜欢的菜肴和饮品,而经营者则通过菜单向顾客推荐菜品,经营者和顾客通过菜单开始交流。所以说,菜单是沟通双方的工具。顾客喜欢的菜单就像兴奋剂,能激发顾客的食欲,既可以满足顾客的需求,又可以增加餐厅的销售额。要想设计制作一份精美的菜单,你首先要了解菜单的类型、作用,掌握菜单设计的程序和方法,以及菜单设计制作的技巧等内容。设计菜单是一个动态的、连续不断的过程,需要不断地增补、删减和更新。而对菜单所做的调整不是基于管理者的主观臆想,而是建立在对菜肴销售记录的深入分析的基础之上。

 项目目标

素质目标
1. 培养良好的职业道德。
2. 树立勤俭节约意识。
3. 增强创新意识。

知识目标

1. 能够了解菜单的作用。
2. 能够准确把握菜单设计的原则。
3. 能够掌握菜单设计的内容及影响因素。
4. 能够掌握菜单分析的方法。

能力目标

1. 能够进行菜单设计。
2. 能够准确进行中西餐菜品的搭配和组合。
3. 能够设计套餐菜单。
4. 能够对菜单进行销售分析。

  知识导图

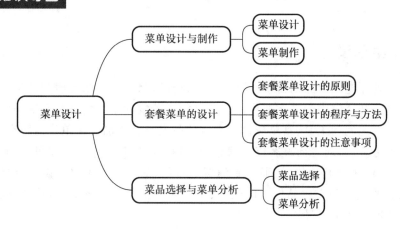

任务一　菜单设计与制作

菜单(Menu)，是餐厅作为经营者向用餐者展示其各类餐饮产品的书面形式的总称。因此，菜单是餐饮场所的商品目录和介绍书，是餐饮场所的消费指南，也是餐饮场所最重要的"名片"。菜单的主要内容包括食品饮料的种类及价格。菜单的设计与制作是餐厅管理者、厨师等对菜单的形状、颜色、字体等内容进行设计的过程。菜单设计有吸引力、美观并体现餐厅的形象，不但便于顾客选择菜品，而且也会提高菜品的销售量。一个设计优秀的菜单必须注意菜品的排列顺序、菜单的尺寸、菜单的色彩、字体的选择、菜单的外观及照片的应用等。菜单在餐厅经营管理中起着重要作用，是餐饮计划中最重要的内容。有人甚至把餐厅经营管理的成功归结为餐厅菜单设计的成功，菜单是餐饮经营的精髓所在。

菜单的妙用

一家新开张的餐厅连续两个月都没有盈利，餐厅老板十分发愁：装修和菜品质量都没有问题，到底是哪里出了问题呢？后来，餐厅老板的一个朋友偶然来到这家餐厅就餐，为他指出了问题所在：菜单上的内容太过简单，仅有菜名和价格，没有任何图片和说明信息。这样不但会导致顾客在点菜时无从下手，增加他们点菜的时间成本，降低翻台率，而且会影响顾客的用餐心情和对餐厅的印象。

餐厅老板听完恍然大悟，于是赶紧找来专业的菜单设计公司重新设计了一份菜单。果不其然，不到一个月，餐厅的生意就好起来了。

想一想：菜单设计包括哪些方面的内容？怎样才能设计制作出一份精美的菜单？

一、菜单设计

菜单是餐厅提供商品的目录，是餐厅餐饮产品销售的品种、说明和价格的一览表，在餐厅的经营和销售中起着重要作用。菜单标志着餐厅菜肴的特色水准，菜单是沟通顾客和接待者之间的工具，菜单应该既是宣传品又是艺术品。菜单作为顾客在餐厅用餐的主要参考资料，起着向顾客传递信息的作用。顾客从菜单上不仅可以知道餐厅所提供的菜品、酒水及其价格，进而达到消费的目的，还可以从菜单的设计、印制上感受到餐饮服务的气息和文化品位。因此，菜单的印刷精美固然重要，但独具匠心的菜单设计更能体现出优质的服务。

（一）菜单的作用

1. 菜单是进行餐饮宣传的工具

一份制作精美的菜单，不但可以反映餐饮企业的格调，而且有利于营造良好的用餐气氛，让顾客乐于多点几道菜。若菜单内容精彩，还可以引导顾客尝试高利润菜品，从而增加餐饮企业的收入。

2. 菜单是经营者与顾客沟通的桥梁

顾客凭借菜单了解餐饮企业的经营风格和菜品特色，从而选购他们所需要的菜品，而餐饮企业工作人员则依据菜单向顾客推销菜品。顾客和经营者通过菜单进行沟通交流，从而使买卖得以成交。除此之外，餐饮企业经营者通过对菜单上菜品的点菜率的统计，可知道哪些菜品较受欢迎，哪些菜品不受欢迎，从而为调整经营方向和经营策略提供依据。

3. 菜单决定了餐饮原材料和餐饮设备的采购

不同的菜品，其风味、烹饪方法等各不相同，所需餐饮原材料和餐饮设备也不同。因此，餐饮企业应以菜单为中心，适时、适量、适度地采购各类餐饮原材料和餐饮设备。

4. 菜单决定了餐饮企业所需员工的数量和质量

菜单上的菜品越丰富多样，烹饪方法越复杂，餐饮企业就需要更多烹饪技艺精湛的厨师和其他相关工作人员；反之，餐饮企业对员工数量和素质的要求可适当降低。

（二）菜单的内容

1. 菜名和价格

菜单上的菜名最好清晰、易懂，能体现出菜品的特色、品质或原产地。菜名应好听且真实，不能太离奇，否则容易使顾客产生较大的心理落差，从而引起顾客的不满，但一些经过世代流传的传统菜、经典菜的菜名除外，如闽菜中的"佛跳墙"，苏菜中的"红烧狮子头"等。如果用到一些独特菜名，则需要将所用的主要原材料、菜品分量和烹饪方法等附在后面。如果是外文菜单，应配以中文翻译，以便顾客使用，翻译应准确、适当。

菜单上应明确列出每道菜品的价格，使顾客对菜品的价值有正确的认识，同时也可方便顾客根据用餐预算来点菜。若加收服务费，必须在菜单上注明；若有价格调整，要及时更换菜单而不能在原菜单上涂改，否则会使顾客产生被欺骗的感觉。此外，菜单上不允许出现"时价""现价"等不明确表示菜品价格的字样。

2. 菜品的简要说明

有些菜品的制作工序复杂，为了使顾客了解菜品的精华所在，菜单中应配以简要的文字说明。

一般情况下，菜单中菜品简要说明的内容包括：

（1）主要原材料的介绍。可在菜单中注明某些菜品原材料的所属部位，如肉类是里脊肉还是腿肉等；此外，还可注明原材料质量，如橙汁为鲜榨、鱼为活鱼等。

（2）菜品的制作工艺和服务方法。在菜单中，可对某些具有独特烹饪方法或服务方法的菜品予以说明，以引起顾客对菜品的兴趣，从而提高该菜品的点菜率。

（3）菜品的口味特征和适用对象。列出菜品的口味特征，可以让从未品尝过该菜品的顾客更好地了解菜品；列出菜品的适用对象，可以帮助顾客点到更合适的菜品。

（4）菜品烹饪所需的时间。顾客在用餐时往往希望所点菜品尽快上齐，然而，有些菜品的烹饪时间较长，对于此类菜品，应在菜单上注明其烹饪时间，以免产生误会。

3. 餐饮企业信息

大型餐饮企业的菜单上应有介绍餐饮企业历史背景、发展历程、发展现状、连锁机构等信息的内容，这是让顾客了解餐饮企业、展示企业实力的最佳途径。

除此之外，菜单中还可提供一些告示性信息，如餐饮企业的名称、特色风味、地址、电话、商标、营业时间等。有些餐饮企业的菜单上还附有简易地图，地图上标注了餐饮企业的地理位置，以引导顾客到店消费。

（三）菜单设计的程序

1. 设计准备

要想设计出满足顾客需求的菜单，菜单设计人员要做好设计准备，通过各种资料

知识链接

菜单设计需要考虑的因素

了解适合餐饮企业经营的菜式。这些资料包括餐饮企业以前使用过和目前正在使用的菜单、各种烹饪技术书籍和历史销售资料等。

2. 整理资料

对收集到的资料进行整理，把可能提供给顾客的菜品、酒水等全部罗列出来，形成初步的菜单设计方案。

3. 分析筛选

仔细分析初步设计方案，从原材料选择、制作工艺、风味特色、营养价值等方面分析每一道菜品，去除不合适的菜品，如一些因产地或季节限制而无法供应的菜品或员工无法完成的菜品等。

4. 编排程式

菜单程式是指菜单上各类菜品的排列次序。中餐上菜的一般程式为冷菜—热菜—汤羹—面点—酒水，中餐菜单中必须根据这一次序安排各类菜品。西餐菜单中的菜品通常是按开胃菜类、汤类、主菜类、蔬菜类、甜点类、饮品类依次排列。

5. 确定格式

1）书写格式

菜单的书写格式主要包括排列式、表格式和提纲式。

排列式是指将菜品的名称、价格、文字介绍、照片等，按照一定顺序进行排列的格式。在排列菜品名称时，一般应突出主菜、特色菜。

表格式是指将菜品的名称、原材料、味型、色泽、烹饪方法等内容以表格形式清楚地列出来，以便厨师按既定标准制作菜品的格式。

提纲式菜单主要在宴会上使用，一般只写宴会的名称、时间、地点、菜品和酒水名称等，简洁明了。

2）文字格式

菜单的文字格式主要包括字体、文字大小和篇幅。

菜单的字体一般选用容易辨认的楷体、仿宋或黑体等，既规范，又美观。一张菜单可以同时使用多种字体，以区分大小标题、正文、图注等。菜单文字大小、间距要适当，以便顾客阅读。此外，菜单的篇幅也不能过大，通常应当在菜单四周留出适当空白，以免内容过多而影响顾客阅读。

6. 编辑内容

1）菜单文案

在菜单文案中，可用"秘制"之类的词语，以吸引顾客的注意力。此外，文案的基调要符合餐饮企业的定位。例如，轻食餐厅的文案用词要活泼一些，而商务类餐厅的文案用词则应比较正式。

2）菜单色彩

令人赏心悦目的色彩能使菜单富有吸引力，同时也能反映餐饮企业的风格和情调。菜单色彩除了应与用餐区域装修的颜色相协调，还应与餐饮主题相匹配。例如，威士忌酒吧可使用棕色菜单，亲子餐厅可使用蓝色菜单。

不同的颜色对顾客的食欲有不同的影响。例如，红色、黄色和橙色等暖色调可以增强顾客的食欲,因此,菜单设计人员应尽量选用这类颜色。

3) 菜单插图

为了强化菜单的营销功能,许多餐饮企业都会把特色菜品的实物图片印在菜单上,以提高菜单的美观度、方便顾客点菜。但是,在使用插图时一定要注意其清晰度,否则可能达不到预期效果。除此之外,还应注意所使用的插图要能体现餐饮企业的经营特色。

二、菜单制作

菜单制作是指在经过前期全面、完整、系统的菜单内容和价格等设计与决策的基础上进行的版面设计和印制。递送到顾客面前的菜单,形式可以五花八门、各式各样,但无论其呈圆形、长方形或其他形状,尺寸是大或小,是单页或折叠,是纸质或其他材质,菜单必须制作得能恰如其分地反映出一家餐厅的面貌和经营特色,使就餐者仅从菜单的外观便能推断出一家酒店的餐饮管理水平和服务质量。

(一) 确定菜单形式

菜单主要包括纸质菜单、实物菜单和电子菜单3种形式。

纸质菜单是很常见的菜单形式,根据其摆放方式,可分为平放式、竖立式、悬挂式,设计人员可根据餐饮企业的实际情况选择最佳摆放方式。

实物菜单通常为菜品的实物模型、原材料或半成品,顾客可直观地了解菜品最终的成型状态和原材料新鲜程度,以便对不同菜品进行对比和组合。

电子菜单是一种新形式的菜单,顾客点击某一菜品,就能进入其详细信息页面来了解菜品的价格、口味、原材料等,从而挑选最适合的菜品。

(二) 菜单的装帧制作

菜单既是宣传品又是艺术品,一份装帧精美的菜单代表了经营者的形象,可以激发顾客用餐的兴趣。因此,菜单装帧制作的总体要求是要注意美观、突出餐厅特点,要独具特色,语言文字要规范、大方与美观,菜单大小适中,菜品安排合理,菜单制作材料质量要好。

1. 菜单的制作材料

菜单的制作材料好不仅能很好地反映菜单的外观质量,同时也能给顾客留下较好的第一印象。因此,餐饮企业在为菜单选择制作材料时,既要考虑餐饮企业的类型与档次,又要顾及制作成本。餐饮企业可根据菜单的使用方式合理选择菜单的制作材料。例如,长期重复使用的菜单应使用经久耐磨且不易沾染油污的重磅防水涂料纸;而一次性使用的菜单,一般不考虑其耐磨性、耐污性,但并不意味着可以粗制滥造。许多高规格的宴会菜单,虽然只使用一次,但仍然要求选材精良,设计优美,以此体现宴会服务规格和餐饮企业档次。

知识链接

菜单设计的基本原则

1）菜单内页的材料

菜单制作材料的选择主要取决于餐厅使用什么样的菜单。餐厅使用的菜单可分为一次性菜单和耐用性菜单。一次性菜单用后就丢弃，可以选择轻巧、便宜的纸张，不必考虑纸张的耐磨与耐污的性能，但也不能粗制滥造。耐用性菜单使用时间较长，应选择质地精良、厚实且不易折断的纸张，同时还要考虑纸张是否防污、耐磨、手感好、美观等问题。

2）菜单封面的材料

菜单封面的材料应选择较厚实的纸张，可以烫金，即在纸上烫一层薄薄的锡箔；也可以将一幅照片用压痕的方式印在纸上；还可以压膜，用一层薄薄的塑料纸覆盖在上面，能防油污和破损，尽量避免使用塑料、绸、绢等材料。塑料制品会给人一种低档、廉价的印象；绸、绢作为菜单封面固然高档，但容易沾污染渍；其他材料，如漆纸、漆布，虽不易脏，但因油漆常发生龟裂、剥落而有碍观瞻，也不宜做封面材料。

2. 菜单规格

菜单规格应与餐饮企业的类型与面积、餐桌和座位空间的大小、餐饮内容等因素相协调，使顾客拿起来舒适、阅读时方便。一般来说，单页菜单的规格为25厘米×35厘米，对折菜单的规格为20厘米×35厘米，三折菜单的规格为18厘米×30厘米。

知识链接

菜单的种类

知识拓展 Learning More

电子菜单的特点

从iPad点餐发展到现在的微信扫码点餐，电子菜单新颖的点菜方式、简便的操作方法，提升了餐厅档次，提高了顾客满意度，同时减少了工作失误。电子菜单与纸质菜单各有特点，在未来很长一段时间里还会共存。随着移动互联网的快速发展，企业逐渐实现由静态型媒体向移动媒体、单一媒体向多媒体的转变。电子菜单是餐饮企业扩展推广的重要渠道，可以通过电子菜单提升企业形象。

1. 综合成本远低于传统纸质菜单

传统纸质菜单的制作成本高且需要不断翻新、修改、更换。以电子菜单3年的使用周期来看，其综合成本远远低于传统纸质菜单。

2. 信息存储量大，菜单可实时更新，且具有售罄提示功能

电子菜单能够存储大量的文字、图片、语音、视频等信息。除此之外，电子菜单还可以添加酒店背景、厨师资历简介等餐厅信息，是企业文化最全面的展示平台。电子菜单的实时售罄提示功能，能够避免菜品售罄造成的退单等情况，同时可以为顾客推荐类似口味菜品，保障餐厅的销售业绩。

3. 提高服务效率，降低人力成本

推荐菜、折扣菜、套餐等更多的消费模式，可大大提高顾客点餐效率，节省点菜时间，提高翻台率。电子菜单可实时更新，使得菜品更换迅速、简便。新品菜、特色菜、套餐推荐消费模式，有利于引导顾客消费，把握主动权。信

息提交方便简单,包间、后厨、收银信息相连接,有利于减少工作失误,提高顾客满意度。

4.电子菜单也有不可避免的缺陷

点餐过程缺少了与服务员的情感互动,无形中降低了顾客的消费体验,尤其是老年顾客首次去某家餐厅,对着冷冰冰的电子屏幕点餐更是不太符合其消费习惯。

对点案例 Case Study

情人节菜单引起的风波

某四星级酒店的中餐厅,为了让顾客不断品尝到有特色的食品,每逢节日,都会推出节日菜单。有一年情人节前,厨师长到国外交流学习,由副厨师长李师傅临时负责。情人节前两周,餐饮部总监请李师傅设计情人节中餐套餐菜单。李师傅是技术能手,很快列出了不同价位的若干套菜单,完成后交给餐饮部秘书打印。情人节当天下午3点,餐饮部例会后,餐厅张经理将制作好的菜单拿回餐厅,让服务员在每个餐台上放上一份,并再次检查了公关部放在一楼大厅及餐厅门口的情人节菜单告示牌。一切准备就绪后,于开餐前对服务员进行了10分钟的简单培训,并让服务员主动向顾客介绍此菜单。

这一天,来餐厅就餐的顾客很多,一对对情侣更是毫不犹豫地选择了情人节套餐。服务员将几张订单送到了厨房。李师傅看到订单后,大叫"没人告诉我今天是情人节。厨房没准备,怎么做菜?"张经理更是急得满头大汗。如何向顾客解释四星级酒店的节日菜单居然一个菜也做不出来?闻讯而来的餐饮部总监面对张经理非常生气,质问:"你是怎么负责的?这是你严重的失职。"张经理觉得很委屈,她说:"这应是厨师长的事,怎么能怪我呢?"好在餐饮部总监还算冷静,交代服务员撤下所有的情人节菜单,马上停止推荐。同时,请李师傅想想办法,尽可能将已经卖出的几份菜单制作完成。确实连原材料都没有的项目只好由餐饮部总监出面向顾客道歉。一场风波总算过去了。第二天,餐饮部总监让张经理填了一张过失单,并批评了李师傅。

分析与决策:怎样设计菜单?怎样能够避免出现这场由菜单引起的风波?

【**案例评析**】在餐饮部管理的常规工作中,每天与每周例会是不可缺少的。参加例会的成员既要有餐厅管理者,厨师长也必须参加。如果餐饮部严格执行管理程序,那么情人节菜单引起的风波也就不会发生。李师傅本人应承担不可推卸的责任。虽然餐饮部没有要求他必须参加例会,但在代理厨师长期间应该主动参加会议。另外,作为管理者不能仅满足于技术能手的角色,还必须承担管理与控制的责任,一份套餐菜单的出台意味着还必须同时制订出厨师培训、食品准备、菜肴烹制等一系列计划,并按计划逐步完成。张经理由于忽视了与李师傅的配合,而造成了严重后果,因此理应填写过失单。

但作为餐厅管理者，是否应从中引起一些思考，将此问题处理得更加妥当一些呢？总之，餐厅与厨房的密切配合是保持餐厅正常经营的基础，无论是餐厅经理还是厨师长都应该充分重视这一点。

任务二　套餐菜单的设计

套餐菜单，又称和菜菜单、定食菜单或公司菜单，一方面是为了满足顾客旅游、商务、会议、工作、聚会等需求，另一方面也是店方为了促销、增加餐饮收入而推出的。套餐通常菜肴数量、分量适中，价格合理，注重能量和营养的供给，上菜时间短，服务快捷。

套餐菜单以固定的价格标出，并不标明每一道菜品的价格，顾客不能任意删减和增加菜品。西式套餐菜单是在开胃菜、汤、主菜、甜品和饮料等各个组成部分中选配几个菜品组合在一起，通常以每位顾客的用餐规格和标准确定西式套餐菜单的价格。按照惯例，主菜的价格即该组套餐菜单的价格。中式套餐菜单一般是在冷盘、热炒、汤羹、主食、饮品等各个组成部分中选配组合，其计价方式多半是规定若干菜品按桌计价或根据人数的不同组合成双人、三人、四人套餐等。

任务导入 Task Leading-in

APEC会议菜单

2001年10月，亚太经合组织（APEC）第九次领导人非正式会议在中国上海举行。在这次会议中，有一场高规格的工作午餐，举办者精心设计了一份菜单：

相辅天地蟠龙腾	冷龙虾
互助互惠相得欢	翡翠羹
依山傍水螯匡盈	炒虾蟹
存抚伙伴年丰余	煎鳕鱼
共襄盛举春江暖	片皮鸭
同气同杯庆联袂	美点盆
繁荣经济万里红	鲜果盅

菜单中菜品所用原材料都是很平常的鸡、鸭、鳕鱼、蟹、虾等，经设计者精心设计，厨师精心烹饪，成了一道道让参会者赞不绝口的、蕴涵中国烹饪文化精髓的佳肴。从菜单来看，它将菜名巧妙地融入诗中，且诗的每行句首字（词）相连为"相互依存，共同繁荣"。这正是APEC所倡导的宗旨和目标。

菜单，用红木架子作底座，玻璃上刻着英文菜单，上面是古色古香的卷轴，展开是书法写的中文菜单。

想一想：这份菜单设计成功之处有哪些？

一、套餐菜单设计的原则

（一）味型搭配合理

风味是宴席的核心，如果搭配不合理，就会给顾客以单调的感觉。如满桌都是咸鲜味型的菜品，会让食客感觉这桌菜十分平淡，吃上几个菜就乏味了。一些鲁菜或粤菜餐厅容易出现这样的问题，让人提不起兴趣。但是一桌宴席配上五六个麻辣味的菜品，又会让人感到太刺激，甚至难受，许多川菜餐厅就容易犯这样的错误。所以一桌宴席必须要有起伏，味型配置要合理，同一种味型的菜品不能太多。

（二）原材料搭配合理

一桌宴席的荤素搭配应该合理，但荤菜里面鸡、鸭、猪肉、牛肉、羊肉及水产品的配置应该呈多元化的格局，素菜中的豆制品、蔬菜，也应多姿多彩。这样不仅能使营养均衡，而且能增加食用的兴趣。如果一桌菜品有四五道豆腐、凉粉之类的菜品，就成了豆腐席，吃起来就乏味了。一般来说，一桌菜品应分清主次、突出重点，绝不可以宾主不分，或者喧宾夺主。高明的菜单设计者是忌讳将鲍鱼、海参、鱼翅、燕窝、龙虾全部安排在一桌宴席上的。因为这样中心就不突出了，并且制作起来也会有困难，营养搭配也会失衡。一般有两三道高档的菜，整个宴席的档次就显现出来了。

（三）菜式策划新颖

新颖是菜单策划中的最高要求，它可以使菜式设计艺术化、个性化和情趣化，富有特色。

知识链接

节日菜单

二、套餐菜单设计的程序与方法

（一）套餐菜单设计的程序

菜单结构不同，可使客人在选择菜肴品种方面有灵活性，现以西餐菜单为例说明设计程序。套餐由于无选择余地或选择余地不大，设计菜单时应把菜肴品种控制在可能消费的范围之内，一般按以下步骤进行：

（1）按不同种类和制作方法划分晚餐和午餐的主菜；
（2）为主菜搭配谷物类食品；
（3）选择搭配主菜的蔬菜，并考虑颜色、形状等的搭配；
（4）选择午、晚餐色拉（根据日期，选择不同的种类）；
（5）选择午、晚餐的甜点（根据日期，选择不同的种类）；
（6）选择汤类食品；

(7) 选择午、晚餐面包等；

(8) 选择早餐主菜；

(9) 选择早餐谷物类食品；

(10) 选择水果或果汁。

（二）套餐菜单设计的方法

诸多酒店的套餐菜单是经过长期实践证明，并为广大顾客所接受的相对稳定的菜单模式，它的基本格局是三段式，即开宴阶段、高潮阶段和结尾阶段。

1. 开宴阶段

传统的中式宴会开宴阶段的内容丰富、很讲究。

(1) 茶水。茶水又分为礼仪茶和点茶两类。不需要收费的茶，称为礼仪茶；需要计费的，要请客人点用的茶，称为点茶。

(2) 手碟。传统而完整的手碟分为干果、蜜果与水果3种。现在的宴席一般只配干果手碟，讲究的宴席往往都会在菜单上将茶水和手碟的内容写出来。

(3) 开胃酒、开胃菜。为了在正式开餐前打开客人的胃口，传统宴席往往要配开胃菜和开胃酒。一般开胃酒是低酒精度、略带甜酸味的酒，如桂花蜜酒、玫瑰蜜酒等。开胃菜一般是酸辣味、甜酸味或咸鲜味的，如糖醋椒圈、榨菜等。

(4) 头汤。完整的中式宴席一般应该有三道汤，即头汤、二汤与尾汤。头汤一般采用银耳羹、粟米羹、滋补鲜汤或者粥品。

(5) 酒水、凉菜。酒水、凉菜是开宴时最重要的内容。一般来说，越是高档的宴席，酒水越高档，凉菜的道数越多。讲究的菜单在配置酒水的时候，除了要将酒水的品牌写出来外，还要注明是烫杯还是冰镇。

2. 高潮阶段

高潮阶段上宴席的大菜、热菜，根据具体情况可安排若干不同类型的热菜组合。

第一道菜被称为"头菜"。它是为整个宴席定调、定规格的菜。如果头菜是金牌鲍鱼，那么这个宴席就称为鲍鱼席；如果头菜是一品鱼翅，那么这个宴席就称为鱼翅席；如果头菜是葱烧海参，那么这个宴席就叫海参席。

第二道通常安排烤炸类的菜。按传统习惯，第二道菜一般是烧烤的或者煎炸的菜品，如北京烤鸭、烤乳猪、烧鹅仔或煎炸仔排等。

第三道汤菜。这道菜一般为清汤、酸汤或者酸辣汤，有醒酒的作用。一般随汤也跟一道点心。

接下来是应该可以灵活安排的菜，鸡、鸭、牛肉、猪肉类菜均可，再加鱼类菜品。然后就要安排素菜了，笋、菇等时令蔬菜均可。

素菜之后一般是甜菜。羹泥、烙品、甜点均可。因为喝酒、品菜已到尾声，客人要换口味才舒服。

最后一道菜是座汤，也称尾汤。传统的座汤往往是全鸡、全鸭、牛尾汤等浓汤或高汤，意味着全席有一个精彩的结尾。

3. 结尾阶段

（1）主食。这时可上一点主食，如面条、米饭。讲究的宴席是一般会配随饭菜，荤素搭配，2~4道。

（2）水果。米饭、面条等主食用完以后，一般要上时令水果。既能让客人清清口，也表示整个宴席结束。

（3）茶水。传统宴席这时上茶水也有"端茶送客"的意思。

三、套餐菜单设计的注意事项

（一）商务套餐

商务套餐的档次相对较高，另外，商务谈判往往要喝酒，因此这类套餐得考虑多配下酒菜。

（二）会议套餐

大部分的会议以工作研讨居多，由于主办方考虑会议成本，会议餐的档次一般都不太高，在配菜上应该讲究实惠，从类型上更倾向于工作餐，要注意会议期间每餐的不同变化，特别是应设计好会议开始日和结束日的菜单。

（三）旅游套餐

旅游套餐标准比较低。设计这类的套餐应该注意两点：一是分量要足，菜品要实惠；二是旅游团队成员大多喜欢地方风味，因此应该尽量多配置一些风味菜、特色小吃。

（四）生日套餐

生日套餐应该配置一些具有象征意义的菜点，如寿桃、寿面、生日蛋糕、甲鱼、鳜鱼等。并且过生日时可能要喝酒，也应该配置一些下酒菜。

（五）情侣套餐

在配菜上应该注意情趣。例如，一份咸鸭蛋和皮蛋的拼盘，可取名为"珠联璧合"；一盘糖醋海蜇拌蕨菜，可取名为"海誓山盟"；一盘肝腰合炒，可取名为"肝胆相照"。

对点案例
Case Study

个性化菜单

在美国巴尔的摩港湾万丽酒店（Renaissance Baltimore Harborplace Hotel）的窗景餐厅，菜单有早、中、晚餐之分。这可能与大多数酒店的餐厅没有什么差别。但是，只要留心观察，你就能发现这个餐厅十分注重菜单的个性化。

个性化菜单

首先,这个餐厅的午餐菜单内页每天都要更换。尽管所换的内容只是一小部分,比如日期、星期、当日例汤(Daily Soup/Soup of the Day)、当日特菜(Chef's Special/Daily Special),但是有了这些最新的内容再加上将与当天(比如某个节日)相配套的问候语印在菜单第一页的顶部,客人一打开菜单就能感受到他们所享受的是最新的服务,并且能产生一种亲切感。而不是像某些餐厅那样一份菜单用一年,里面的内容也从来不更换,甚至不再推出的菜品也仍然留在菜单上。

其次,这个餐厅还能够坚持按照预订记录本上的相关信息给那些VIP客人提供特别的菜单。也就是说,只要餐厅有VIP客人或有在餐厅主办特别聚餐活动的客人,餐厅都会在客人到达前做好有下列文字内容的个性化菜单:"×××餐厅×××先生一行""本餐厅专为×××女士及其同仁准备""祝×××太太60岁生日快乐"等。

准备这样的菜单,虽然表面上有点浪费纸张。但是其潜在的作用是不可估量的。2001年8月的一天上午,巴尔的摩港湾万丽酒店窗景餐厅的值班经理在查阅当日的预订记录时,注意到当地会展及观光局的一位会展推广经理预订了两个人的午餐台位。他估计这是一次与其业务有关的工作午餐,于是便吩咐迎宾小姐为他们预留了紧靠窗户可以看到海湾的一张两人台。随后,他又及时与这位经理取得联系,问清了他的客人的姓名。等这位经理带着他的客人按预订的时间来到餐厅,在预留的窗前座位坐下后,餐厅的迎宾员热情地呈上了餐厅预先准备好的菜单。当这位经理和他的客人打开菜单时,"×××餐厅祝×××巴城之行圆满成功"的字样几乎把他们惊呆了。这位客人当时十分高兴地对服务员说,"我太激动了,我真没有想到你们会专门为我准备了这份菜单。谢谢你们!"客人离开后的第二天,会展及观光局的这位经理高兴地来电话说,昨天来的那位客人是来巴城为一个全国性的大型会展活动选址的会展策划人。目前,客人已经决定把会址定在这里。这位经理说他首先要感谢酒店餐厅提供的优质服务,尤其是那一份专为他们准备的菜单给他的客人留下了深刻的印象。

最后,无论什么时候也不能忘了儿童客人。为儿童客人服务虽然赚得很少,甚至赚不到什么钱,但是他们的父母却能给餐厅带来收入。因此,巴尔的摩港湾万丽酒店的餐厅除了提供独具特色的成年人菜单外,还准备了精美的儿童菜单(Kids Menu)。列在这种菜单上的食品和饮料品种并不是很多,都集中印在一张色彩鲜艳的纸上,字体活泼且字号较大,便于儿童阅读。菜单的封面是请曾在餐厅用过餐的小客人设计的,活泼可爱。令儿童客人高兴且爱不释手的是,儿童菜单里还有一本当月的《儿童体育画报》(*Sports Illustrated for Kids*)。每次有儿童客人在父母的带领下来餐厅用餐时,服务员都会先为他们送上干净整洁的儿童菜单,令小朋友们喜出望外。

分析与决策: 如何理解菜单在餐饮促销中的重要作用?如何制作一个有创意的菜单?

【案例评析】菜单作为客人在酒店的餐厅、宴会厅用餐的主要参考资料，起着向客人传递信息的作用。客人从菜单上不仅可以知道酒店餐厅、宴会厅所提供的菜品、酒水及其价格，进而达到消费的目的，还可以从菜单的设计、印制上感受到酒店餐饮服务的气息和文化品位。因此，菜单的印刷精美固然重要，但是独具匠心的菜单设计更能体现出优质的服务。

任务三 菜品选择与菜单分析

菜单是餐饮企业经营的首要环节，是连接企业与顾客的纽带。餐厅经营的最终目的是盈利，所以设计菜单时不仅要考虑菜品的销售情况，更要考虑其盈利能力。设计菜单是一个动态的、连续不断的过程，需要不断地增补、删减和更新。对菜单所做的变动不是基于管理者的主观臆想，而是建立在对菜肴销售记录的深入分析的基础之上。

任务导入 Task Leading-in

一次菜单分析会

威海丽园大酒店在开业之初曾以"5个第一"而闻名，诸如第一个在大厅安装感应自动门，第一个在楼前及屋顶亮起五彩缤纷的霓虹灯，第一个采用泛光灯装置等。餐饮虽不是"丽园"的强项，但同样受到领导极大的关注。酒店的总经理经常与餐饮部的几位主要负责人聚在一起研究菜点的供应情况。一天上午，在总经理的办公室里正开着一个小型会议，与会者有总经理办公室主任、餐饮部经理、厨师长和两位餐厅主管，每人手里拿着一份最近两个月的菜点销售状况分析表。表的左侧是菜单上的菜点名称，最上面一行是日期，标明了星期几，每周有个"小计"，表内主体部分是每种菜点的销售量，表的最右侧是每天平均销售量。"从本表可以看出，我们最近才推出的清炒西葫芦销售情况呈上升趋势。8月份从第一个星期的180份一直稳步上升，到第四个星期为270份，我认为在考虑新菜单的时候仍应保留此菜。"一位主管首先坦陈自己的看法。"我同意。另外，我认为肉丸子砂锅也应该保留。一方面，这是我们的看家菜，已有相当的名声；另一方面，从销售情况来看，其每天的销量始终保持在190份上下，变动范围在40份之内。这说明我们的顾客喜欢这道菜。"厨师长接着发言。"红烧羊肉的销售状况看上去波动较大，但如果仔细分析一下的话，其中有一定的规律，每周的星期六和星期日的销售量激增。在其余日子则情况平平。因此，这道菜有保留的价值，但在用料方面须进行调整，星期六和星期日两天多准备一些原材料以满足需求。"餐饮部经理谈了自己的意见。他们对每道菜都进行了认真细致的分析，把销售情况呈明显下降趋势的以及近阶段内一直销售不佳的4道菜删去。餐饮部经理和厨师长提议试销葱爆腰花和蚝油牛肚等6道菜,获得一致赞同。

想一想:威海丽园大酒店对菜肴销售情况进行分析后决定取舍,这种方法可行吗?为什么?

一、菜品选择

(一)菜品选择的前提

餐饮企业的菜单不仅仅是待售菜点和酒水的清单,而应该是企业有力的销售工具,它极大地影响着顾客的购买欲望。菜肴与面点作为菜单的核心结构和内容,其选择和组合直接关系到菜单设计的成败和销售的成败。菜单菜点的选择和计划应十分慎重,其选择和组合主要考虑以下因素。

1. 菜点的适宜性

菜点适宜性的宗旨是充分迎合目标消费群体的不同口味需求。在菜单计划中,可行性研究以及其他一些准备工作已经确定了一个市场,菜点的适宜性在一定程度上给予了肯定,但仍有必要充分了解所选择菜点是否适时。因此,在进行菜点计划时,须切实把握菜点的时令性,使菜单所列的各销售菜点始终适宜于顾客。

2. 菜点的多样性

菜单所列菜点要对顾客产生最大的吸引力,就应该有充足的品种供其选择,以最大限度地刺激顾客。至于菜点的种类和数量达到何种程度,各餐饮企业均不相同,一般依据经营类型、规模和销售方式等确定。例如,特色餐饮企业须在核心的特色菜上做文章,尽量多地增加一些同类风味的菜点品种,以刺激顾客重复消费。同时,适度增加一些非特色菜点以吸引对特色不感兴趣的顾客,从而加大对目标顾客和潜在顾客的吸引力度。菜点的多样性要与企业的生产和服务条件相适应,与经营规模和烹调供应能力相平衡。

3. 菜点的多变性

在保证经营风味一致的前提下,菜单应兼容多变,以保证相对固定菜点和循环菜点的有机结合,从而保持顾客对菜点的兴趣和新鲜感,有效吸引和刺激目标顾客重复消费。从菜单设计和菜点制作技术出发,有效的方法是将菜单分为两部分,一部分列出企业常供的特色佳肴,并保持其结构相对完整以及销售相对稳定;另一部分主要将季节性较强的时令菜点、流行菜点和创新菜点以一定的销售策略归入其中,并结合其他销售形式,循环销售。

4. 菜点原材料的可获性

凡被列入菜单的每一款菜式点心,餐厅必须有效地保证其销售,这是一条相当重要而又极易被忽视的餐饮经营原则。食品原材料的供应往往与市场供求关系、采购和运输条件、季节、企业地理位置等有直接关系。在决定菜点选择时,须充分预测各种可能出现的生产制约因素,尽量使用当地生产或购买有保障的食品原材料。

5. 菜点的可销售性

菜单上菜点的位置在很大程度上直接或间接地影响着销售量。有研究表明，那些心目中没有偏爱某一种或几种特别的菜点的顾客，点菜时最大的可能性就是点其首先注意到的菜点。因此，在菜单品种选择与组合布局时，应突出那些能快速吸引顾客注意力的菜点，以达到大量销售特色菜的目的。有效确定每种菜点在菜单上的最佳位置，保证对每一种菜点的描述应起到良好的促销效果，这是菜单菜点布局须充分考虑的因素。同时，菜点的可销售性还与菜点自身的风味特色、价格水平、厨房制作的效率等因素有直接关系。

6. 菜点制作资源的匹配性

确定菜点的选择，必须充分考虑生产技术资源和生产设备资源。基于此，在进行菜点选择时，不要选择或避免选择需要有特殊技巧和特殊设备才能制作的菜点。同样，即使厨房有能力制作，但在较短时间无法完成的菜点最好也避免选择。

7. 菜点组合结构的平衡性

无论零点菜单、宴会菜单，还是套餐菜单、自助餐菜单等，都应充分考虑每类菜点价格的平衡、原材料搭配的平衡、烹调方法与技术难度的平衡、菜点口味与口感的平衡、菜点的营养结构与一定食疗作用的平衡等因素，以满足不同消费能力顾客的消费需求，并给予顾客充分的选择。菜点组合结构的平衡性有效体现了餐饮企业的经营管理综合实力。

（二）餐饮企业可选择的菜品

1. 毛利较高的菜品

所选菜品应使餐饮企业获取可观的毛利。毛利是指菜品价格与原材料成本之差，即毛利＝菜品价格－原材料成本。

由此可见，在菜品价格确定的情况下，餐饮企业可采用降低原材料成本的方法来提高毛利。但降低原材料成本不代表菜品质量可以下降，将一些大众化的原材料进行精细加工，同样可达到提高毛利的目的。例如，某餐厅将五六元一斤的花生米加入调料、蛋液、生粉拌匀，下锅炸成带有酥脆外壳的下酒小菜，一斤花生米可制作六份菜，每份售价22元，可使餐厅获得较高的毛利。

2. 适应顾客需求的名菜品

名品菜是各个菜系经过时间的沉积和烹饪技术的凝练而产生的，在一定的区域范围内具有较高的知名度。例如，以经营川菜为主的餐厅，菜单上要有"麻婆豆腐"这道川菜名品；以经营粤菜为主的餐厅，菜单上要有"菠萝咕咾肉"这道粤菜名品；以经营苏菜为主的餐厅，菜单上要有"松鼠鳜鱼"这道苏菜名品。各菜系中的名品菜可以激发顾客的消费欲望，从而增加餐饮企业的收入。

3. 体现企业实力的招牌菜

招牌菜是指餐饮企业为了招徕和稳定顾客群体所独创的、能体现企业实力的特色菜品。招牌菜的设计是餐饮企业管理者和生产者创造力和想象力的体现。

餐饮企业在长期的经营实践中，一般都会总结摸索出一套既符合自身实际又有别于其他企业风格的烹饪工艺和菜式,在设计菜单时要尽量选择能突出这种特色的招牌菜。例如,四川某餐厅在水煮类菜品的制作方面较有实力,该餐厅的菜单中包含了较多的水煮类招牌菜,如水煮鱼、水煮肉片、水煮牛蛙等。

此外,每个厨师都有其独到的技术或擅长制作的菜品,如有的擅长制作鱼类菜,有的擅长制作素菜,有的擅长制作工艺菜,有的擅长制作功夫菜等。选择菜品时,要充分考虑这个因素,使厨师能发挥其专长,从而丰富菜单内容,提高菜品质量。例如,沈阳某餐厅的厨师擅长制作熏制菜品,熏猪蹄、熏鸡爪等就成为该餐厅的招牌菜。

4. 能促使菜单平衡的菜品

无论是零点菜单还是套餐菜单,菜单上各类菜品都应体现以下几个方面的平衡:

(1)菜品价格平衡。同类菜品的价格要有高、中、低档之分,以满足顾客的不同需求。

(2)原材料搭配平衡,以满足不同口味顾客的饮食需求。例如,主菜类应有分别以肉、鱼、蛋、家禽、蔬菜为主要原材料的多个品种,以满足不喜欢吃其中某一类或某几类菜品的顾客的饮食需求。

(3)烹饪方法、质地、口味平衡。各类菜品应由不同烹饪方法制作而成,质地要生、老、嫩、滑、脆搭配,口味要酸、甜、辣、咸搭配。

(4)菜品营养平衡。例如,菜单中不能只有蛋白质含量高的肉菜,还应搭配适量蔬菜。此外,还要保证满足少食者和素食者需求的菜品具有丰富的营养。

(5)能占领客源市场的菜品。为占领客源市场、提高营业额和利润,餐饮企业在选择菜品时,既要充分重视顾客的个性需求,又不能忽视顾客的共性需求,要以特色菜带动消费,同时选择一些需求量大、顾客点餐率较高的其他菜品。

二、菜单分析

设计菜单是一个动态的、连续不断的过程,需要不断地增补、删减和更新。而对菜单所做的变动不是基于管理者的主观臆想,而是建立在对菜肴销售记录的深入分析的基础之上。

菜单评价,即对菜单内容设计、价格设计和菜单制作进行评估、总结。菜单评价是为今后新菜单的设计奠定基础,是未来菜单计划的重要依据,同时,菜单分析还是餐厅销售分析的重要方式。把握菜单评价要熟悉菜单工程——ME分析法,并对常见的零点和宴会菜单进行全面、正确、客观的评估。

(一)ME分析法

ME分析法又称菜单工程(Menu Engineering),它是指通过分析餐厅菜品的畅销程度和毛利率高低,确定出哪些菜品既畅销,毛利又高;哪些菜品既不畅销,毛利又低;哪些菜品虽然畅销,但毛利很低;哪些菜品虽不畅销,但毛利较高。从而对酒店企业的餐饮菜品实现总体评估与优化。

知识链接

菜品选择的原则

1. 收集菜单销售资料

ME分析是以菜单上各种菜品的销售资料为依据,其资料收集主要是以一定时期的菜品销售记录为基础。获得必要的各种菜品的价格、成本或毛利、一定时期的销售份数等统计资料,即可进行ME分析。

2. 确定ME分析法的分类标准

ME分析法主要是对各种菜品的喜爱程度和毛利进行综合分析,然后根据分析结果对各种菜品进行分类。菜单中的每一种菜点的基本销售获利情况都可归入以下4类(见图4-1):

(1) 畅销,毛利高;
(2) 不畅销,毛利高;
(3) 畅销,毛利低;
(4) 不畅销,毛利低。

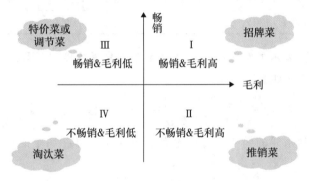

图4-1　ME分析法

很明显,第一类菜品是餐厅最希望出售的,因为这类菜既受顾客欢迎,又能给餐厅带来较高的利润。所以,在设计新菜单时,这类菜品应绝对保留。第二类菜品可以迎合部分高消费顾客。第三类可以作为刺激消费策略,有效控制其销售量。第四类菜品既不畅销,又不能带来较高的利润,在新菜单中,应去掉这些菜品。

在具体实施菜单品种销售分析时,一般是定期将一个时期内销售的全部菜点分类列表或混合列表分析,各品种菜点分析的详细内容为销售单位、单位标准成本、销售价、单位毛利、毛利指数、总成本、销售量、销售量指数、顾客欢迎指数、销售额、毛利、毛利率等。

3. 对菜单销售进行ME分析

在收集销售资料、确定分类标准的基础上,对菜单销售情况进行ME分析。其方法是将各种菜品的喜爱程度和毛利额都以平均份数和平均毛利额为基础来计算,而不以全部数值为基础来计算。

值得说明的是,在进行ME分析时,不应将餐厅提供的所有菜品、饮料放在一起进行分析、比较,而应按类或按菜单程式分别进行。中餐的ME分析可分为4类:冷盘、热菜、汤类、面点。西餐的ME分析可分为6类:开胃菜(Appetizer)、汤类(Soup)、色拉(Salads)、主菜(Main Courses/Entree)、甜食(Desserts)、饮料(Beverages)。只有在同一类中进行比较分析,才能看出高低,分析才有意义。

我们以某餐厅菜单上的冷盘为例,进行ME分析。该餐厅有6种冷盘,各冷盘的销售份数、顾客欢迎指数(反映畅销程度的指数)、单价以及销售额等(见表4-1)。

表4-1 菜单分析表

菜名	销售份数	销售数百分比	顾客欢迎指数	单价/元	销售额/元	销售额百分比	销售额指数	评估
盐水鹅	100	23.26%	1.38	9.00	900	26.20%	1.57	畅销、高利润
白汁油鸡	40	9.30%	0.54	8.50	340	9.90%	0.59	不畅销、低利润
透味熏鱼	80	18.60%	1.14	8.50	680	19.80%	1.19	畅销、高利润
五香牛肉	30	6.98%	0.42	13.50	405	11.79%	0.71	不畅销、低利润
盐水虾	50	11.63%	0.72	10.50	525	15.28	0.92	不畅销、低利润
北京泡菜	130	30.23%	1.80	4.50	585	17.03%	1.02	畅销、高利润
总计/平均值	430	100%	—		3435	100%	—	—

顾客欢迎指数表示顾客对某种菜或某类菜的喜爱程度,以顾客购买菜品的相对数量来表示。计算方法如下:

$$顾客欢迎指数 = \frac{某类菜销售百分比}{各菜应售百分比} \quad 各菜应售百分比 = \frac{100\%}{被分析项目数}$$

在表4-1中,盐水鹅的销售数百分比为23%,冷菜类共有6个品种,盐水鹅的顾客欢迎指数为

$$\frac{23\%}{100\% \div 6} = 1.38$$

不管分析的菜品项目有多少,任何一类菜的平均欢迎指数为1,欢迎指数超过1则说明它是顾客喜欢的菜,超过得越多,越受欢迎。因此,用顾客欢迎指数去衡量菜品的受欢迎程度比用菜品销售数百分比更加明显。菜品销售数百分比只能比较同类菜的受欢迎程度,但与其他类的菜品比较时,或当菜品分析项目数发生变化时就难以比较。而顾客欢迎指数却不受其影响。

仅分析菜品的顾客欢迎指数还不够,还要进行菜品的盈利分析。我们将价格高、销售额指数大的菜定义为高利润菜。销售额指数的计算方法如同顾客欢迎指数。顾客欢迎指数高的菜为畅销菜。这样我们可以把分析的菜品分为4类,并对各类菜品分别制定不同的产品策略(见表4-2)。

表4-2 菜品分析

销售特点	菜名	产品政策
畅销、高利润	盐水鹅	保留
	透味熏鱼	保留
	北京泡菜	保留
不畅销、低利润	白汁油鸡	取消

续表

销售特点	菜名	产品政策
不畅销、低利润	五香牛肉	取消
	盐水虾	仍可保留或取消

（1）畅销、高利润菜品。畅销、高利润菜既受顾客欢迎又有盈利，是餐厅的盈利项目，在设计菜单时应该保留。

（2）畅销、低利润菜品。畅销、低利润菜一般可用于薄利多销的低档餐厅中，如果价格不是太低且较受顾客欢迎，可以保留，使之起到吸引顾客到餐厅来就餐的诱饵作用。顾客进了餐厅还会点别的菜，所以这样的畅销菜有时甚至赔一点也值得。但有时盈利很低而又十分畅销的菜，也可能转移顾客的注意力，挤掉那些盈利大的菜品的生意。如果这些菜明显地影响盈利高的菜品的销售，就应果断地取消这些菜。

（3）不畅销、高利润菜品。不畅销、高利润菜可用来迎合一些愿意支付高价的顾客。高价菜毛利额大，如果不是太不畅销的话可以保留。但是如果销售量太小，会使菜单失去吸引力。所以连续在较长时间内销售量一直很小的菜应该取消。

（4）不畅销、低利润菜品。不畅销、低利润菜一般应取消。但有的菜品如果顾客欢迎指数和销售额指数都不算太低，接近0.8，又在营养平衡、原材料平衡和价格平衡上有需要的仍可保留。

（二）ABC分析法

ABC分析法是借用管理学中的一种分析法，对各种菜品销售额进行分析。通过分析产品销售额，确定重点菜、调节菜及可淘汰的菜。

1.选定分析对象

在餐饮销售分析中采用ABC分析法的分析对象可以是产品销售额或毛利额的一个对象，也可以同时分析产品销售额和毛利额两个对象。分析一个对象时，餐饮产品销售额或毛利额越高，说明菜单上的这种菜品的经营效果越好。通过ABC分析，我们可以从销售额或毛利额的角度来发现菜单上哪些菜品是重点菜，需要特别重视；哪些菜品是调节菜，需要一般关注；哪些菜品是经营效果很差的菜，需要淘汰。根据分析结果，即可为管理者的经营决策和菜单调整提供客观依据和决策参考。采用ABC分析法同时分析餐饮产品销售额和毛利额两个对象时，其方法和作用与只分析一个对象是相同的，只是计算过程和角度略有区别，因而其分析结果也会略有不同。因为一种菜品的销售额高，并不一定其毛利额也高，同时对菜品销售额和毛利额两个因素综合分析，其结果会比只分析一个因素精确。

2.确定分类标准

在餐饮销售分析中采用ABC分析法的具体做法：①以菜单上的产品销售记录和统计资料为基础，确定分析对象的销售构成、毛利构成、平均构成及其累计百分比。②分析一个对象时就只有一种构成比和一个累计百分比；分析两个对象时就有两种构成比，以及一个平均构成比和一个累计百分比。③根据累计百分比来进行ABC分类（见

知识链接

菜单分析的具体步骤

图4-2）。其分类标准如下。

（1）A类菜肴。分析对象的累计百分比为70%左右。这类菜品是餐厅经营的重点菜。其销售额或毛利额较高，或者两者都较高。因此，A类菜肴需要重点照顾和特别重视，并且加强销售、保证质量。

（2）B类菜肴。分析对象的累计百分比为20%左右。这类菜品是餐厅经营的一般菜点。其销售额或毛利额很一般，又或者两者同时都一般。因此，B类菜肴只需要一般照顾即可。

（3）C类菜肴。分析对象的累计百分比为10%左右。这类菜品是餐厅经营中效果最差的菜。其销售额或毛利额很低，又或者两者都很低。因此，C类菜肴大多是需要调整或淘汰的。

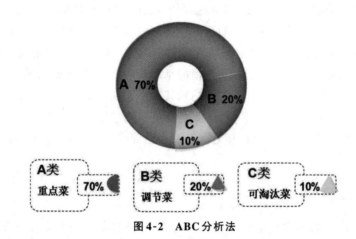

图4-2 ABC分析法

这样，通过制定ABC分析法的分类标准就为餐饮管理的经营决策和产品及价格调整提供了决策依据。

3. 做好ABC分析

在选定分析对象、确定分类标准的基础上，即可以一定时期的菜单为基础，根据各类菜点的销售记录，分析每种菜点的销售额或毛利额，或者同时对两者进行综合分析，然后以累计百分比为依据，即可得出A类、B类和C类，从而为餐饮管理提供决策参考。

（1）单一对象分析。某餐厅过去10天菜单上随机选择的部分菜品销售记录资料如表4-3所示，请用ABC分析法分析餐厅各种菜品的毛利额，并进行分类。

根据销售记录和统计资料，运用ABC分析法直接计算结果，并填入表4-3中。

表4-3 单一分析对象ABC分析运用

菜品名称	售价/元	销售份数	毛利率	总毛利/元	毛利构成比	序号	累计百分比	ABC分类
软炸肉片	16.8	68	50.2%	573.48	5.80%	8	70.36%	B
鸡片冬菇	18.4	72	52.8%	699.49	7.07%	6	58.28%	A
滑溜里脊	17.2	32	51.3%	282.36	2.85%	14	97.99%	C
清蒸鲥鱼	25.3	43	48.6%	528.72	5.34%	9	75.70%	B

续表

菜品名称	售价/元	销售份数	毛利率	总毛利/元	毛利构成比	序号	累计百分比	ABC分类
松鼠鳜鱼	32.8	88	51.8%	1495.16	15.11%	1	15.11%	A
蛋蒸鳜鱼	30.6	64	52.6%	1030.12	10.41%	2	25.52%	A
水煮牛肉	14.5	98	50.3%	714.76	7.22%	5	51.21%	A
鱼香肉丝	12.4	85	48.7%	513.30	5.19%	10	80.89%	B
家常豆腐	11.6	92	58.2%	621.11	6.28%	7	64.56%	A
麻婆豆腐	9.8	86	60.5%	509.89	5.15%	11	86.04%	B
家常海参	18.3	94	54.7%	940.95	9.51%	3	35.03%	A
清炒苦瓜	8.6	76	62.4%	407.85	4.12%	13	95.14%	C
蒜蓉油菜	7.4	42	63.5%	197.36	1.99%	15	99.98%	C
五香芹菜	9.5	84	61.7%	492.37	4.98%	12	91.02%	C
鱼香肝尖	19.5	76	59.8%	886.24	8.96%	4	43.99%	A
合计	—	1100	—	9893.16	100%	—	—	—

(2)两个对象分析。仍以前面某餐厅销售资料为例,用ABC分析法对菜品的销售额和毛利额两个对象进行综合分析,并进行分类。

根据销售记录和统计资料,运用ABC分析法分析菜品的销售额和毛利额,并将计算结果填入表4-4中。

表4-4 两个分析对象ABC分析运用

菜品名称	销售额/元	毛利额/元	销售构成比	毛利构成比	平均构成比	序号	累计百分比	分类
软炸肉片	1142.4	573.48	6.24%	5.80%	6.02%	8	70.72%	B
鸡片冬菇	1324.8	699.49	7.24%	7.07%	7.16%	6	58.64%	A
滑溜里脊	550.4	282.36	3.01%	2.85%	2.93%	14	98.15%	C
清蒸鲫鱼	1087.9	528.72	5.94%	5.34%	5.64%	9	76.36%	B
松鼠鳜鱼	2886.4	1495.16	15.77%	15.11%	15.44%	1	15.44%	A
蛋蒸鳜鱼	1958.4	1030.12	10.70%	10.41%	10.56%	2	26.00%	A
水煮牛肉	1421.0	714.76	7.77%	7.22%	7.49%	5	51.48%	A
鱼香肉丝	1054.0	513.30	5.76%	5.19%	5.47%	10	81.83%	B
家常豆腐	1067.2	621.11	5.83%	6.28%	6.06%	7	64.70%	A
麻婆豆腐	842.8	509.89	4.61%	5.15%	4.88%	11	86.71%	B
家常海参	1720.2	940.95	9.40%	9.51%	9.46%	3	35.46%	A
清炒苦瓜	653.6	407.85	3.57%	4.12%	3.84%	13	95.22%	C
蒜蓉油菜	310.8	197.36	1.70%	1.99%	1.85%	15	100%	C

续表

菜品名称	销售额/元	毛利额/元	销售构成比	毛利构成比	平均构成比	序号	累计百分比	分类
五香芹菜	798.0	492.37	4.36%	4.98%	4.67%	12	91.38%	C
鱼香肝尖	1482.0	886.24	8.10%	8.96%	8.53%	4	43.99%	A
合计	18299.9	9893.16	100%	100%	100%	—	—	—

小贴士 Tips

ABC分析法的评价

ABC分析法适用于对同类型且毛利水平相当的菜肴进行分析。

· 优点：

(1)根据各种菜肴对销售额的贡献,确定该菜肴的重要程度,为菜单更新提供依据。

(2)方法易操作,方便简单。

· 不足之处：

(1)以销售额为基准评价菜肴贡献的方法有局限性。

(2)因菜单上不同菜肴的价格悬殊较大,销售额很难清楚反映其销售情况。

知识拓展 Learning More

销售分析的作用

(1)通过菜品的销售分析,做好菜品的选择与调整,掌握餐厅经营中的产品构成规律,以利于菜单的调整与改善。

(2)通过营业销售信息的汇总,帮助餐厅对各种菜品的未来生产和原材料采购做出销售预测。

(3)通过餐饮系统管理参数的综合分析,对各个不同的餐厅加以控制、调节,以保持整个餐饮体系的综合平衡。

思考与练习

1.问题思考

(1)菜单的作用主要有哪些?

(2)菜单的类别多种多样,请列出常用的几种菜单。

(3)如何进行菜单的设计工作?

(4)菜单分析的方法主要有哪些?

2.实战演练

(1)以小组为单位,在市场调研的基础上,分别设计不同类型餐厅的菜单。

(2)请你根据所学到的方法,对你所制作的菜单进行定价。

(3)用所学菜单分析方法,对你所在的实习餐厅进行菜单销售分析。

(4)某餐厅经理和厨师长对市场需求趋势进行研究后,决定增加菜单菜品的花色品种,以满足顾客不断变化的需求,方便顾客选点和理顺菜单。下列菜品是拟列入菜单经营的菜品,请你为其编排菜单版式。

香辣小排	茄汁罗宋汤	烟熏鹌鹑蛋	糯米烧卖
青瓜拌海蜇	黄焖仔鸡	清蒸鲈鱼	香麻大饼
诺曼底猪排	炸酱面	红焖羊肉	西芹百合

(5)某酒店西餐厅对菜单上的汤类进行统计分析,经统计,各汤类的销售份数和价格如表4-5所示。

表4-5 各汤类的销售情况

菜名	销售份数	销售数百分比	顾客欢迎指数	单价/元	销售额/元	销售额百分比	销售额指数	评估
法式洋葱汤	60	26%		5	300	16.1%		
新鲜蔬菜汤	30	13%		4	120	6.5%		
牛尾清汤	20	9%		8	160	8.6%		
奶油浓汤	80	35%		10	800	43%		
酸辣牛肉汤	40	17%		12	480	25.8%		
总计/平均值	230	20%	—		1860	20%		—

① 请计算各类汤的顾客欢迎指数和销售额指数。

② 请评估哪些菜品应该保留,哪些菜品应该剔除。

3.案例分析

某酒店的菜品销售分析制

某酒店位于英国伦敦唐人街,规模不大,约有200个餐位。该酒店以广东菜为主,同时提供多个其他菜系的中式菜点,在唐人街颇具名气。与其他类似酒店相比,该酒店更注重对菜单的研究和销售状况的分析。该店使用一种名为"菜品销售状况表"(见表4-6)的工具进行菜单及销售分析,借以总结菜肴销售规律。

具体说来,这个工具可以帮助酒店管理者获得以下4种决策信息:①菜肴销售量在某一时间段的波动规律,如以一周为时间段,周末与一周的其他时间的销售量差异;②某种菜肴销售量的上升或下降趋势;③菜肴中最受欢迎和最不为人所接受的品种,即一个菜单中的"领先者"和"滞后者";④各种菜肴销售量之间的关系或每种菜肴与全部销售量的关系。以上4种信息是该酒店管理者进行菜单计划的重要依据,尤其在下列3种决策情况下,这些信息更显功效:一是,应重点加强何种菜肴的促销工作;二是,扩大或者减少何种菜肴的生产量;三是,某种菜肴是否应撤销或以何种菜肴代替。其使用的具体办法如下。

表 4-6 菜品销售状况表

星期	二	三	四	五	六	日	合计	二	三	四	五	六	日	合计	二	三	四	五	六	日	合计	二	三	四	五	六	日	合计	二	三	四	平均数
日期	1	2	3	4	5	6		8	9	10	11	12	13		15	16	17	18	19	20		21	22	23	24	25	26		28	29	30	9月份
冷菜 泡菜	54	47	58	83	156	191	589	21	25	27	32	41	37	183	27	29	32	60	63	42	253											39
拌海蜇	32	31	37	49	75	52	276	33	18	45	48	56	47	267	32	40	47	51	68	54	292											50
酱茄子	25	20	31	37	54	35	202	42	40	48	55	61	42	288	49	45	54	60	72	58	338											54
凤爪	29	30	38	52	65	60	274	18	15	20	26	32	30	141	21	18	23	32	39	31	164											26
汤菜 鱼头豆腐汤	45	49	42	54	68	61	319	5	8	11	15	19	20	78	7	6	15	20	24	20	92											27
番茄蛋汤	13	10	8	15	28	20	94	17	21	23	27	31	26	145	23	32	25	30	35	30	175											25
宋嫂鱼羹	32	38	36	46	59	48	259	17	19	21	26	29	31	143	20	17	13	18	20	28	164											14
热菜 蚝油牛肉片	26	20	38	54	66	55	259	21	25	27	32	41	37	183	27	29	32	60	63	42	253											8
煨牛肉	38	43	52	62	78	66	339	33	18	40	48	56	47	267	32	40	47	51	68	54	292											46
豉汁排骨	45	40	47	68	80	61	341	42	40	48	55	61	42	288	49	45	54	60	72	58	338											
脆炸明虾	12	15	25	30	44	32	158	18	15	20	26	32	30	141	21	18	23	32	39	31	164											
茄汁煎牛排	8	9	12	18	25	19	91	5	8	11	15	19	20	78	7	6	15	20	24	20	92											
红烧干贝	21	17	22	31	48	33	172	17	21	23	27	31	26	145	23	32	25	30	35	30	175											
松鼠鳜鱼	18	22	28	30	27	25	150	17	19	21	26	29	31	143	20	17	13	18	20	28	164											
葱爆羊肉	9	12	11	15	18	12	77	8	10	12	16	19	15	80	8	10	8	13	20	14	90											
芙蓉鸡片	4	2	6	7	9	6	34	2	3	5	9	12	8	39	12	10	8	9	12	12	64											
葡汁全鸡	30	28	41	62	68	54	283	29	32	40	49	61	52	263	31	40	51	54	62	50	288											
面点 小笼汤包	30	24	35	51	108	58	306																									
水饺	21	20	29	47	96	51	264																									
水晶包	41	35	39	48	112	48	323																									
鳝丝面	18	25	34	52	78	50	257																									
炸酱面	11	21	28	35	47	38	180																									
每日热菜合计/份	211	208	282	377	463	363	1904	192	211	252	303	361	308	1627	230	264	293	371	423	339	1920											
每日冷菜合计/份	140	128	164	221	350	338	1341																									
每日汤菜合计/份	90	97	86	115	155	129	672																									
每日面点合计/份	121	125	165	233	441	245	1330																									
每日销售总量/份	562	558	697	946	1409	1075	5247																									

1)图表的简要说明

最左边一栏是菜单上所有菜肴品种的列举,分冷菜、汤菜、热菜和面点四大类。右下角的"9月份"为该表的统计时间段。第二行为日期(1至30日)。第一行是相应的星期,且本例假设每周只营业6天,星期一不营业。与各种菜式相对应的数字表示该菜品的销售份数。最右边一栏的"平均数"表示某种菜肴在统计时间段内平均每天的销售份额,等于在统计时间段内销售总份数除以统计总天数。另外,为了举例方便,本表中的热菜统计了18天的数据。由于冷菜、汤菜、面点的数据在本例中使用较少,为方便起见,只统计了6天。

2)图表的分析

(1)销售的周期规律及销售趋势。

第一周,热菜中蚝油牛肉片的销售量,星期二为26份,星期三有所下降,从星期四开始又回升,到星期六至最高点,星期日又有所下降。第二周、第三周都差不多,从星期二到星期六一直呈增长趋势,但一到星期日则销售量下降。从中我们可以看出蚝油牛肉片销售的周期规律,即在一个星期之内,周二至周六销售量保持增长,周日则下滑。管理者应结合本酒店的客源结构、经营环境,分析产生这个周期规律的内在原因,特别是周日销售量下降的问题所在,以采取正确的营销对策。同理,我们还可以分析出其他菜式的周期销售规律。另外,通过"每日热菜合计"栏内的统计数字,我们还可以了解热菜、冷菜、汤菜、面点4类的销售周期规律及整个餐厅销售总量的周期规律。

再考察销售趋势。以"葱爆羊肉"为例,第一周合计77份,第二周80份,第三周90份,可看出其增长趋势。而"蚝油牛肉片",第一周合计259份,第二周降至183份,第三周回升为253份。营销者应仔细分析第二周下滑的原因,并且总结经验教训。

(2)领先者和滞后者。

这次我们首先要分析"平均数"。"平均数"表示一定时期内某种菜肴平均每天的销售份数,表明了该菜点的受欢迎程度。我们可以看出,"豉汁排骨"的平均数最大(54份),列为最受欢迎者,煨牛肉次之(50份),芙蓉鸡片则排在最后,属最不受欢迎的菜品。其余可以类推。这样,我们可以分别列出这张菜单中热菜的领先者和滞后者。领先者为豉汁排骨、煨牛肉和葡汁全鸡,滞后者是芙蓉鸡片、葱爆羊肉和茄汁煎牛排。

领先者是菜单中销售比较成功的菜肴,反映了顾客对该菜的偏好,是今后菜单计划中应保持和发挥的菜品优势。

对于滞后者,应进行更深入的分析。从平均数角度看,滞后者得分都很低,但分别考察3个滞后者的每周销售量合计,区别就很大了。茄汁煎牛排、葱爆羊肉三周的每周销售量合计分别为91份、78份、92份,以及77份、80份、90份。可以看出销售量变化幅度不大,呈稳定小增长趋势。而芙蓉鸡片则为34份、39份、64份,销售量出现跳跃性变动,每天之间的销售量变化也比较大,其销售总量也是最少的。可以说,"芙蓉鸡片"是一道销售量极不稳定的且销售量最少的"问题菜肴",管理者应考虑将其撤销或以其他菜品代替。对于销售量稳定的"茄汁煎牛排""葱爆羊肉",管理者应考虑不予撤销。一是稳定小增长的销售量使促销手段的运用成为可能,而不像销售量大起大落的"芙蓉鸡片"那样使得促销措施的应用具有相当大的冒险性。二是这两种菜的存在,丰富了菜式,增强了菜单的表面吸引力。

(3)各种菜式之间的关系。

我们假设,一份菜代表一位顾客。第一周,卖出了1904份热菜,或者说1904位顾客购买了热菜,那么,购买冷菜的人只占了买热菜者的70.43%(1341/1904),而买汤菜者仅占35.29%(672/1904),购买面点的较多,占69.85%(1330/1904)。这表明,汤菜的推销还做得不够,应加强促销,增加一些汤菜的选择项。另外番茄蛋汤仅占汤菜销售总额的13.99%(94/672),表明应加强该汤的推销或以另一种汤取而代之。

思考:餐厅如何做好菜单销售的分析工作?

4.实训练习

实训1:选出结构最优的菜单

- 实训目标:了解菜单结构设计的要求。
- 实训提示:菜单是餐饮经营管理所有活动中的指挥棒,一份结构合理的菜单直接关系到餐饮企业的经济效益。
- 实训要求:

(1)提前一周进行分组,每组6人,分别在酒店或餐饮企业收集本组认为结构最好的菜单。

(2)每组选派代表介绍本组推选出来的菜单,并接受其他小组的提问。

(3)经过大家共同讨论,评选出结构最优的菜单。

- 实训总结:

_____
_____

实训2:设计一份婚宴菜单

- 实训目标:掌握菜单设计的程序。
- 实训提示:菜单设计需要具备全面整合餐饮资源和创新思维的能力。
- 实训要求:

(1)提前一周进行分组,每组6人,分别在酒店或餐饮企业收集有关婚宴菜单的参考资料。

(2)对收集到的菜单信息进行分析,整理出本次婚宴的备选菜肴。

(3)运用标准菜谱,确定备选菜肴原材料的各种成分及数量、预估菜肴成本、计算价格,从而保证经营效益。

(4)初步构思。刚开始构思时,要设计一份空白表格,把可能提供给顾客的食品先填入表格,然后依次填入其他菜肴。

(5)确定婚宴菜式内容。在考虑了婚宴主题、原材料供应情况、季节、价格等各项影响因素后,再进行取舍并适量补充,最后确定各菜式内容。

- 实训总结:

_____
_____

实训3:及时更新菜单

- 实训目标:能够利用ABC分析法调整菜单。

项目四　菜单设计

- 实训提示：ABC分析法是管理学中用于分析问题轻重缓急的工具，在库存、质量管理方面应用很广。这家餐厅用这种方法进行菜单分析，根据其销售额的贡献，确定了各种菜肴的重要性地位，从而为菜单更新提供了依据。

请看相关资料：某餐厅是一家拥有150个餐位的西餐厅，以不断推出新菜吸引顾客而小有名气。每更新一次菜单（每月进行一次，但每周都有小变动），该餐厅主要运用ABC分析法进行菜单分析，决定各种菜品的取舍，如表4-7所示。

表4-7　ABC分析

序号	品名	单价	销售份数	销售额	占餐厅菜肴总销售额的百分比	排序	累计百分比	分类
a	特色什扒	3元/磅	200					
b	野菌干葱蛋卷	2.5元/磅	1100					
c	加拿大三文鱼	3.5元/磅	910					
d	芥末猪扒	6元/磅	50					
e	顶级鲜蚝	12元/磅	70					
f	煎大虾	2元/磅	400					
g	土豆炸鸡	2.5元/磅	800					
h	炸鸡胸拌汁	2元/磅	360					
i	西冷牛扒	8元/磅	500					
j	炸鱼柳	11元/磅	30					
k	鸡尾蟹肉	10元/磅	210					
合计		—		4630		—	—	—

- 实训要求：

(1) 统计每月每种菜肴的销售份数，乘以单价，计算出每种菜肴的销售额。

(2) 求出每种菜肴的销售额在餐厅菜肴总销售额中所占的百分比。

(3) 将每种菜肴按百分比从高到低排序。

(4) 按序列求出累计百分比。

(5) 求出A、B、C三组菜肴。将累计百分比在70%以下的列为A类，70%～90%的列为B类，90%以上的列为C类。

(6) 对菜单进行调整更新。A类是餐厅的主打菜肴，应予以保留和加强；B类为可调节菜肴，餐厅可根据菜肴的市场发展趋势，在适当的时候加强B类中处于上升趋势的菜肴的推销，为替补A类菜肴做好准备；而对于C类菜肴中由于口味、季节、价格、营养等因素作用、销路不佳的菜肴，应予以坚决淘汰。对尚处于C类中的新开发菜肴则应加强宣传促销，提高其销量，使其在今后的排序中成为B类或A类。

- 实训总结：

_____

_____

项目五
餐饮产品销售管理

 项目导读

餐饮产品的生产制作、餐饮服务人员的服务劳动,最终都必须依赖于有效的餐饮产品销售业务管理,这样才能完成从产品到商品的转变。抓好了餐饮销售管理这一环节,就能使餐饮生产的产量和品种进入规范、有序的状态,生产出适销对路的产品,同时能够促使餐厅根据市场的变化,确定相应的价格水平,也能让企业在市场中调整自己的经营策略和服务方法。

餐饮产品的价格体现了餐厅的档次、规格,反映了餐饮企业的市场定位、经营指导思想及经营策略。可以说餐饮产品的定价,既是一门技术,又是一门艺术。餐饮产品是一种特殊的商品,在其定价上受到具体餐厅的餐饮成本、餐饮特色、市场需求、社会环境及政府政策等诸多因素的影响。你先要了解影响餐饮产品价格的因素,明确餐饮产品定价目标和定价策略,进而掌握餐饮产品的定价方法,才能为餐饮产品合理定价。

每一个成功的餐厅都有不同的营销手段,而每一个失败的餐厅则都有一个共同特点,就是不重视营销。餐饮营销旨在依靠餐厅一整套营销活动不断地跟踪顾客的需要和要求的变化,及时调整餐厅整体经营活动,努力满足顾客需要,获得顾客信赖,通过顾客的满意来实现餐厅经营目标,达到公众利益和餐厅利益的一致。你需要了解餐饮营销的含义,树立正确的餐饮营销理念,明确餐饮营销的任务,灵活使用餐饮营销的策略与技巧,培养不同市场环境下的营销策划能力。

 项目目标

素质目标

1. 坚持诚信经营,提升应变能力。
2. 树立顾客至上的服务理念,坚守餐饮服务人员的职业道德。
3. 培养创新精神,学会把中华优秀传统文化融入营销活动中,让中国文化散发魅力。

知识目标

1. 能够了解餐饮产品定价目标及相应的定价策略。
2. 能够掌握餐饮产品价格制定的目标与方法。
3. 能够了解当下餐饮营销的方式。
4. 能够掌握餐饮人员推销的一般步骤。

能力目标

1. 能够通过规范的价格制定步骤及方法确定餐饮产品的价格。
2. 能够依照不同类型的顾客实施有效的餐饮销售。
3. 能够针对不同的市场状况,开展有效的线上与线下促销活动。

  知识导图

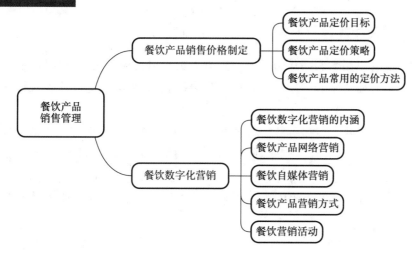

任务一　餐饮产品销售价格制定

餐饮产品的价格制定是餐饮销售管理的核心内容。餐饮产品的价格体现了餐饮企业的档次、规格,反映了餐饮企业的市场定位和经营指导思想及经营策略。餐饮产品的价格合理与否,直接影响到企业在社会上的市场形象和餐饮机构的上座率,这些又反过来决定了企业的经营业绩与效益。

任务导入
Task Leading-in

毛利率高低体现了餐厅的经营思想

初进某菜馆,你会产生一种错觉,以为这是一家高消费水准的餐馆,具有奢华的装修、高档的餐具、精美的菜肴、周到的服务,可对照菜单上的价格,却发现是难以想象的便宜。价格与环境之间极大的反差,使你大吃一惊。餐厅经营思想主要体现在毛利率水平之上,而毛利率水平的高低,主要通过价格水平体现。这家菜馆的毛利水平一般在40%以下,是一种典型的大众平价餐饮机构。但其在经营上没有忽略为用餐者提供良好的用餐环境,这是它的经营高明之处。

想一想:餐饮产品定价目标与策略包括哪些?

一、餐饮产品定价目标

餐饮产品定价目标应与餐厅经营的总体目标相协调,餐饮产品价格的制定必须以定价目标为指导思想。

(一)以餐厅经营利润为基础的定价目标

餐厅往往要以经营利润作为目标。管理人员根据上级下达的利润目标,预测经营期内将涉及的经营成本和费用,然后计算出完成利润目标必须完成的收入指标。其计算公式如下:

要求达到的收入指标＝目标利润＋食品原材料成本＋经营费用＋营业税

例如,某酒店餐厅要求达到年利润40万元,根据上一年度的财务统计,餐饮原材料成本占营业收入的50%左右,营业税占5%,部门经营费用占30%,餐饮部分摊的企业管理费占5%。预计明年这些项目占营业收入比例相差不大,那么明年餐饮营业的收入应为

$$收入 = 400000 + 50\% \times 400000 + 5\% \times 400000 + 30\% \times 400000 + 5\% \times 400000$$

$$= \frac{400000}{1 - 50\% - 5\% - 30\% - 5\%}$$

$$= 4000000(元)$$

决定销售收入多少的关键指标有两个,一是座位周转率,二是客人平均消费额。通过预测餐厅的座位周转率,我们就能预测出客人平均消费额:

$$客人平均消费额 = \frac{计划期餐饮收入指标}{座位数 \times 座位周转率 \times 每日餐数 \times 期内天数}$$

如果该餐厅有200个座位,预计座位周转率为1.3,每天供应午餐和晚餐,那么客人平均年消费额应为

$$客人平均年消费额 = \frac{4000000}{200 \times 1.3 \times 2 \times 365} = 21.07(元)$$

根据目标利润计算出客人平均消费额指标,还应与顾客的需求和顾客愿意支付的价格水平相协调。在确定目标客人平均消费额指标后,就可以根据各类菜品占营业收入的百分比来确定各类菜品的大概价格范围。

（二）以餐厅销售为基础的定价目标

餐厅管理人员有时出于经营的需要，在定价时追求增加客源和菜品的销售数量。例如，有些餐厅所处的地点过于僻静或餐厅的知名度较低，管理人员为吸引客源、增加菜单的吸引力，往往在一段时间内将价格定得低一些，使顾客乐于光顾从而提高餐厅的知名度；有些餐厅在遇到激烈竞争时，为了扩大或保持市场占有率，甚至为了控制市场，也会以低价来增加客源。虽然餐厅可能会失去一些利润，但靠菜品销量及酒水销售，餐厅仍有利润可赚。

（三）以刺激其他消费为目的的定价目标

有些餐厅为实现酒店的总体经营目标，以增加客房或其他产品的客源作为餐饮定价的目标，在我国许多酒店中，餐饮部在定价时往往考虑酒店的整体利润，以较低的餐饮价格来吸引会议、旅游团体及公务客人，以此提高客房出租率，使酒店的整体利润提高。

在餐厅中，菜单上的有些菜品是无利甚至亏损的。但前提条件是这些菜品的销售必须能够刺激其他菜品的销售。如有的餐厅提供火锅，餐厅会象征性收费甚至免费提供开胃菜，如野山椒、泡菜、黄瓜条等。因其成本很低，几样菜加起来不过一两元的成本。顾客却非常喜欢，吃完野山椒后问服务员："能不能再上一碟野山椒？"服务员欣然答应。餐厅的经营者意识到，如果顾客多点一碟野山椒，他很可能就会再多点一份鱿鱼或肥牛，其毛利远远超过那些开胃菜的成本。

（四）以生存为定价目标

在市场不景气或竞争激烈的情况下，有些餐饮企业为了生存，在定价时只求保本，待市场需求回升或餐厅出名后再提升价格。这是餐饮企业遭遇危机时的基本定价目标。

> **小贴士 Tips**
>
> **餐厅确定价格高低应考虑的因素**
>
> - 竞争对手的多少。餐厅的竞争对手较多，餐饮产品的价格就应稍低；如果餐厅的竞争对手较少，餐饮产品的价格可制定得高一些。
> - 消费者对价格高低的反应。消费者对价格的敏感程度较高，产品的价格则应稍低；如消费者对价格的敏感程度较低，产品的价格不妨制定得高一些。
> - 经济形势。当经济形势好转时，消费者的可自由支配收入较多，光顾餐厅的消费次数以及消费菜品数量都会有一定的增加，此时产品的价格可适当提高；反之，则应采取低价政策。

二、餐饮产品定价策略

餐饮产品定价策略有许多种,餐厅在选择定价策略时,大多数情况下是以一种定价策略为主,配合其他的定价策略,具有综合定价策略的特点。

(一)满意利润策略

这是一种介于撇脂定价策略与渗透定价策略之间的折中定价策略,它吸取了这两种定价策略的优点,采用两种价格之间的适中水平来确定创新产品的价格,既能保证餐厅获得较为合理的利润,又能为顾客所接受,从而使双方都满意。同时,餐厅还可根据市场需求的状况、市场竞争激烈程度、产品的新奇特程度和企业本身的实力(如知名度和美誉度的高低等),来确定产品价格。

(二)市场占领策略

餐饮行业是一个没有专利的行业,任何一种餐饮产品在推出不久就会使餐厅很快丧失优势。因此,餐厅在进行新产品定价时必须考虑到产品的生命周期。市场占领策略其实是指餐厅将创新的餐饮产品以较低的价格投放市场的策略。餐厅把产品的价格定得较低,以便迅速占领市场,增加该产品的销售量,并刺激其他产品的销售,从而使企业尽快获得较好的经济效益。

从企业经营角度来说,一家餐厅若要采用市场占领策略,最好能具备下列条件:
(1)市场对价格高度敏感,低价有助于拓展市场。
(2)随着销售量的增加,餐厅能降低产品的单位成本。
(3)低廉的价格可阻止竞争者进入市场。

(三)需求差异策略

需求差异策略是指餐饮企业针对不同的顾客,或在不同的时间、地点,对同一菜品制定不同价格的定价方法。在这种方法中,价格差异并非取决于菜品成本的高低,而是取决于顾客需求的差异。采用需求差异定价策略应具备以下条件:①对市场进行合理细分,且细分市场的需求差异较为明显;②高价市场中不能有低价竞争者;③价格差异适度,不会引起顾客的反感。

(四)竞争价格策略

竞争价格策略是指餐厅将竞争对手的价格而不是需求或成本方面的考虑作为自己定价的基本导向。在这种情况下,餐饮企业不会针对需求或成本的变化而做出反应,除非需求或成本的变化也影响到竞争对手的价格,而会根据产品的消费对象、形象、市场营销组合、顾客的忠诚程度及其他因素,来制定低于市场、等于市场或高于市场的价格。目前,在我国的餐饮市场中,很多经营者运用这一定价方式。因为当前餐饮市场处于非常激烈的竞争当中,如果经营者不能把握市场的价格走向,不能随时调整自己产品的价格,就会使自己处于被动局面中,而丧失其竞争力。因此,基于竞争的定价策略在餐饮行业中很流行。它简便易行,不依赖需求曲线、价格弹性或者产品的单位成本。而且正在实行的市场竞争,无论对顾客还是企业来说都是公平的。更重要的一点是,按市场定价不会破坏竞争,因此一般不会导致报复。

基于竞争的定价方式主要有两个方面,即领导价格和竞争性投标价格。

1. 领导价格

领导价格又称为价格领袖,是指在同质市场的价格竞争中,通常总是有一家(或几家)餐饮企业首先宣布价格变化,其他餐厅随后跟着这样做,他们起到了领导市场价格变化的作用。领导价格的作用在于制定反映市场状况的价格,而不是破坏市场价格。因为这样的价格调整一般不会让顾客感觉价格增加太多或过度降价引发竞争对手之间的价格战。虽然有时这种价格战是不可避免的,但领导价格的本意却是积极的。

能够有资格领导价格的餐饮企业,一般是那些市场份额较大、地位显赫、声誉较高并且受竞争者尊敬的餐饮企业,他们推动着价格变革。这种情况几乎在我国所有的大城市中都存在,他们在餐饮市场虽然不能执其牛耳,但却具有很大的号召力和影响力,一轮又一轮的价格战往往就是由这些酒店引发的。

2. 竞争性投标价格

竞争性投标价格是指两家或两家以上的餐厅向特定客户的特别需求的报价。比如,某外国投资公司要举行每年一度的庆典活动,该公司可以把详细的要求同时告知几家酒店,然后根据各酒店做的计划与报价选择其中的一家。因此在餐饮行业中,竞争性投标价格的适用范围比较窄,它只适用于一些特殊的餐饮产品或业务。

(五)心理价格策略

在大部分情况下,价格是顾客购买心理过程中最为敏感的因素。根据现代营销学的观点,适销对路才能令顾客真正满意。因此,顾客对餐饮产品满意程度的高低直接影响餐饮产品的定价。心理价格策略是指从顾客的心理反应出发来刺激其消费动机,达到促销、多销目的的定价策略。

1. 尾数定价策略

尾数定价策略是指餐饮企业根据顾客求廉的心理,在制定菜品价格时有意定一个与整数有一定差额的价格,如99元、98元等。这种定价策略会让顾客产生一种错觉,即带有零头的数比整数小很多。此外,该策略还会使顾客产生"价格经过了精确计算"的感觉,从而增加对餐饮企业的信任感。

2. 声望定价策略

声望定价策略是指餐饮企业利用顾客崇尚名牌、以价论质的心理,对菜品制定较高价格的策略。实施这种定价策略的条件包括:餐饮企业有较高的声誉,其菜品必须是优质菜品,且能不断改进;菜品价格不能超过顾客心理上和经济上的承受力。

3. 习惯定价策略

习惯定价策略是指按照顾客习惯的价位进行定价的策略。一些菜品是顾客经常购买的,在顾客心中已经形成一种习惯性价格标准,这类菜品的价格不宜随便变动。降低价格会使顾客怀疑菜品质量出现问题,而提高价格会使顾客产生不满情绪。

知识拓展 Learning More

新产品价格策略

对新开业的餐厅或新开发的菜系、菜品,往往要决定是采取市场暴利价格策略、市场渗透价格策略还是短期优惠价格策略。

1. 市场暴利价格策略

市场暴利价格策略也称为撇油法。当餐厅开发新产品时,将价格定得很高,以牟取暴利,当别的餐厅也推出同样产品而顾客开始拒绝高价时再降价。市场暴利价格往往在经历一段时间后要逐步降价。它通常运用于餐厅开发新产品需要的投资额大、产品独特性强、竞争者难以模仿、产品的目标顾客对价格敏感度低的场合。采取这种价格策略能在短期内获取尽可能高的利润,尽快回收投资资本。但是,因为这种价格能使企业获得暴利,所以会很快吸引竞争者并很快产生激烈的竞争,从而导致价格下降。

2. 市场渗透价格策略

这一价格策略是自新产品一开发上市就将产品价格定得较低,目的是使新产品迅速地被顾客接受,企业能迅速打开和扩大市场,尽早在市场上取得领先地位。企业由于获利低而能有效地防止竞争者挤入市场,使自己长期占领市场。市场渗透策略适用于产品竞争性强且容易模仿,目标顾客需求的价格弹性大的新产品。

3. 短期优惠价格策略

许多餐厅在新开业期间或开发新产品时,会暂时降低价格使餐厅或新产品迅速投入市场,为顾客所了解。短期优惠价格与市场渗透价格不同,它是在产品的引进阶段完成后,也就是新产品或新开业的餐厅在完全被顾客认可后开始提高价格。

三、餐饮产品常用的定价方法

毛利率定价法在餐饮企业中使用极为广泛,餐饮产品的基本价格都是采用这种方法计算出来的。这是一种利用毛利在售价结构中所占比率计算价格的方法。

(一)销售毛利率法

销售毛利率法是根据餐饮产品的标准成本和销售毛利率来计算餐饮产品销售价格的一种定价方法。其计算公式可做如下推导:

设 P 为销售价格,C 为原材料成本,M 为毛利,r 为销售毛利率。因为:

$$r = M/P \times 100\%$$

则毛利为销售价格与销售毛利率之乘积为

$$M = P \times r$$

由于餐饮产品价格为原材料成本与毛利之和为

$$P = C + M$$

将 $M = P \times r$ 代入上式,得:

$$P = C + P \times r$$

整理得:

$$P = C/(1-r)$$

例1 某餐厅销售清蒸鲥鱼和松鼠鳜鱼,进价成本分别为 11.5 元/千克和 18.6 元/千克,净料率为 82% 和 78%,盘菜用量为 0.75 千克,两种菜肴的配料成本分别为 0.8 元和 1.2 元,调料成本分别为 0.5 元和 0.7 元,毛利率为 52% 和 68%,请分别确定两种产品的价格。

(1) 分别计算两种产品的盘菜成本。

　　清蒸鲥鱼的成本 = 11.5 ÷ 82% × 0.75 + 0.8 + 0.5 ≈ 11.82(元/盘)
　　松鼠鳜鱼的成本 = 18.6 ÷ 78% × 0.75 + 1.2 + 0.7 ≈ 19.78(元/盘)

(2) 分别计算两种产品的价格。

　　清蒸鲥鱼的价格 = 11.82 ÷ (1 − 52%) ≈ 24.63(元/盘)
　　松鼠鳜鱼的价格 = 19.78 ÷ (1 − 68%) ≈ 61.81(元/盘)

使用销售毛利率法进行餐饮产品的定价,可以让经营者清楚地知道餐饮产品的毛利在销售额中所占的比例,但不能反映每种餐饮产品的劳动力成本。

(二) 成本毛利率法

成本毛利率法是根据餐饮产品的标准成本和成本毛利率来计算餐饮产品销售价格的一种定价方法。其计算公式可做如下推导:

设 P 为销售价格,C 为原材料成本,M 为毛利,r 为成本毛利率。因为:

$$r = M/C \times 100\%$$

则毛利为原材料成本与成本毛利率之乘积为

$$M = C \times r$$

由于餐饮产品价格为原材料成本与毛利之和为

$$P = C + M$$

将 $M = C \times r$ 代入上式,得:

$$P = C + C \times r$$

整理得:

$$P = C \times (1 + r)$$

例2 某零点餐厅销售叉烧仔鸡。盘菜主料用仔鸡 1.5 千克,进价 8.4 元/千克,经加工处理后,下脚料折价 0.8 元,配料成本 2.8 元,调料成本 2.4 元,成本毛利率 85.6%,请确定叉烧仔鸡的盘菜价格。

根据题目条件直接计算产品价格。

$$P = (8.4 \times 1.5 - 0.8 + 2.8 + 2.4) \times (1 + 85.6\%)$$
$$= 32(元/盘)$$

用成本毛利率法进行餐饮产品定价时,因为是以原材料成本为出发点,所以经营者难以清楚地知道餐饮产品的毛利在销售额中所占的比例。

小贴士 Tips
两种毛利率的换算

其转换公式为

$$r=\frac{f}{1+f}, \quad f=\frac{r}{1-r}$$

式中：r 为销售毛利率；f 为成本毛利率。

例如：以例1中的清蒸鲥鱼和例2中的叉烧仔鸡为例，清蒸鲥鱼的销售毛利率换算成本毛利率和叉烧仔鸡的成本毛利率换算成销售毛利率分别如下所示。

清蒸鲥鱼：

$$f=\frac{r}{1-r}=\frac{52\%}{1-52\%}\times 100\%=108.33\%$$

叉烧仔鸡：

$$r=\frac{f}{1+f}=\frac{85.6\%}{1+85.6\%}\times 100\%=46.12\%$$

采用换算后的毛利率重新制定价格，可以检验清蒸鲥鱼和叉烧仔鸡原定价是否正确，结果会相同：

$$清蒸鲥鱼的价格=11.82\times(1+108.83\%)=25(元/盘)$$

$$叉烧仔鸡的价格=\frac{8.4\times 1.5-0.8+2.8+2.4}{1-46.12\%}=32(元/盘)$$

知识链接 ▼ 毛利率的核定

知识拓展 Learning More
影响餐饮产品价格的因素

影响餐饮产品价格的因素如表5-1所示。

表5-1 影响餐饮产品价格的因素

项目	因素	说明
内部因素	成本和费用	任何餐厅经营的最基本要求，即餐饮产品的价格必须高于其成本和费用，只有这样企业才有利可图。因此，成本和费用是影响餐饮产品定价的基本因素。从实际经营活动来看，在餐厅总的成本和费用中占较大比例的是固定成本和变动成本，不同的成本结构对企业的营业收入和利润的影响较大
	餐饮产品	产品是餐厅定价的基础，只有优质的产品才能吸引顾客前来购买，当某些产品成为一种品牌时，定价就变得很容易。西方一些专家学者经过研究后认为餐饮产品由5个部分组成，每一个部分都可能给顾客带来满足或不满足。构成餐饮产品的5个部分为地理位置、设备与设施、服务、形象、价格

续表

项目	因素	说明
内部因素	档次	餐厅档次的高低直接影响餐饮产品的定价水平。例如，"香菇菜心"在一家普通的社会餐馆的定价为6元，而在一家四星级酒店的餐厅，其定价可高达20元。这充分说明餐厅档次对定价的影响。某地的一家五星级酒店的餐厅菜单上有一款名为"上海猪柳面"的点心，其描述性说明为"配以猪肉丝、香菇和绿叶蔬菜，用鸡汤煮制的新鲜面条"，售价为65元
	原材料	餐饮原材料对价格的影响显而易见。如市场上普通的养殖甲鱼售价为28元/千克，而野生甲鱼的售价却高达360元/千克。原材料成本不同，其定价必然不同
	工艺	餐饮产品的制作工艺对定价水平的影响也非常大。一般说来，工艺复杂的菜肴其销售价格较高，而工艺相对简单的菜肴其销售价格则较低。如在一家餐厅中，松鼠鳜鱼的销售价格为68元，而其清蒸鳜鱼的销售价格为48元
	人力资源	餐厅人力资源数量的多少和质量的高低势必会影响其定价，因为这涉及企业的经营费用。如果餐厅用工数量较多，为保证其正常的利润，其定价必然较高；如果餐厅招用较多的名厨(厨师)、名师(服务师)，其定价也必然较高。某地两家同地段、同档次、同规模的餐厅，餐厅甲以每月12000元的高薪聘用了当地的一位名厨，而餐厅乙则以普通的薪资聘用了一批刚从烹饪学校毕业的年轻厨师，结果是两家酒楼的价格水平相差10%以上
	经营水平	某餐饮企业在当地发展了五家连锁餐厅，这五家餐厅的餐饮原材料实行招标采购，结果因其进货量大而使餐饮原材料的采购成本大大低于当地同类餐饮企业的进价，所以其菜肴的定价也因此低于同类餐厅而顾客盈门，经营形势相当乐观。某四星级酒店的餐饮部为在激烈的市场竞争中生存并发展，每月举办一次"美食节"，并在美食节期间进行累计消费优惠促销活动，这使得该酒店的餐饮在当地成为一个品牌，生意一直红红火火
外部因素	市场需求	按照现代市场营销学的观点，企业必须在满足市场需求的基础上实现收入。因此，餐厅在进行产品定价时只有充分了解市场需求，才能使企业实现自己的经营目标。但餐厅面对的市场需求不稳定、经常变化而且比较复杂，因此，餐厅应加强对市场的调查研究，并进行经常性的销售分析，以发现市场需求的动态变化及其规律，并采取相应的措施，以灵活的价格策略来吸引顾客

续表

项目	因素	说明
外部因素	竞争因素	其他餐饮企业,特别是档次相近的餐饮企业的价格,对本餐厅价格的制定具有较大的影响和制约。若本餐厅的价格高于竞争对手,则无法吸引顾客。但若价格低于竞争对手,则很快便会引发一场降价大战,对任何企业都不利。竞争价格、竞争产品等因素对餐饮产品的定价会产生较大的影响,因此,餐厅在制定价格策略时,必须要考虑到竞争因素
	市场发展情况	市场发展过程一般包括初期缓慢增长阶段、腾飞阶段、高峰稳定阶段和下降阶段。不同的市场发展阶段要求制定不同的价格策略。如一家餐厅在正处于初期缓慢增长阶段的市场中开业,该餐厅首先应对竞争对手的产品的质量和价格等进行调查研究,并进行比较分析,然后制定相对比较低的价格策略,以便在这样的市场阶段赢得更多的顾客,并确立一定的竞争优势
	环境	餐厅在制定价格策略时,必须考虑到企业所处的外部环境因素。例如,目前酒店及餐饮行业的状况和发展趋势;餐饮原材料的通货膨胀;国家有关价格、竞争、行业结构等方面的政策法规;社会公众及顾客的意见等。餐厅应认真分析这些环境因素,从而制定出既适合环境,又具有一定竞争力的价格策略,以保证企业的经济效益
	本地区人民生活水平	餐厅的价格水平在很大程度上受到当地居民的平均生活水平的影响。一般说来,当地居民的生活水平高,餐厅的定价水平就会高一些;而如果当地居民的生活水平较低,则餐厅的定价水平也就会低一些。当然,竞争的激烈程度也在很大程度上影响餐厅的定价水平
	气候	气候对餐饮顾客的影响是较大的。例如,在炎热的夏季,某些清热降火类菜肴的销售量大增,其销售价格必然比寒冷的冬季要高;而冬季时火锅、砂锅类菜肴畅销,此类菜肴的价格也必然比平时有所上涨。江南某星级酒店以餐饮闻名,当地四季的温度差异较大,在炎热的夏季,其菜肴价格比平时高10%左右,但还是宾朋满座;而在寒冷的冬季,该酒店的菜肴价格比平时高15%左右,但顾客还需提前一周预订才能确保有餐位。管理人员经调查分析得知:一方面,本酒店的餐饮已经成为品牌,所以能吸引众多的顾客;另一方面,顾客在太冷、太热的情况下,不愿亲自下厨做饭,而酒店的中央空调充足,也是吸引顾客的一大优势

续表

项目	因素	说明
外部因素	顾客的心理价位	餐厅的价格水平必然受到目标市场客源消费水平的影响。企业目标市场客人的消费水平较高,其产品的定价水平也较高,反之亦然。某四星级酒店位于商业中心,入住酒店的商务客人较多,餐饮部为吸引住店客人前来餐厅消费,特别推出价格为98元/人的商务套餐,并在酒店前厅设置醒目的告示牌,在客房等地放置商务套餐的宣传资料,结果前来享用商务套餐的商务客人的人数大为增加,并且增加了商务宴会的销售

对点案例 Case Study

墨西哥式餐厅的定价技巧

美国有一家墨西哥式餐厅,它坐落在中低档街区,吸引了好多人前来就餐。但有一段时期,其利润开始下降,餐厅也曾为提高菜品质量苦心经营,但收到的回报却很少。其菜品很出色,深受顾客喜爱,选址也较成功,而且顾客也不少,为什么利润这么低呢?问题在于定价。墨西哥式餐厅的价格远远低于竞争对手的价格,餐厅想给顾客提供最优的价格,认为必须把价格降到那些连锁餐厅的价格以下。考虑到那些连锁餐厅的建筑成本高、广告开支大,如果自己餐厅降价便可赢得竞争优势。降价的结果是,墨西哥式餐厅的顾客没有明显地增加,相反却差点毁灭了自己。由于价格低,餐厅现金收入不足,难以维持修缮开支,餐厅的努力并没有使其收到资金回报。后来经过专家诊断,该餐厅的价格比竞争对手低50%,而其顾客认为餐厅的菜品质量并不比其他餐厅差。餐厅决定逐步提高价格。提价以后,餐厅的营业收入增长率比价格增长率还高。这说明顾客对提价并没有抵制,顾客仍然认为他们得到了较好的价值回报。收入的增加使得餐厅能够修缮房屋、雇佣较多的员工、对餐厅内部进行装修。当然,投资的增加也给餐厅带来了丰厚的回报。

分析与决策:如何才能成功地给餐饮产品定价?

【案例评析】餐饮产品是一种特殊的商品,其定价受到具体餐饮企业的餐饮成本、餐饮特色、市场需求、社会环境及政府政策等诸多因素的影响。餐饮产品的价格体现了餐饮企业的档次、规格,反映了餐饮企业的市场定位、经营指导思想及经营策略。通过墨西哥式餐厅的定价,我们可以了解到餐饮产品的价格是否合理会直接影响到餐饮企业的社会形象及餐厅的销售状况。因此可以说,餐饮产品的定价既是一门技术,更是一门艺术。

任务二　餐饮数字化营销

营销无时不有、无处不在。餐饮行业产品的自身属性,使它与其他行业产品相比,存在着许多特殊性。这些特殊性使餐厅的营销有别于其他行业的营销,同时这些特殊性又加大了餐饮产品营销的困难,使它面临着许多挑战。在不断变化的餐饮市场环境中,为了使自己的经营决策不致迷失航向,在激烈的竞争中生存和发展,任何餐饮企业都不得不对自己的业务活动进行系统规划,识别有利的经营机会,制定有效的销售策略,创新方案,特别是运用数字化营销手段,使餐厅的发展逐渐占据市场的有利地位。

任务导入　Task Leading-in

充满着酒文化的酒楼

贵州龙门渔港的装修不但注重富贵、豪华,而且更注重营造一个文化氛围。由于贵州盛产名酒,龙门渔港便以酒文化为主题,贯穿整个酒楼。进入渔港,迎面而来的是龙门酒令,关于酿酒过程的雕塑恰到好处地布置在过道上,每个包厢都有一个酒的故事,故事内容和图案悬挂于墙面,古青铜器的酒具作为摆设品陈列其中,就连桌上也有酒诗,以及酒仙或是酒圣的画像,整个酒楼充满着酒文化的深厚气息。

想一想:该酒楼选择了何种市场营销策略以及促销方法?

一、餐饮数字化营销的内涵

随着信息高速发展,数字化时代已经到来,各行业都在进行数字化转型。营销推广作为餐饮企业经营中重要的一环,在很大程度上影响着企业的经营业绩。在坚持传统推广宣传手段的同时,餐饮企业必须寻找数字化营销推广之路,只有实现数字化转型,才能在新的数字化时代提高市场竞争力。

(一)数字化营销的含义

数字化营销是现代营销的一种手段,即借助互联网、计算机通信技术和数字交互式媒体,调动企业资源开展市场活动,以实现营销目标。互联网的出现,对传统营销产生了巨大的冲击。以往的营销理念是"以产品为中心",认为只要产品做得好,再投入广告,顾客就会买单。但是,随着市场经济的深入,市场逐渐转向"以顾客为中心",谁抓住顾客的需求,谁就能在竞争中获胜。这就需要企业转变思维,进行数字化营销,不断积累用户数据,搭建企业私域流量池,实现精准营销,与顾客建立更直接、更有温度的连接,从而降低营销成本、提升营销效果。

数字化营销是以人为中心,以网络技术为基础,以创意为核心,以内容为依托,以营销为本质目的的消费者个性化营销。数字化营销实现品牌与实效的完美结合,将体验、场景、感知、美学等消费者主观认知建立在文化传承、科技迭代、商业利益等企业生态文明之上,最终整合虚拟与现实的当代创新营销理念与技术。

各大科技公司推出的餐饮数字化营销平台,是基于先进的大数据和人工智能技术,通过抓取和分析用户数据,实施精准营销并通过宽广的营销渠道将产品信息传递给用户,以实现高效转化,时效性、效率与精准度都更高。

(二) 餐饮数字化营销的优势

1. 有效控制营销成本

相较于传统营销模式,数字化营销实现了直接将产品推荐给目标顾客的目的,营销信息投放更精准、针对性更强,极大地节约了促销费用。数字化营销能够缩短宣传时间,减少分销环节,扩大营销范围,节省餐饮企业在传统宣传营销手段方面耗费的时间、人力和财力,并且能产生更好的宣传效果。

2. 目标顾客更精准,转化率更高

数字化营销的目标顾客更加具体,需求更加明确,餐饮企业定制数字化营销活动的效果更加明显,向顾客推荐的都是其比较感兴趣的内容,能够获得更高的营销转化率。

3. 产品信息展现形式更多样

餐饮企业通过数字化营销可以提供非常详尽的菜品与酒水信息,包括食材的选择、制作的过程、卫生的把控、品质的监测等,可以让顾客随时随地通过网络获得餐饮企业的信息,方便且快捷,能极大提高顾客对企业的好感度。

4. 市场策略更灵活

通过大数据抓取和智能化分析,餐饮企业能够有效地把控顾客对餐饮产品的看法和态度,可以根据顾客需求、竞争环境、库存情况及时调整餐饮产品的种类、价格和营销手段等。数字营销还具备多媒体、跨时空、交互式、拟人化、超前性、高效性、经济性等特点,使餐饮企业的市场策略更加灵活。由于利用了数字产品的各种属性,数字营销在改变传统营销手段的基础上,增加了许多新的特质。

(二) 餐饮企业数字化营销的方法

1. 沉淀核心顾客

在餐饮企业电商化的趋势下,餐饮企业仅依靠自然流量显然是不够的,越来越多的餐饮企业开始通过入驻各大平台获取线上流量。沉淀核心顾客已成为许多餐饮企业的共识,这将会为商家自身带来重要的数据资产。同时辅以个性化的营销手段,这不失为提高复购率、提升客单价的好方法。

2. 精准营销

对中小型餐饮企业来说,获取流量的方式无外乎发传单、张贴广告等,且不说营销针对性弱、覆盖率低、转化效果差,这些成本也是比较高的,并且难以进行数据分析及营销优化。如今,随着互联网的发展,新的营销阵地越来越多,如微信公众号、美团、大众点评、饿了么等,既可以在一定程度上通过用户画像,分析用户信息,精准投放产品信息,实现精准营销,也可以降低营销成本,以便高效利用数据资产。

3. 拓展销售场景

随着数字化营销的发展,餐饮企业越来越重视销售场景的拓展。例如,实体咖啡店通过电子商务平台销售其品牌咖啡豆、实体储值卡,以及马克杯、保温杯、咖啡器具等各种周边衍生品;知名火锅店开通线上旗舰店,销售自热火锅、调味料等产品,并推出组合套装等。

餐饮企业要在同质化竞争中做好差异化竞争,逐渐从传统餐饮转型为智慧餐饮。例如,可以利用互联网社交平台等线上宣传渠道,配合线下门店活动,共同开展营销活动;顾客进店消费后,利用支付即关注、领取会员卡等功能,与顾客建立联系,方便后期精准营销。同时,通过线上品牌营销、活动引流使顾客到店就餐后,餐饮企业还需要提供美味的餐品和优质的服务体验,强化餐饮企业在顾客心目中的地位,长久地留住顾客,促进顾客持续消费。

二、餐饮产品网络营销

(一)网络营销工具

网络营销的原则是建立尽可能多的信息传递渠道,网络营销信息传递需要借助于各种有效的网络营销工具。常用工具有企业网站、搜索引擎、电子邮件、博客或微博、网络社区或论坛、口碑网站、团购网站、即时通信工具、手机客户端(APP)等。

1. 企业网站

企业网站是综合性的网络营销工具,传统企业网站以企业及其产品为核心,重在介绍企业及其产品。新型企业网站以顾客为核心,围绕顾客需求进行设计。餐饮企业自身与顾客的联系非常密切,网站更要体现其服务特性和顾客导向性。网站可包括产品介绍、会员招募、网络调研、顾客网络体验、网络订餐等内容。

2. 搜索引擎

此方法的主要目的是推广企业网站、建设网络、促销产品。它分为基于自然检索的搜索引擎优化(SEO)及付费搜索引擎营销两种方式。早期的搜索引擎营销基本上是使用免费的搜索引擎登录及优化排名。随着搜索引擎对用户获取信息的重要性不断增强,多种搜索引擎营销模式的组合相继出现,如按点击付费模式(CPC)的关键词广告与搜索引擎优化相结合的综合搜索引擎营销策略等。搜索引擎营销要建立在企业网站的基础上,比较适合大型连锁餐饮企业。

3. 电子邮件

餐饮企业可以利用电子邮件列表发送优惠信息、新产品信息及顾客关系类（如生日、节日祝贺信等）的电子邮件，此方法适用于各类餐饮企业。

4. 博客或微博

博客或微博与企业网站承担的功能不尽相同，企业网站更加正式而博客或微博则更为轻松随意，更易让人接受。餐饮企业建立博客或微博，在上面发布一些与餐饮、员工、顾客相关的信息，能够随时拉近与顾客的距离。

5. 网络社区或论坛

网络社区或论坛适用于单店小型餐饮企业和连锁餐饮企业的各个门店。这些店铺可以在人流量较大的社区上建立板块，与顾客实现无缝双向交流。有时这样还可以承担企业网站的部分功能。有效利用网络社区、论坛传播企业信息，如发布促销活动信息、宣传门店、宣传新产品等，效果好且针对性强。

6. 口碑网站

口碑网站适用于各类企业尤其是单店小型餐饮企业。餐饮消费的过程具有不可逆性，即产品不满意不可退换。口碑网站的出现让消费者在消费前能够获得足够多的信息，从而降低消费者的选择风险。同时，网民是乐于分享的群体，大多数网民愿意分享自己的消费体验，口碑网站也给顾客提供了购后评价的渠道。目前来说，口碑网站（主要是大众点评网）上点评最多、发展最好的行业就是餐饮业。餐饮企业利用口碑网站的消费者聚集效应也可以有针对性地开展营销活动，如开展试吃活动、发放网络优惠券等。

7. 团购网站

团购网站也是近年来出现的新兴网站类型，餐饮企业利用团购网站的团购活动可以在短时间内聚集人气，因此，它适用于新开张或急需打开市场的餐饮企业。

8. 即时通信工具

即时通信工具在我国网民中的使用极为普遍，目前常用的即时通信工具有QQ、微信等。即时通信工具使餐饮企业网络营销有了新的传播渠道。微信是腾讯公司推出的为智能手机提供即时通信服务的免费应用程序，受到了用户的广泛推崇和欢迎。目前，微信用户规模巨大，依托微信庞大的用户凝聚力、多样化的信息传达方式、个性化的互动服务基因，整合完备的客户关系管理系统和客服成本控制机制，能够让企业迅速拥有高效、低成本的微信呼叫中心，从而打造前所未有的客户服务体验。此方法适用于所有餐饮企业。

9. 手机客户端（APP）

APP是英文Application的缩写，指智能手机的应用程序，也称为手机客户端，可结合图片、文字、音频、视频等方式生动展现品牌和产品信息，安装方便、使用简单。餐饮企业的APP应用可实现热门菜单推荐、手机预约预订、手机充值付款、手机促销优惠、分享点评、互动邀约等功能。针对餐饮企业的特点开发的APP手机客户端，有利于餐饮企业建立自己的营销渠道、促进销售、塑造品牌、提升用户服务和品牌知名度，以及积累自己的客户资源。

（二）网络营销的形式

1. 注册送券

注册送券是吸引新顾客购买而设定的活动。单纯的前期广告投入，效果一般不会太明显，并且预算也较高。而结合广告的额外优惠，对顾客来说更有吸引力。这种方式要在合理的预算下执行，而且使用赠券均有额度限制。

2. 购物送券

购物送券一般是在节假日、店庆日或购物金额达到一定的额度时使用的促销活动，买得越多送得越多，对消费的刺激也比较大。

3. 直接折扣

直接折扣几乎是所有网上商城采用的方式。顾客期待更为便宜的产品，在各种软件或平台，通过比较价格，哪里折扣大就会转向哪里。

4. 团购活动

团购活动是近年来新兴的促销方式。团购活动利润较低，往往一批起来，另一批倒下，良莠不齐的现象亦同时存在。现在做得比较成功的有美团等。

5. 秒杀活动

秒杀活动即对产品进行"读秒"促销的活动，是吸引眼球和流量的一种有效方式。顾客在秒杀一种产品的同时，可能产生对其他产品的购买行为。秒杀活动是比较常见的活动。

6. 返利活动

返利活动是指厂家或供货商为了刺激销售，提高经销商或代理商的销售积极性而采取的一种正常商业操作模式。顾客通过返利平台，可以搜索到想要网购商品的最低价，以及获得最新、最划算的商品信息和超值优惠券等。

（三）网络营销的实施过程

1. 确定线上促销的对象

线上促销对象是针对可能在网络虚拟市场上产生购买行为的顾客群体而提出的。该群体主要包括产品的使用者、购买产品的决策者、购买产品的影响者，以及与购买产品的影响者相关的人。大部分情况下产品的使用者和购买产品的决策者是一致的，但也有购买产品的决策者和产品的使用者不是同一个人的情况，以婴幼儿用品为例，购买产品的决策者和产品的使用者是分离的。

2. 设计网络促销的内容

一般来说，产品从投入市场到退出市场，大体要经历投入期、成长期、成熟期、衰退期4个阶段，市场的竞争状况同时影响着产品的促销方式。

（1）投入期。在新产品刚刚投入市场的开始阶段，顾客对该产品还非常生疏，促销的内容应侧重于宣传产品的特点，引起顾客的注意。

（2）成长期。当产品在市场上有了一定的影响力后，促销活动的内容则需要侧重于激发顾客的购买欲望。同时，还需要创造品牌的知名度。

(3) 成熟期。当产品进入成熟阶段后,市场竞争变得十分激烈,促销内容除了针对产品本身的宣传,还需要对企业形象做大量的宣传工作,树立顾客对企业的信心。

(4) 衰退期。在产品的衰退期,促销活动的重点在于增进与顾客之间的感情沟通,通过各种让利促销,延长产品的生命周期。

3. 选择网络促销组合方式

促销组合是一个非常复杂的问题,网络促销活动主要是通过网络广告促销和网络站点促销这两种方法展开的,但是由于企业的产品种类不同、销售对象不同,促销方法与产品种类和销售对象之间将会产生多种网络促销的组合方式。企业应根据自身的实际,结合网络广告促销和网络站点促销这两种方法的特点和优势,扬长避短,合理组合,以达到最佳的促销效果。

4. 制定网络促销预算方案

制定网络促销预算方案,是企业在网络促销实施过程中最困难的一个问题。因为运用互联网技术进行促销是一种新生事物,所有的价格、条件都需要在实践中做比较、学习和体会,不断地总结经验,从而做到事半功倍。

5. 网络促销过程的综合管理

因为网络促销完全不同于以往的实体市场促销,所以企业必须加强对促销过程的综合管理,及时进行信息的沟通与协调,并对偏离预期促销目标的活动及时进行调整,以保证促销活动取得最佳的效果。

知识拓展 Learning More

餐饮互联网营销的重点

互联网时代,经营者们对自身品牌、用户的了解程度,奠定了营销推广效果的基础。而有良好的互联网思维和对互联网工具的合理运用,是使推广效果事半功倍的必要手段。

1. 分析品牌现状确认定位

餐饮经营者在做营销推广之前首先要对自身品牌有定位,因为如果不了解自身品牌的优势和在行业中的位置,就不能准确定义品牌特性、确定顾客群体,推广方向就会有偏差。

2. 抓准可用营销点

互联网中每天都会有大量的信息发布,但不是每一条都值得利用。只有能迅速引起大众共鸣的正能量信息,才利于品牌营销的选择。在不慎重的情况下选择过于激进的网络爆点,弊大于利。

3. 良好的互联网思维和技术团队

互联网餐饮营销不仅要从思维上做转化,摒弃旧的传统模式,认真思考如何通过互联网的传播方式更好地去推广产品,跟上行业发展的脚步,还需要有一个好的技术团队,去帮助经营者去实现这些想法。

三、餐饮自媒体营销

自媒体营销亦称社会化营销,是利用社会化网络、在线社区、博客、百科、贴吧、微博等媒体开放平台或者其他互联网协作平台来进行营销,以及进行公共关系维护和客户服务与开拓的一种方式。一般自媒体营销工具包括论坛、微博、微信、博客、SNS社区、图片和视频,通过自媒体平台或者组织媒体平台进行发布和传播。视频自媒体运营与微博、微信等其他自媒体运营原理相同,都是围绕用户需求点、兴趣点做文章,核心就是经营社群、经营人,只是传播渠道属性不同,内容创作的表现形式和互动方式有所差异。

餐饮企业要充分利用自媒体营销平台,拓展自己的品牌影响力,把握终端竞争状态。餐饮企业的自媒体营销平台主要有"两微一端",即微博、微信、新闻客户端,还有短视频平台(包括快手、抖音、视频号、西瓜视频等),以及今日头条和知乎等平台。

(一)微信营销

微信营销是在互联网发展的大环境下,依靠微信这一特定的新型社交平台,对产品或服务进行网络营销的一种形式。相比于传统的营销方式,微信营销方式多样,因为微信有大量的用户,微信营销有助于提高营销的精准性,实现点对点营销。由于微信平台能在短期内聚集大量的用户,越来越多的企业发现了微信营销的意义,期望能够借用微信这一平台进行品牌塑造,以及产品或服务的推广,餐饮行业当然也不例外。

1. 微信营销的方式

微信营销的方式从信息传播角度可以分为4类:微信二维码扫描、微信公众号平台推送、微信朋友圈分享、微信"发现"推广。微信二维码是公众获取信息的渠道,微信公众号是商家推送信息的载体,微信朋友圈是用信息分享的途径,微信的"发现"是信息推广的手段。目前,企业主要借助这4类工具进行微信营销。

1)微信二维码

微信具有二维码扫描功能,消费者通过扫描二维码可以添加朋友或关注公众号,实现信息的获取。企业可以通过扫描二维码向消费者传递相关信息、引导消费者办理会员卡等,以引导消费者进行消费。同时,微信二维码扫描功能还具有支付的功能。微信二维码扫码支付十分快捷,受到了消费者的普遍欢迎。

微信二维码扫描功能既是企业与消费者建立关系的起点,同时也是消费者在消费完成后的支付手段。企业可以制作纸质二维码供消费者扫描关注,建立企业与消费者的网上互动关系,消费者在消费之后通过二维码支付从而实现线上带动线下的O2O营销模式。

2)微信公众号

微信公众号作为信息推送的载体,在企业微信营销中发挥了巨大的作用。自腾讯公司推出微信以来,企业或个人就可以在微信上创立属于自己的微信公众号。借助微信公众号,企业可以定时发送推文,向消费者传递产品信息、企业文化及价值观念等,消费者也可以与企业进行交流,实现信息的双向传递。与消费者进行双向交流更易拉近企业与消费者之间的距离,提高消费者的忠诚度。

目前,微信官方共提供了4种类型的公众号:订阅号、服务号、企业微信和小程序。订阅号适合企业和个人,每天可以群发一条信息,具备信息传播、媒体资讯传播、品牌宣传的作用。服务号适合于企业以及组织,并且需要具备开发能力,每月只能群发4条信息,具备客户管理功能,提供强大的产品功能服务,支持微信支付,可构建电商体系。企业微信适合企业组织及事业单位,是企业的OA移动办公平台,可打通员工关系、上下游合作关系,可无限推送企业信息,但是关注有限制。小程序是一种新的开放能力,开发者可以快速地制作一个小程序。小程序可以在微信内被便捷地获取和传播,同时具有出色的使用体验。

微信公众号的出现拉近了商家和用户的距离,丰富了用户体验,成为企业进行微信营销的重要方式。

3) 微信朋友圈

微信朋友圈具有信息分享的功能。在微信朋友圈中,用户可以通过文字、图片、小视频的形式向好友分享信息,也可以通过转发文章、链接等形式向好友传达自己的想法。而好友之间可通过点赞、评论进行互动,增加好友之间的黏性。餐饮企业通过微信朋友圈营销主要有两种方式:第一种是餐饮企业在朋友圈发布图文广告,向消费者推广餐饮产品,企业通过这种方式更有利于提高产品的知名度;第二种是消费者因为在餐饮企业消费后获得极佳的消费体验或是为了获取优惠等在自己朋友圈中帮助企业推广产品,这种方式更有利于提高企业的美誉度。

微信拥有大量的用户,微信朋友圈信息分享的能力十分强大,且用户之间具有较强的黏性,所以餐饮企业可以借助微信朋友圈开展营销。

4) 微信"发现"

微信"发现"扩大了用户的社交圈,可以帮助陌生人之间建立起联系。餐饮企业可借助微信"发现"的"摇一摇"和"附近"等功能进行营销推广。

"摇一摇"顾名思义就是用户可以通过摇动手机搜寻到同一时间摇动手机的其他陌生用户,并可通过该页面向陌生用户打招呼建立联系,"附近"即用户可基于其位置信息搜索附近的餐厅和景点。

餐饮企业在微信营销的过程中,可以利用微信"发现"向消费者传递信息。餐饮企业可通过"摇一摇"发送优惠券,可通过"附近"向周围消费者推送宣传信息,以提高企业的知名度。

2. 餐饮业微信营销的策略

1) 强化微信营销渠道

强化微信营销渠道是企业微信营销的基础。企业的微信营销渠道主要由二维码、朋友圈和公众平台组成。餐饮企业可以通过强化微信营销渠道来吸更多新顾客,并让老顾客保持兴趣。

餐饮微信营销工作应当将"摇一摇"、朋友圈、微店、公众号等功能充分利用起来,相互服务和补充。在信息发布和推送上应当控制频率,注重内容与质量,避免顾客产生抵触心理。餐厅可以在宣传之余推送与饮食养生相关的信息,定期向顾客赠送礼品,发放优惠券。

2）注重对潜在顾客的开发

使顾客扫描二维码是餐厅微信营销中获取关注的最普遍和最直接的做法,企业通过顾客感兴趣的方式促使顾客主动扫描二维码显得至关重要。

当前,5G网络的大范围覆盖为餐饮企业微信营销提供了良好的技术支持,而5G网络流量耗费较大,餐厅有必要进行免费Wi-Fi覆盖,以提高顾客主动利用微信扫描二维码的概率。以海底捞为例,该餐厅覆盖了免费Wi-Fi,菜单、餐桌和海报等都印上了二维码,鼓励顾客扫描二维码自助下单。

3）加强对微信营销人才的培养

微信营销人才是企业进行微信营销的支柱。针对餐饮行业微信营销专门人才匮乏这一现状,餐饮企业可以借助培训部,结合酒店的发展目标有针对性地选取重点人员,聘请专业人士对其进行系统培训,使他们快速掌握微信营销的知识、手段和技能,并培养创新意识与合作精神。此外,工作人员可以在实践中学习,在"学中做"和"做中学",不断提高对新环境、新市场的敏感性,并及时总结经验和教训。经过一段时间的运行后,酒店有望打造一支专业的微信营销团队,从而让专业的人来做专业的事,并在酒店内部推广成功的经验。

4）基于微信后台数据分析来改进营销策略

微信后台的用户数据具有十分重要的意义,餐饮企业需要对其进行统计分析。这样不仅可以了解顾客群体的消费心理、习惯和偏好,在知彼知己的前提下有的放矢,推出更多符合顾客口味和习惯的菜品,还可以帮助企业对可能带来风险的因素或事件做出预判,及时调整和改进营销方案,妥善应对市场变化,避免不必要的损失,并提高营销的效果。

（二）APP 营销

APP营销,与传统的营销模式不同,用户在没有看到商品之前,就可以在APP上了解到有关产品的全部信息、图片甚至视频等,使用户拥有一个不限时间和地域,就可以自主选择是否购买产品的权利。

主要的餐饮APP有大众点评、口碑、小红书、觅食蜂、爱食记、下厨房、懒饭、豆果美食、香哈、烘焙小屋等。例如,大众点评是现在使用度和知名度都最高的一个包含美食的APP,主打吃喝玩乐一站式搞定,里面有大量用户提供的关于全国各地餐厅和必吃推荐,都非常详细。

（三）自建网站营销

餐饮企业在互联网和共享经济的背景下,可借助"互联网＋"的技术,充分发挥共享经济的优势。餐饮企业应借助各类网络平台实现销售,从而构建一个空中花园,实现社会的资源和财富取之于民,用之于民的目标。但目前存在平台抽走太多的利润的现状,并通过各种算法鞭策业主和从业者全力前行,然而餐饮企业的经营利润却下滑的现象。没有平台不行,有平台也不行。再加之共享理念的实施和发展,餐饮企业用工、餐饮企业服务外包等实现共享从而分走了不少的利润,这使得餐饮企业发展受到了阻碍,步履艰难。

餐饮企业自建网站是网络营销重要的工具之一,如果没有专业化的企业网站,网络营销的方法和效果就会受到很大的限制。企业网站不仅仅是展示企业文化和品牌形象的窗口,还在网络营销中起着产品和信息发布、交流沟通、在线交易、在线市场调研等作用。

餐饮企业通过移动互联网,利用人们的碎片时间,完成营销活动,比如通过二维码、微信群、朋友圈等实现信息获取、支付、退款等,方便快捷。抖音等APP通过去中心化,已经形成一种文化,视频经过平台筛选,把那些符合大众审美口味的内容呈现给用户,发布者之间竞争激烈,能者上。以携程、去哪儿、艺龙为首的OTA营销,要做好OTA排名,研究排名规则非常重要,要做好排名的参数,比如餐饮企业拒单率、接单速度、佣金、展示的信息等,以便用户进行条件搜索时,能便捷地找到对应的餐饮企业。

依附于微信、微博、APP和各大OTA的餐饮企业营销,必须签订商业合同,遵循商业逻辑和法律的约束,否则稍有不慎就会造成损失,各大平台提供的商业机会是要付出代价的,待机会成熟,可以把微信、微博、APP和各大OTA的客户引流到自己的自建网站上来,可以提供各种类似充值赠送等的优惠,以达到自己的目的。自建网站应避免千篇一律,要突出自己的特色,例如,自建网站的主页面,其美观性、配搭的色彩、图片的数量和大小等可以按照管理方和用户的要求,自行设计和实施,主动性强。此外,自建网站的维护非常重要,时效性也是如此,只有有效跟进,才能从内容上符合目标群体的需求。

餐饮企业自建网站开展营销的重要性显而易见,如果网站营销价值低、浏览量少、打开速度慢,就无法吸引相关目标用户。由此可见,建设一个高效的网站可以大大抢占先机,领先于竞争对手,增强营销效果。

营销是整个餐饮产品的体现,要把握整体产品的概念,牢固树立大局观、整体观。餐饮企业自建网站营销存在诸多优势,虽然在规模和科学化管理方面还存在一些问题,但加强营销策略的研究和落实,定会让共享经济背景下的餐饮企业如虎添翼。

四、餐饮产品营销方式

(一)广告营销

广告营销是指餐饮企业将营销内容制作成各种广告,并通过各种形式进行宣传,从而提高企业知名度和产品销售量的方式。随着科技的进步,餐饮企业进行广告营销的方式也越来越多元化,主要可分为以下两大类。

1. 传统广告营销

传统广告营销是指餐饮企业通过报纸、电视、杂志、宣传单、广告牌等媒介宣传企业和产品的营销方式。

（1）报纸广告。餐饮企业可以购买当地报纸的广告版面，刊登企业营销活动的主题、规则、时间等，以吸引顾客。

（2）电视广告。餐饮企业可针对目标顾客的特点，在特定电视频道的特定时间段投放广告。例如，针对儿童的营销广告，可于18:00—20:00在少儿频道投放，因为在此时间段观看该频道的儿童较多。

（3）杂志广告。杂志广告具有针对性强、保留时间长、传阅者众多和画面印刷效果好等特点。例如，餐饮企业可在《中国烹饪》和《中国好餐饮》等杂志上投放广告。

（4）宣传单。餐饮企业可以将营销内容制作成宣传单，然后安排人员身着特定的服饰，到人流量大的地方（如中心街道、商城门口、学校门口等）将宣传单派发给行人。

（5）广告牌。餐饮企业可以将营销内容制作成广告牌，并投放在企业门口、地铁站、公交站、电梯、商场等地，以吸引过往行人。

2. 网络广告营销

网络广告营销是指餐饮企业将营销内容制作成网络广告，并选择适当的网络平台进行投放的营销方式。与传统广告营销相比，网络广告营销具有传播范围广、互动性强、形式多样、内容丰富等特点。在依托大数据技术的基础上，餐饮企业可以更精确地将网络广告通过合适的载体投放给目标群体。

网络广告营销主要包括以下几种方式。

（1）搜索引擎营销。搜索引擎营销是指餐饮企业利用用户对搜索引擎的依赖和使用习惯，在用户检索信息时将营销内容传递给用户的形式。例如，在百度搜索引擎中搜索关键词"鸡尾酒会"，会出现某些相关餐饮企业的营销信息。

（2）微博营销。微博营销是指餐饮企业通过微博展示营销内容的形式。餐饮企业通过官方微博，能够与用户交流互动，使用户深入了解企业或产品，从而达到营销的目的。

（3）微信营销。微信营销是指餐饮企业通过微信展示营销内容的形式。微信营销可以通过微信好友、朋友圈、公众号、小程序、视频号等渠道进行。

（4）短视频营销。短视频软件是近年来较为火爆的社交软件，餐饮企业可以在短视频平台上注册账号，然后通过有声音、有故事情节的视频向用户展示营销内容。同时，餐饮企业还可以通过评论的形式与用户进行互动，进而了解用户的真实需求。

（二）人员推销

1. 寻找潜在顾客

推销人员要建立各种资料信息库，建立宴会客史档案和用餐者档案，注意当地市场的各种变化，了解本市的活动开展情况，寻找推销的机会。特别是那些大公司和外商机构的庆祝活动、开幕式、周年纪念、产品获奖、年度会议等信息，都是较有推销意义的。

2. 接洽准备

接洽准备主要包括掌握有关信息，确定洽谈目标，拟定洽谈方案，备齐推销用的各种餐饮资料、菜单和图片等。推销人员的准备工作做得充分，在与顾客洽谈时就能处于主动地位;反之,则容易使自己陷于被动状态,难以产生良好的洽谈效果。

3. 接近顾客

在初步接触顾客时,推销人员应选择顾客感兴趣的话题,以引起顾客的注意和激发顾客的兴趣,确保顾客具有继续交谈的热情。

4. 进行面谈

面谈是指推销人员运用各种技巧和方法说服顾客购买产品的过程。这是整个推销活动的关键环节,目的是向顾客传递产品的信息,刺激顾客的购买欲望,从而促使顾客产生购买行为。着重介绍本餐厅餐饮产品和服务的特点,针对所掌握的对方需求来介绍,引起对方的兴趣,突出本酒店所能给予顾客的基本利益和额外福利,还要设法让对方多谈,从而了解对方的真实需求,再证明自己的产品和服务最能满足顾客的需求。介绍餐饮产品和服务还要借助于各种资料、图片、场地布置图等。

5. 处理异议

有些顾客会对推销的产品、推销活动甚至推销人员等产生异议。此时,推销人员应认真分析异议的类型及产生的根源,然后有针对性地加以处理。处理顾客异议的常用方法有以下几种。

(1) 直接否定法,是指推销人员直截了当地否定和纠正顾客异议的方法。在使用此方法时,推销人员应语气温和、态度诚恳、面带微笑,要尊重顾客,不能让顾客感到被责备或不被尊重。

(2) 间接否定法,是指推销人员先肯定顾客的异议,然后说服顾客,使其消除异议的方法。此方法适用于自以为对产品了解较多,且有独到见解的顾客。

(3) 转化处理法,是指利用顾客的异议说服顾客购买产品的方法。在使用此方法时,推销人员应心平气和,不直接反驳顾客,进行旁敲侧击,以启发、疏导和暗示的方式说服顾客购买产品。

(4) 问题引导法,是指推销人员通过不断地向顾客提问,引导顾客否定自己的观点,并同意推销人员观点的方法。在使用此方法时,推销人员所提的问题应针对顾客的异议,由浅入深,循序渐进。

(5) 优点补偿法,是指推销人员在承认顾客异议具有合理性的基础上,说明产品的其他优点,以优点抵消或补偿缺点的方法。在使用此方法时,推销人员应坚持实事求是,所提的产品优点应能让顾客切实感受到利大于弊。

(6) 预防处理法,是指推销人员在与顾客交谈的过程中,预测顾客会提出某种异议,并在顾客尚未提出时,自己先把问题提出来,再进行适当解释说明的方法。在使用此方法时,推销人员应在接近顾客前将顾客可能提出的异议一一列出来,并准备好应对方法。

6. 达成交易

达成交易是指顾客接受推销人员的建议,做出购买决策和产生购买行为的过程。在买卖双方洽谈的过程中,如果顾客产生较强的购买欲望,会通过相关信息(如语言暗示、肢体动作暗示等)表露出购买意向。此时,推销人员应捕捉这些信息,抓住时机,促成交易。

7. 跟踪服务

跟踪服务是指在顾客购买产品后，推销人员为顾客提供各种售后服务，以消除顾客的后顾之忧的过程。跟踪服务既是人员推销的最后一个环节，也是新一轮工作的起点，它能加深顾客对企业和产品的信赖，提高顾客的忠诚度。

对点案例 Case Study

如此推销

某酒店中餐厅有很多顾客，服务员在餐桌之间穿梭忙碌。一群顾客走进餐厅，引座员立即迎上前去，把顾客引到一张空餐桌前，让顾客各自入座，正好10人坐满一桌，服务员小方及时上前给顾客一一上茶。顾客中一位像是主人的先生拿起一份菜单仔细翻阅起来。小方上完茶后，便站在那位先生的旁边，一手拿小本子，一手握笔，面带微笑地静静等待他点菜。那位先生先点了几个冷盘，接着有点犹豫起来，似乎不知点哪个菜好，停顿了一会儿，便对小方说："小姐，请问你们这儿有些什么好的海鲜菜肴？""这……"小方一时有点答不上来，"这就难说了，本餐厅海鲜菜肴品种倒是不少，但不同的海鲜菜档次不同，价格也不同，再说不同的顾客口味也各不相同，所以很难说哪个海鲜菜特别好。反正菜单上都有，您还是看菜单自己挑吧。"小方一番话说得似乎头头是道，但那位先生听了不免有点失望，只得应了一句："好吧，我自己来点。"于是他随便点了几个海鲜和其他一些菜肴。

当顾客点完菜后，小方又问道："请问先生要些什么酒和饮料？"顾客答道："一人来一罐青岛啤酒吧。"又问："饮料都有哪些品种？"小方似乎一下子来了灵感，忙说道："哦，对了，本餐厅最近进了一批法国高档矿泉水，有非气泡的和有气泡的两种。""矿泉水？"顾客感到有点意外，看来矿泉水不在他考虑的饮料范围内。"先生，这可是全世界知名的矿泉水呢。"顾客一听这话，觉得不能在朋友面前丢了面子。便问了一句："那么哪种更好呢？""那当然是有气泡的那种好啦！"小方越说越来劲。"那就再来10瓶有气泡的法国矿泉水吧。"顾客无可奈何地接受了小方的推销。服务员把啤酒、矿泉水打开，冷盘、菜肴、点心、汤纷纷上来，顾客们在主人的盛情之下美餐一顿……最后，当主人到收银台结账时一看账单，不觉大吃一惊，原来一千四百多元的总账中，10瓶矿泉水竟占了350元！他不由嘟哝了一句："矿泉水怎么这么贵啊？""那是世界上最好的法国知名矿泉水，卖35元一瓶是因为进价就要18元呢。"收银台服务员解释说。"哦，原来如此。不过，刚才服务员可没有告诉我价格呀。"顾客显然很不满意，付完账后便快速离去。

分析与决策：服务员应如何开展推销工作？

【案例评析】本案例中服务员小方在向顾客销售菜肴、饮料的过程中，犯了两个错误。一是推销不当。当顾客主动询问有哪些好的海鲜菜肴时，小方不应该消极推辞，放弃推销的职责，而完全可以借机详细介绍本餐厅的各种海鲜,重点推荐其中的特色品种,甚至因势利导地推销名贵海鲜,顾客也会乐意接受,这样既满足了顾客的要求,又增加了餐厅的营业收入,何乐而不为呢?二是推销过头。餐厅推销必须掌握分寸,超过了一定限度,过头了,就会适得其反。像法国知名矿泉水,这是为某些顾客的特殊需求而备的,一般不在服务员的推销之列,若有顾客提出要喝法国矿泉水,回答"有"即可。像小方那种过分推销,使顾客处于尴尬境地,虽能勉强达到推销的目的,但到头来反而引起顾客更大不满,很可能就此失去了这个回头客,是很不值得的。

五、餐饮营销活动

(一) 常见的餐饮营销活动时机

常见的餐饮营销活动时机主要包括节日和纪念日、体育节事期间、品牌节事期间等。

1. 节日和纪念日

我国的主要节日有春节、元宵节、劳动节、端午节、中秋节、国庆节等。餐饮企业可以通过在这些节日期间参与或举办相关活动来进行营销,如在中秋节期间向前来就餐的顾客赠送月饼。

纪念日主要包括生日、周年庆等。餐饮企业可以通过主办或承办纪念日活动来吸引顾客。例如,为有需要的顾客举办生日宴会,并向该顾客赠送小礼物。

2. 体育节事期间

体育节事包括各种体育比赛和体育表演,如奥运会、国际足联世界杯、马拉松长跑比赛、登山节等。餐饮企业在这些体育节事期间,可以以拉横幅广告或对赛事进行赞助的形式,提高企业的知名度。

此外,餐饮企业还可以在室内设置大屏幕,播放体育赛事,并为顾客喜爱的运动员加油或邀请知名运动员前来与顾客一起观看体育赛事直播,以提高企业的知名度和促进企业的产品销售。

3. 品牌节事期间

为了促进地方经济的发展,很多地方政府、协会组织等会创办品牌节事活动,如美食节、文化节等。餐饮企业可以通过参与这些品牌节事活动来促进产品销售。

(二) 常见的餐饮营销活动形式

常见的餐饮营销活动形式主要包括折扣活动、抽奖活动、赠品活动和积分活动等。

1. 折扣活动

折扣活动是指餐饮企业在产品价格方面给予顾客优惠的活动。例如,顾客在餐厅中一次性消费满2000元,可享9折优惠。

2. 抽奖活动

抽奖活动是餐饮企业常用的促销活动之一。餐饮企业开展抽奖活动,既能吸引顾客、促进产品销售,又能活跃企业的氛围、提升企业形象。顾客可通过填写调查问卷、办理会员卡、参与游戏活动等方式来获得抽奖机会。

3. 赠品活动

赠品活动是指餐饮企业向消费达到一定额度的顾客赠送礼品的活动。开展这种促销活动时,餐饮企业应选择既能引起顾客的兴趣,又能起到宣传作用的赠品(见表5-2)。例如,向在餐厅消费满200元的顾客赠送一盒印有餐厅标志、地址和联系方式的纸巾。又如,向参与餐厅某次宴会的顾客赠送一把印有餐厅标志的太阳伞。

表5-2 餐厅常用促销赠品

内容	说明
定期活动节目单	餐厅将汇集了本周、本月的各种餐饮活动、文娱活动的节目单印刷出来后放在餐厅门口或电梯口,由总台负责发放。这种节目单要注意,一是印刷质量要与餐厅的等级相一致,不能太差;二是一旦确定了的活动,不能更改和变动。在节目单上一定要写清时间、地点、餐厅的电话号码,印上餐厅的标识,以强化推销效果
纸巾	餐厅每张桌上都可放上印有餐厅名称、地址、标记、电话等信息的纸巾,送给顾客带出去做宣传。纸巾可定制成各种规格、档次,以供不同餐厅使用
小礼品	餐厅常常在一些特别的节日和活动时间,甚至在日常经营中送一些小礼品给用餐的顾客,这些小礼品要精心设计,根据不同的对象分别赠送,其效果会更理想。常见的小礼品有生日卡、特制口布、印有餐厅广告的折扇、小盒茶叶、巧克力、鲜花、精制的筷子等。值得注意的是,小礼品要与餐厅的形象、档次相统一,要能起到好的、积极的推销宣传效果
赠品菜单	赠品菜单不同于餐厅中顾客使用的菜单,赠品菜单可以做得精致小巧些。一些餐厅将赠品菜单做成心形,有的对折在一起是餐厅的外观和名称,打开后是菜单,也有的餐厅将它做成折扇形。餐厅可以充分发挥其想象力和创造力,赠品菜单并无固定模式,只要顾客认为新奇、有趣,能吸引其注意力、乐于收藏,就是好的赠品菜单

4. 积分活动

积分活动是指将同一顾客在餐饮企业每次消费的金额转换成一定的积分,顾客可凭此积分来换取产品的活动。餐饮企业通过积分活动,不仅能提高顾客的忠诚度,还能起到促进产品销售和提升企业形象的作用。

思考与练习

1. 问题思考

(1) 餐饮产品定价目标与定价策略包括哪些?

(2) 简述人员推销的流程。

(3) 餐饮数字化营销的优势有哪些?

（4）餐饮产品营销方式与营销活动有哪些？

2. 实战演练

（1）以节日、外国菜肴、食品原材料、烹饪方式等其中一项为主题策划一期美食节，撰写策划书。

（2）先进行市场调查，然后运用学过的定价方法，试着给你喜欢的菜肴定价。

（3）对附近的餐饮企业进行调查，看看它们在给自己的产品定价时通常采取哪些策略。

（4）请你根据所学到的方法，制定诸如春节、情人节、圣诞节等活动的促销方案。

3. 案例分析

通过会员卡抓住回头客

一家法式料理店建立了一套新颖的"午餐餐友"顾客管理系统，针对填写电子邮件地址和会员名等个人信息的顾客，赠送午餐餐友卡，顾客来店消费时只需要出示此卡就能够享受各种优惠。

这家餐厅附近有很多的外资企业，餐厅经过调查得知，平时这些企业的很多人都在使用电脑。因此，针对这一情况，餐厅会定期向会员发送电子邮件。每周2~3次，通过这些邮件可以让顾客了解到店里面最新的优惠资讯。另外，餐厅在每个月发送的"最新资讯"里面还配有优惠活动及时令菜等图文信息，通过这种促销方式来吸引顾客到店消费。因为这样顾客可以了解到店里面的所有菜品，信息量比较大，内容比较全面，所以吸引力也就更加大了。

通过这样的方式，申请加入"午餐餐友"会员活动的人越来越多。这个也不需要花多大成本做宣传，只是可能企业在搬迁的时候，会导致大部分会员流失，而需要开展招募活动。因为外资企业的人员流动相对频繁，所以给这些客户停止发送邮件的情况时有发生，在一般的情况下，店里每天需要发送到2300封邮件，但是注册会员的人数实际上要比发送邮件的人数多1.5倍。

在给这些会员发送的邮件中，其实在里面提供的优惠券的种类有很多，比如"午餐甜品优惠""每周四鲜鱼料全品优惠""晚餐优惠"等。顾客来消费的时候，只需要在餐桌上摆放的优惠卡中抽出一张，就可以享受到这张卡带来的相应的优惠服务，而那些来吃午餐的顾客中就有将近1/3的人是作为会员消费的。每天一到用餐的时间，店里的生意就非常火爆。因为店里的东西不错、口碑也非常好，所以这家店的知名度越来越高，每天都有人来申请办理会员卡。

这种方式其实是由传统的会员卡方式升级而来的，以发送电子邮件为营销方式的餐饮企业越来越多，有的商家在发行会员卡时，通过向会员定期发送电子杂志的方式，成功地留住了顾客，还可以通过电子邮件发送甜品券、优惠券、满减券等。

思考：为什么该餐厅采用电子邮件广告的方式进行促销？

4. 实训练习

实训1：给"清蒸鲩鱼"定价

- 实训目标：掌握毛利率定价法来给菜肴定价。

- 实训提示:请看相关资料:一份清蒸鲩鱼的主料为新鲜鲩鱼725克,计12元,配料笋片、黑木耳、葱等2元,调料1元。餐厅规定销售毛利率是50%,试计算该菜肴的售价。原材料成本数不变,餐厅规定的成本毛利率是50%,试计算该菜肴的售价。
- 实训程序:

(1)了解毛利的构成。毛利是餐饮产品的售价减去直接成本(食品成本)后的部分,它包括加工制作及销售中的费用、税金和利润。计算公式如下:

$$毛利＝产品售价－原材料成本＝费用＋税金＋利润$$

(2)了解毛利率计算方法。

(3)计算"清蒸鲩鱼"的价格。

① 销售毛利率法。根据公式可得:售价＝(12+2+1)/(1－50%)＝30(元)

② 成本毛利率。根据公式可得:售价＝(12+2+1)×(1＋100%)＝30(元)

- 实训总结:

___

实训2:发现餐饮销售中的"失误"

- 实训目标:掌握控制餐饮产品销售过程的基本能力。
- 实训提示:餐饮销售必须做到单单相扣,环环相连。
- 实训要求:学生以小组形式,用角色扮演法练习。
- 实训程序:

(1)角色分配。每小组5名同学分别模拟顾客、点菜服务员、厨房工作人员、检菜员、收银员5个岗位的角色。

(2)按照点菜服务员为顾客点菜、传送点菜单、收银员进行收银服务等程序模拟一次完整的菜肴销售过程。

(3)分析哪些原因会造成菜肴销售过程中单单不符、单物不符、单据遗失、金额不对等失误情况。

- 实训总结:

___

实训3:制定儿童节促销方案

- 实训目标:掌握餐饮企业进行营销活动策划的方法。
- 实训提示:促销活动的设计要注重创新,还必须考虑到顾客的需求和根本利益。
- 实训要求:学生以小组形式,根据以下程序制定出一份各具特色的促销方案。
- 实训程序:

(1)明确促销活动目的。通过本次活动来提高餐饮企业的知名度,吸引更多的家庭来餐厅消费,让家长和小朋友来本餐厅分享美食,体验快乐。

(2)确定主题内容。庆祝一年一度的儿童节,让小朋友度过一个快乐而有意义的节日,给家长们创造关心孩子的机会,营造一个童真荡漾、欢乐的天地。结合儿童的兴趣特点及本餐厅的实际情况，确定促销活动的主题内容。

（3）设计外场布置方案和内场布置方案。餐厅的环境和气氛要适合儿童心理，受儿童喜爱。可考虑以动画片和著名的童话故事为背景来装饰餐厅，并在餐厅中放一些儿童的游乐器械，如木马、滑梯、玩具等，这对吸引儿童很有效。

（4）制定系列活动方案。每一个活动方案必须围绕活动主题，将活动时间、活动方式、操作要点等具体内容制定清楚，必须具备较强的操作性。

（5）经费预算。详细列出每一项活动的具体价目表，然后确定整个促销活动的所需经费。

（6）行动控制。明确此次促销活动负责组织实施的机构和个人，并写清楚方案的实施过程及保证有效实施的措施。

- 实训总结：

_____

_____

项目六
餐饮服务质量管理

 项目导读

服务很简单,甚至简单到意想不到的程度,虽然它简单,但要不断地为顾客提供高水平、热情周到的服务,谈何容易!(霍莉·斯迪尔《顶尖服务》)餐饮服务质量包括有形产品质量和无形产品质量两大部分。在有形餐饮产品高度同质化的今天,提高餐饮服务无形产品质量成为餐饮企业在激烈的市场竞争中获胜的一个重要法宝。监督检查是对餐饮产品服务质量的进一步保证,是服务质量控制的重要环节。

服务带给顾客的实际上是一种感觉。餐饮服务人员应在顾客不经意的举手投足和言谈笑语之中,察言观色,想顾客所想,当感觉服务超出了顾客的期望值时,顾客便会满意。餐饮服务质量内容涵盖较广,需要对餐饮服务的全过程进行追踪监控。了解服务质量的构成和控制方法是有效提高餐饮服务质量的前提和基础。服务质量是餐饮工作的生命线,任何餐饮企业要想在激烈的餐饮市场竞争中占得一席之地,就要不断提高餐饮服务质量,靠质量求生存,靠质量求信誉,靠质量求效益。餐饮服务质量的控制是餐饮企业管理工作的重要内容。根据餐饮服务的3个阶段(准备阶段、执行阶段和结果阶段),餐饮服务质量控制可相应地分为预先控制、现场控制和反馈控制。

 项目目标

素质目标
1. 树立精益求精的标准意识。
2. 养成制度意识、质量意识。

知识目标
1. 了解餐饮服务质量的特点和内容。
2. 掌握餐饮服务质量分析的主要方法。

3. 了解餐饮服务质量检查的方式。
4. 掌握预先控制、现场控制和反馈控制的主要内容。
5. 能够掌握餐饮服务质量检查的主要内容及标准。

能力目标

1. 能够使用餐饮服务质量分析法对餐饮服务质量进行分析。
2. 能够学会预先控制、现场控制和反馈控制的方法并应用。
3. 能够制定餐饮服务质量检查表并对餐饮服务质量进行监督检查。
4. 能够及时有效地处理对餐饮服务各环节的服务质量问题,并能够正确处理投诉。

知识导图

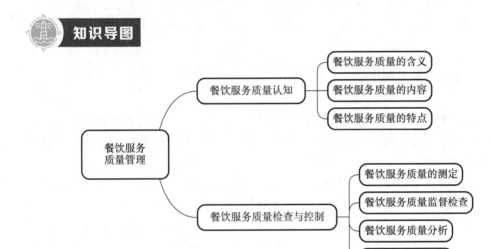

任务一 餐饮服务质量认知

餐饮服务是餐饮部员工为就餐顾客提供餐饮产品的一系列行为的总和。餐饮服务质量的构成因素是服务质量分析的主要对象,如服务态度、礼节礼貌、言行举止、安全卫生、菜肴质量、餐厅服务质量的稳定程度和产生的质量问题等,这就构成了服务质量的内容。

任务导入
Task Leading-in

让人透不过气的周到服务

一天晚上,王先生陪着一位美国外宾来到上海某高级酒店的粤菜餐厅用晚餐。点菜后,一位服务员热情地为两位顾客服务起来。她先为两位铺好餐巾,摆上碗碟、酒杯、餐具和餐前小菜,为外宾摆上刀叉,为两位顾客斟满茶水、递上香巾,又为他们倒上啤酒、上汤、上饭。当一大盆"粟米羹"端上来以后,她先为顾客报了汤名,接着便为他们盛汤,盛了一碗又一碗。一开始,外宾以为这是吃中餐的规矩,在王先生告诉他是自愿的以后,才在服务员要为他盛第三碗汤时谢绝了。服务员在服务期间满脸微笑,手疾眼快,一刻也不闲着;上菜后立即报菜名,见顾客杯子空了就马上倒茶、斟酒,见菜碟里菜没有了就立刻布菜,见骨头、鱼刺等多了随即更换骨碟……她站在两位旁边忙上忙下,并不时用英语礼貌地询问顾客还有何需要,反倒使两位顾客拘谨起来……

想一想:如何把握"热情服务"与"无干扰服务"的尺度?如何评价服务员的服务态度与服务质量?在一般情况下,如何为顾客提供优质服务?

一、餐饮服务质量的含义

现代餐饮服务质量是建立在顾客满意的基础上的。它不仅代表着酒店和餐厅的经营水平,而且还反映酒店和餐厅的信誉和形象。因此,餐饮服务质量是酒店和餐厅经营管理的关键和中心。

具体而言,服务质量是指服务能满足服务需求的特性的总和。这里所指的"服务",包含由餐厅为顾客所提供的有形产品和无形产品。而"服务需求"是指被服务者——顾客的需求。餐厅顾客的需求既有物质方面的,也有精神方面的,具体反映在食品饮料的价格、质量、卫生,以及服务是否及时、周到、热情、礼貌等方面。餐饮服务工作能否满足顾客的需求,在很大程度上取决于服务员的水平和能力的发挥,是由服务工作质量所决定的。服务需求质量反映了顾客的要求,服务工作质量反映了为保证和提高需求质量而进行各方面工作的水平或能力。前者与后者的紧密结合构成了服务质量的完整概念。

二、餐饮服务质量的内容

(一)餐厅的设施条件

餐厅的设备设施须齐全、先进、方便、舒适,能够满足顾客物质享受和精神享受的需要,这是提高餐饮服务质量的物质基础和硬件要求,也是其基础条件。

1. 容量

酒店须配有各种类型的餐厅,提供各种风味服务,以满足顾客多类型、多层次的消费需求。为满足顾客的消费需求,餐厅总座位数最低不少于两倍客房数的80%,若餐饮经营状况好,流动顾客多,则可减少一定的餐位数,同时要求餐厅空间宽敞、色调柔和、家具舒适、功能齐全。另外,餐厅温度分布要均匀,空气要清新。

2. 餐饮环境布局

设备配置要齐全、舒适、安全、方便,各种设备的摆放地点和尺寸要适当,运用对称

知识链接

餐饮服务的特点

和自由、分散和集中、高低错落、对比和映衬,以及借景、延伸、渗透等装饰布置手法,形成美好的空间构图形象。同时,要做好环境美化,主要包括装饰布局的色彩选择、运用,窗帘、天花板、墙壁的装饰,盆栽、盆景的选择和运用。

3. 照明

光线柔和,分布均匀。照明装置和控制器要符合国家质量要求,灯光亮度要能适应工作需要,适合顾客阅读菜单。高档餐厅灯光照明度应可以调节。

4. 音响

音量要适中,曲目要合适。餐厅内噪声不应超过50dB,最好控制在45dB以内。

5. 家具

家具的选用应考虑顾客舒适、服务方便、空间合理。餐厅家具摆放要合理,便于顾客进餐、行走,以及服务员提供服务。家具选择和室内装饰要协调,桌椅必须牢固、光滑,式样、高度、色彩、质地必须协调一致,桌椅配套,同时应备有儿童座椅。

6. 餐具、用品

各种餐具要配套齐全,种类、规格、型号须统一,质地优良,与餐厅营业性质、等级规格和接待对象相适应,新配餐具和原配餐具规格、型号一致,无拼凑现象。餐巾、台布、香巾、口纸、牙签、开瓶器、打火机、火柴等各种服务用品配备齐全,固体燃料、鲜花、调味用品等要能满足营业需要。筷子要清洁,不能掉漆、变形,不能有明显磨损的痕迹。

(二)服务水平

服务水平主要体现在服务人员的仪容仪表、礼节礼貌、服务态度、服务技能、清洁卫生和服务效率等方面。

1. 仪容仪表

优秀的餐厅服务员,必须着装整洁规范、举止优雅大方且面带笑容。餐厅服务员上班前必须做好个人卫生,头发梳理整齐,不披头散发;牙齿清洁,口腔清新;女性化淡妆,不戴饰物。同时,餐厅服务员还要注意自己的体态语言和形体动作,举止合乎规范。要时时、事事、处处表现出彬彬有礼、和蔼可亲和友善好客的态度,为顾客营造一种宾至如归的亲切感。

2. 礼节礼貌

礼节礼貌在服务工作中十分重要。礼貌是人与人之间在接触交往中相互表示敬重和友好的行为规范,它体现了时代风格和人的道德品质。礼节是人们在日常生活和交际场合中,相互问候、致意、祝愿、慰问,以及给予必要协助与照料的惯用形式,是礼貌的具体表现。

餐饮服务中的礼节礼貌,是指服务人员通过语言、行动或仪表来表示对顾客的尊重、欢迎和感谢。礼节礼貌还可用来表达谦逊、和气与崇敬的态度和意愿。对顾客的礼节礼貌主要表现在语言和行为上。语言,特别是服务用语,标志着餐厅的服务水平。掌握服务用语是提供优质服务(特别是提供感情服务)不可缺少的媒介。服务动作快速敏捷、准确无误,举手投足、训练有素也是对顾客的敬重和有礼貌的具体体现。餐厅服务员要将对顾客的礼貌服务贯穿在服务过程的始终。

3. 服务态度

餐厅服务员为顾客服务的过程,是从接待开始的。通常,顾客对服务员的印象首先来自服务员的外表,其次来自服务员的语言、举止等。服务员要用良好的服务态度去取得顾客的信任与好感,从双方一开始接触就建立起友善的关系。因此,良好的服务态度是进一步做好服务工作的基础,是贯彻"顾客第一"和工作有无"服务意识"的具体体现。在餐饮管理中应特别注重处处体现"服务意识",并且将其不断地灌输给所有的员工,使之成为一种思想、一种职业习惯,作为服务工作的指南。

小贴士 Tips

在餐饮服务中如何体现良好的服务态度

- 面带微笑,主动向顾客问好,最好能重复顾客的名字。
- 主动接近顾客,但要保持适当距离。
- 含蓄、冷静,在任何情况下都不要急躁。
- 遇到顾客投诉时,让其发泄。最好是请其填写顾客意见书。如果事实证明是餐厅错了,应立刻向顾客道歉并改正。
- 当顾客提出无理要求或事实证明顾客错了时,只需向顾客解释明白即可,不要求顾客认错,坚持体现"顾客总是对的"这一原则。
- 了解各国各阶层人士的不同心理特征,并提供针对性服务。
- 在服务时间、服务方式上处处方便顾客,并在细节上下功夫,让顾客体会到服务的周到。

4. 服务技能

餐厅服务员的服务技能和服务技巧是服务水平的基本保证和重要标志。如果服务员没有过硬的基本功、服务技能水平不高,那么即使服务态度再好、微笑再甜美,顾客也只好礼貌地加以拒绝,因为顾客对这种没有服务质量和实际内容的服务是根本不需要的。服务技能的掌握是一个由简单到复杂,经过长期磨炼、逐步完善的过程。

5. 清洁卫生

餐饮部门的清洁卫生工作要求高,体现着经营管理水平,是服务质量的重要内容。包括餐厅的环境卫生、餐具卫生、服务人员的个人卫生等。做好清洁卫生工作,一要制定严格的清洁卫生标准,如厨房作业流程的卫生标准、餐厅及整个就餐环境的卫生标准、各工作岗位的卫生标准、餐饮工作人员个人卫生标准等。二要制定明确的清洁卫生规程和检查保证制度。清洁卫生规程要具体规定设施、用品、服务人员、食物、饮料等在整个生产和服务操作程序中各个环节上为达到清洁卫生标准而在方法、时间上的具体要求。在执行清洁卫生制度方面要做到清洁卫生工作制度化、标准化、经常化。

6. 服务效率

服务效率是服务工作的时间概念,是餐厅服务员为顾客提供某种服务的时限。它不但反映了服务水平,而且反映了管理水平和服务员的素质。服务效率是服务技能的体现和必然结果。

消费心理的统计表明,对就餐顾客来说,等候是最头痛的事情。等候会抵消餐厅在其他服务方面所做出的努力,较长时间的等候甚至会使餐厅前功尽弃。因此,在服务中一定要讲究效率,尽量缩短就餐顾客的等候时间。缩短顾客的就餐等候时间还可以有效地提高餐厅的翻台率,进而增加餐饮企业的收入。

餐饮企业有必要对菜肴的烹饪时间和规程、翻台作业时间、顾客候餐时间做出明确的规定,并将其纳入服务规程之中,在全体服务员都达到时限标准后,再制定新的、合理的时限要求来确定新的效率标准。餐厅企业应把尽量减少甚至消除顾客的等候现象作为服务质量的一个目标来实现。

(三)菜肴质量

(1)合理安排菜肴品种,能适合顾客多类型、多层次的消费需求。

(2)根据餐厅的营业性质、档次高低、接待对象的消费需求,选择产品风味和花色品种。花色品种应与厨房烹调技术、原材料供应、生产能力相适应。

(3)通常情况下,零点餐厅产品应不少于50种,自助餐厅应不少于30种。咖啡厅应不少于35种,套餐服务应为5~10种。

(4)产品类型多样,冷菜、热菜、面点、汤类、甜食齐全,高、中、低档产品应做到比例合理,餐厅产品数量要能适应多方面的消费需求。

三、餐饮服务质量的特点

虽然服务是无形的,无法像有形产品那样制定出一系列数量化的标准。但我们可以根据顾客对酒店服务的共同的、普遍的要求对服务质量的特点进行分析,进而有针对性地采取相应措施,加强管理,实现优质服务。一般认为,服务质量有下述几个显著特性。

(一)综合性

餐饮服务是一个精细、复杂的过程,环节众多。而服务质量是餐饮管理水平的综合反映,它的实现依赖于餐饮计划、餐饮业务控制、物资设备、餐饮服务人员的素质、财务等多方面的保证。任何一个环节出现问题,都会导致服务链条的断裂,影响餐饮服务的总体水平。

(二)短暂性

餐饮产品现生产、现销售,生产与消费几乎同时进行。短暂的时间限制对餐饮管理及餐饮工作人员的素质是一个考验。能否在短暂的时限内很好地完成一系列工作任务,也是对服务质量的一种检验。

(三)协调性

从饮食产品生产的后台服务到为顾客提供餐饮产品的前台服务有众多环节,而每个环节的好坏都关系到服务质量的优劣。面对众多的工序，餐饮工作人员只有通力合作、协调配合，发挥集体的才智与力量，才能够保证实现优质服务。

（四）一致性

这里说的一致性是指餐饮服务与餐饮产品的一致性。质量标准是通过制定服务规程这个形式来表现的，因此，服务标准和服务质量是一致的，即产品质量、规格标准、产品价格与服务态度均保持一致。

（五）主观性

尽管餐饮部自身的服务质量基本上是一个客观的存在，但由于餐饮服务质量的评价是由顾客享受了服务之后，根据其物质和心理满足程度做出的，因而带有很强的个人主观性。顾客的满意度越高，其对服务质量的评价也就越高，反之亦然。餐厅管理者没有理由要求顾客必须对餐饮服务质量做出与客观实际相一致的评价，这实际上是无法办到的，更不应指责顾客对餐饮服务质量的评价存在偏见，尽管有时的确是一种偏见。相反，这就要求餐厅管理者在服务过程中通过细心观察，了解并掌握顾客的物质和心理需要，不断改善对客服务，为顾客提供有针对性的个性化服务，用符合顾客需要的服务来提高顾客的满意度，从而提高并保持良好的餐饮服务质量。

任务二　餐饮服务质量检查与控制

服务带给顾客的实际上是一种感觉。餐饮服务人员应在顾客不经意的举手投足和言谈笑语之中，察言观色，想顾客所想，当感觉服务超出了顾客的期望值时，顾客便会满意。餐饮服务质量内容涵盖较广，需要对餐饮服务的全过程进行追踪监控。做好餐饮服务质量的控制和管理是提高餐饮质量的重要一环，也是在餐饮有形产品高度同质化的今天赢得顾客、提高顾客满意度的重要手段。目前，餐饮服务工作在追求标准化和个性化两大目标的同时，仍旧存在一些有待解决的问题。但只要确定了餐饮部所要达到的水平，并制定出相应的控制方法，就能达到最终的管理目的。

任务导入 Task Leading-in

一条石斑鱼引发的思考

"清蒸石斑鱼，各位请慢用"，浙江绍兴某酒店餐厅服务员小王把分派好的鱼肉送上餐桌并报上菜名，在欲转身离开之际，"小姐，侬先别走，我点的清蒸石斑鱼怎么变成这个样子了，侬肯定弄错了。"桌上的一位顾客提出了疑问，听口音是上海顾客。"对啊，这不是我要的清蒸石斑鱼。小姐，是不是别桌的菜送到我们这桌来了？先退下吧。"有一位顾客明显想给小王一个台阶下，意思是不管怎样,先退下这道菜,免得顾客不高兴。

小王将菜端出了包厢,但不一会儿又原样端回来了,旁边多了一位领班。"各位好,我是今天的厅面领班,刚才服务员把事情经过与我说了,而且我也查了刚才点菜单,各位确实点了这道清蒸石斑鱼。"领班向顾客说明了调查结果,并期待顾客说明不满意的真实原因。

这时那位点菜的顾客说话了:"我们上海的清蒸不是这样的,要有葱油覆盖的,这个清蒸一点油水都没有,只有酱油,叫我们怎么吃?"此时服务员和领班才恍然大悟,原来上海的清蒸就是绍兴当地的葱油烧法,但绍兴的清蒸是不放任何调料的,顾客不明白此理,服务员也没有询问顾客,从而导致误会的产生,但由于鱼已经分派,事情已无法补救。得知事情的全部经过后,领班急忙对顾客说:"真的对不起,这件事是因我们工作做得不到位而引起的,我马上请示经理,看是否能帮您重做。"

最后在部门高层的同意下,此事得到了圆满解决,虽然酒店损失了,但让员工学到了规范操作的重要性。

想一想: 如何做好餐饮服务的现场管理与控制?

一、餐饮服务质量的测定

餐饮服务质量的测定是餐厅对顾客感知服务质量的调研、测算和认定。餐饮服务质量是服务的客观现实和顾客的主观感觉对比的结果。既符合餐厅制定的服务标准,又满足顾客需要的服务才是优质服务。顾客成为服务质量评估主体,其对服务质量的评估是一个相当复杂的过程。顾客感觉中的服务质量不仅与顾客的服务消费经历有关,而且与顾客对服务质量的期望有关。顾客对服务质量的期望受企业形象、其他顾客的口头宣传、顾客的需要和愿望等一系列因素影响。

(一)餐饮服务质量的衡量标准

在酒店管理中,通常将顾客的感知服务质量作为评价依据,且以可靠性、响应性、保证性、移情性、有形性为分项评价的要素指标,感知服务质量与评价要素之间的关系如图6-1所示。

美国的服务管理研究小组PZB(Parasuraman、Zeithaml、Berry)认为"感知服务质量"(Perceived Service Quality)的高低取决于服务过程中的顾客感知(Perception)与对服务期望(Expectation)的差异程度,系统地提出了一种"服务质量差距模型",分析了导致服务失败的5种差距,从顾客的角度创立了服务质量的评价体系与量测技术,为酒店服务质量期望的研究提供了必要的理论基础和技术方法。而后,他们进一步提出了著名的服务品质评价方法——SERVQUAL模型,即Q(总体服务质量)=P(感知)-E(期望)。SERVQUAL量表如表6-1所示。

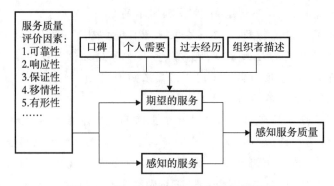

图 6-1　感知服务质量与评价要素关系图

表 6-1　SERVQUAL 量表

要素	组成项目
可靠性	1.公司向顾客承诺的事情能及时地完成 2.顾客遇到困难时,能表现出关心并提供帮助 3.公司是可靠的 4.能准确地提供所承诺的服务 5.正确记录相关的服务
响应性	1.不能指望他们告诉顾客提供服务的准确时间※ 2.期望他们提供及时的服务是不现实的※ 3.员工并不总是愿意帮助顾客※ 4.员工因为太忙以至于无法立即提供服务,满足顾客需求※
保证性	1.员工是值得信赖的 2.在从事交易时顾客会感到放心 3.员工是有礼貌的 4.员工可以从公司得到适当的支持,以提供更好的服务
移情性	1.公司不会针对不同的顾客提供个别的服务※ 2.员工不会给予顾客个别的关怀※ 3.不能期望员工了解顾客的需求※ 4.公司没有优先考虑顾客的利益※ 5.公司提供的服务时间不能符合所有顾客的需求※
有形性	1.有现代化的服务设施 2.服务设施具有吸引力 3.员工有整洁的服装和外表 4.公司设施与他们所提供的服务相匹配

注:①问卷采用7分制,7表示完全同意,1表示完全不同意,中间分数表示不同的程度,问卷中的问题随机排列。②"※"表示对这些问题的评分是反向的,在数据分析前应转换为正向得分。

1.可靠性(Reliability)

可靠性是指餐厅可靠、准确无误地完成所承诺的服务的能力。它是餐饮服务质量属性的核心内容和关键部分。顾客希望通过可靠的服务来获得美好的经历。而餐厅也把服务的可靠性作为树立企业信誉的重要手段。例如,餐厅必须向顾客提供与菜单上图片相符的菜肴等。

2. 反应性(Responsiveness)

反应性是指餐厅能够随时帮助顾客并提供迅速、有效的服务。反应性体现了餐厅服务传递系统的效率,并反映了服务传递系统的设计是否以顾客的需求为导向。服务传递系统要以顾客的利益为重,尽量缩短顾客在消费过程中的等候时间。例如,尽量加快上菜速度,减少顾客等候时间等。当服务传递系统出现故障导致服务失败时,及时地解决问题将会给顾客的感知质量带来积极的影响。

3. 保证性(Assurance)

保证性是指餐厅员工所具有的知识技能、礼貌礼节,以及所表现出的自信与可信的能力。第一,员工应具有完成服务的知识和技能,这是赢得顾客信任的重要因素。第二,对顾客的礼貌和尊重,以及友善与好客的态度会使顾客有宾至如归的感觉。第三,员工要有可信的态度,主动与顾客进行沟通与交流,适时适地地帮助顾客,使顾客感受到专业化的服务。

4. 移情性(Empathy)

移情性是指餐饮服务工作自始至终以顾客为核心,关注他们的实际需求,并设身处地地为顾客着想。在服务过程中,员工要主动接近顾客,掌握他们的需求。同时要对顾客的心理变化和潜在需求有很强的敏感性,从而使整个服务过程充满着"人情味",根据每位顾客的需求定制个性化的产品,提供个性化的服务。例如,餐厅保存重要顾客的消费记录,在特殊的日子给顾客以问候,并推出适合顾客的个性化产品。

5. 有形性(Tangible)

有形性是指餐厅通过一些有效的途径,如设施设备、人员、气氛等传递服务质量的形式。餐饮服务具有无形性的特点,因此必须通过有形的物质实体来展示服务质量。一方面,有形性提供了餐饮服务质量的线索;另一方面,为顾客评价服务质量提供了直接的依据。例如,餐厅通过装饰材料、色彩、照明、温度、背景音乐等来塑造高雅、富有情调的氛围;服务员得体的服装、高雅的举止不仅是良好的服务质量的外在表现形式,也会对顾客评价服务质量带来有益的影响。

知识链接

服务质量管理的差距分析模型

(二)餐饮服务质量顾客问卷调查

餐饮服务质量是以顾客的满意度为衡量标准,所以顾客问卷调查法是一种广泛应用的服务质量测评方法。餐厅通常采用将问卷卡摆放在餐桌上由顾客自行填写,或结账时派发给顾客填写的方式收集顾客的意见。这种评价方法完全由顾客自愿进行,评价的主观性比较强。

1. 餐饮服务质量顾客问卷调查的一般步骤

步骤一:界定顾客人群。

步骤二:选择被调查人选。

步骤三:收集现有资料。

步骤四：设计问题。
步骤五：模拟、反馈、修改。
步骤六：正式实施。
步骤七：分析结果。
步骤八：通报、改善。

2. 餐饮服务质量顾客问卷调查的内容

(1) 服务速度/效率怎样？
(2) 菜肴质量是否符合顾客期望？
(3) 服务是否规范、标准？
(4) 餐饮质量与餐厅承诺是否吻合？
(5) 接到投诉时，是否及时进行了有效处理？
(6) 当顾客要求协助时，我们的答复是否让顾客满意？
(7) 和其他餐厅相比，我们的餐饮质量是否领先？
(8) 我们还能给顾客提供哪些服务项目？
(9) 我们提供的信息是否及时、准确？
(10) 提供的服务标准是否能充分满足顾客的要求？

知识拓展 Learning More

餐饮服务质量管理存在的误区

在餐饮服务质量管理的过程中，存在着不少问题。归纳起来，餐饮服务质量管理的误区有以下几个方面。

(1) 服务质量管理流于形式。部分餐厅在提高服务质量过程中，单纯依靠搞一些浮于表面形式的活动，如评选"最佳服务员""餐厅服务之星"等活动或进行空洞的口号宣传，或为了应付行业评审搞一些所谓的服务技能大赛，并没有真正地培养员工的服务意识和质量意识，也没有对员工进行旨在提高服务质量的专项培训。员工只是机械地参加这些活动，对活动的意义不甚理解，更不要说在实际工作中提高自己的服务水平了。

(2) 罚重于奖。在强调提高服务质量的同时，许多餐厅制定了明确的奖惩措施。不可否认这些措施对于督促员工自觉执行企业规章制度，保障服务质量有一定的积极意义。但部分餐厅在具体的执行过程中，只强调对违反企业规章制度、遭受顾客质量投诉的员工进行重罚；而对于因服务工作表现突出，受到顾客表扬的员工却没有明确的奖励措施，或只重视精神奖励而忽视了一定的物质激励措施。在这种情况下，员工就很可能产生"干好干坏一个样"的想法，缺乏个人的积极性和主动性，能够做到的仅仅是不犯错而已，至于如何进一步提高服务质量，怎么让顾客更满意，则不在其考虑的范畴之中。

(3) 重规章制度、轻督导执行。餐饮服务是非常细致的工作，大多数餐厅都对餐饮服务工作的这一特点制定了详尽的服务操作规程和管理规章。但很多餐厅的操作规程和管理规章只是贴在墙上的一纸空文。在执行过程中，员工依旧不管不顾，按照自己的想法和习惯为顾客提供服务。而管理人员也没有注意对新入职的员工进行系统化的培训，通常指派一到两名资历较老的员工进行传统的"师傅带徒弟式"培训，很难做到餐饮服务的统一化、规范化。同时，在具体的工作过程中，对于部分员工的明显违规操作，管理人员也不注意督导管理，特别是基层管理人员，不能及时地对员工的违规服务提出批评和纠正，使管理规章流于形式，严重阻碍了服务质量的提高。

（4）错误理解服务质量管理中的规范化和个性化目标。质量管理工作的最高目标不是达到所谓的各项质量标准，而应是最大限度地让顾客满意。对餐饮服务质量管理工作来说，服务的规范化和个性化是实现质量管理的最高目标——最大限度提高顾客满意度的两个重要手段。部分餐厅在服务管理工作中，错误地理解规范化服务和个性化服务的关系，错误地认为两者是一对不可协调的矛盾，过分地追求服务的个性化而增加了服务工作的随机性，或过于强调服务工作的规范化而没能针对顾客的具体情况提出个性化的服务，这都可能导致顾客的不满，从而影响餐饮服务质量的评价。

（5）注重事后补救，忽视事前预防。在传统的质量管理工作中，一般是错误发生后才采取相应的补救措施。这种管理方式的直接后果是增加企业运营成本且补救效果并不一定理想。部分餐厅的质量管理工作也秉承了这一传统方式，不注重对服务工作的事前预防和监督，只有在遭到顾客投诉时，才会对部分员工的错误做法和不合理操作规程提出补救式的整改措施，但此时顾客对餐饮服务工作的不良印象已经形成。并且进行服务补救时还需要足额甚至超额偿付顾客的损失，这样会增加企业的运营成本。

（6）忽视全员参与。餐饮业是服务业的重要组成部分之一。但很多餐饮企业的高层管理人员忽略了这一重要事实，认为服务工作是服务员的事，自己是最高管理层，只需要做大政方针的决策，不用参与具体的服务质量管理工作。高层管理人员的这一错误的角色定位，使餐饮服务工作单纯地成了一线服务员的事，服务质量的提高也只是基层管理人员的工作内容，从而使服务质量管理工作缺乏整体性和延续性，得不到最高管理层的重视。

二、餐饮服务质量监督检查

（一）餐饮服务质量监督

（1）制定并执行各项管理制度和岗位规范，抓好礼貌待客、优质服务教育，实现服务质量标准化、规范化。

（2）通过反馈系统了解服务质量情况，对顾客投诉及工作中的正反典型事例要及时总结经验和教训，以便进一步培训员工和提高服务质量。

（3）组织调查研究，提出改进服务的方案、措施和建议，促进餐饮服务质量和餐饮经营管理水平的提高。

(4)分析工作中的薄弱环节,改革规章制度,整顿工作纪律,纠正不正之风。

(5)组织定期或不定期的现场检查,组织和开展优质服务评比活动。

(二)餐饮服务质量检查

根据餐饮服务质量内容中对服务员礼节礼貌、仪表仪容、服务态度、清洁卫生、服务技能和服务效率等方面的要求,将其归纳为"服务规格""就餐环境""仪表仪容""工作纪律"4个大项并按顺序制定详细的检查表。这种服务质量检查表,既可以作为餐厅常规管理的细则,又可以将其量化,作为餐厅与餐厅之间、班组与班组之间、个人与个人之间竞赛评比的标准或对餐饮服务员考核的依据。

以就餐环境检查表为例(见表6-2),使用此表时,可视酒店自身的等级和具体情况增加或减少检查项目,在"等级"栏目中,可将"优、良、中、差"分别改为得分标准,如将"优"改为4分,"良"改为3分,"中"为2分,"差"为1分,最后将4个大项的所有细则得分统计并进行比较,也可按优、良、中、差各个等级的得分率来进行比较,得出结论。

表6-2 就餐环境检查表

_____餐厅

序号	检查细则	等级			
		优	良	中	差
1	玻璃门窗及镜面是否清洁、无灰尘、无裂痕				
2	窗框、工作台、桌椅是否无灰尘和污渍				
3	地板有无碎屑及污痕				
4	墙面有无污痕或破损处				
5	盆景花卉有无枯萎、带灰尘的现象				
6	墙面装饰品有无破损、污痕				
7	天花板是否清洁、有无污痕				
8	天花板有无破损、漏水痕迹				
9	通风口是否清洁,通风是否正常				
10	灯泡、灯管、灯罩有无脱落、破损、污痕				
11	吊灯照明是否正常,吊灯是否完整				
12	餐厅内温度和通风是否正常				
13	餐厅通道有无障碍物				
14	餐桌椅是否无破损、无灰尘、无污痕				
15	广告宣传品有无破损、灰尘、污痕				
16	菜单是否清洁,是否有缺页、破损				
17	台面是否清洁卫生				
18	背景音乐是否适合就餐气氛				

续表

序号	检查细则	等级			
		优	良	中	差
19	背景音乐的音量是否过大或过小				
20	整体环境是否能吸引顾客				

检查者：　　　　　年　月　日

小贴士 Tips

服务质量检查的注意事项

- 把好心理关、情面关。质量监督检查不到位，效果不佳的原因，很多情况下是因为一个"情"字。部分管理人员和质检员想做"老好人"，发现问题后大事化小，小事化了。监督检查工作必须敢于讲真话，实事求是，秉公办事。这样管理人员才会有威信，检查才会有效果。

- 明确检查依据和内容。质量检查内容一般以成文的有关规定为依据，如质量手册、处罚细则、作业指导书等，这些规定应通过培训与考核为员工所熟知。有些餐厅的餐饮服务质量检查往往侧重于仪容仪表、服务态度、清洁卫生等方面，忽视了对服务规范、技能技巧等的督导，而这部分内容恰恰是优质服务的核心内容。

- 检查尺度统一。质量的监督检查必须建立统一的标准并严格执行，以免造成工作混乱。

- 监督检查并不是单纯找问题。通过质量检查发现问题固然重要，但树立榜样更能激发员工工作的积极性。检查不是让管理者充当"卫兵"的角色，而应该是一个帮助者和辅导员。

知识拓展 Learning More

服务质量检查的方式

服务质量检查的方式有3种，包括员工的自我检查、各级管理者的日常检查、顾客的最终检查（见表6-3）。

表6-3　服务质量检查的方式

方式	说明
员工的自我检查	酒店要注意培养员工在工作中的主动意识，养成自我检查的习惯。这对于一线服务人员尤为重要，因为在面对面的服务过程中一旦出现失误，就会对顾客产生直接负面影响，事后弥补往往需要花费很多精力，而且有时会无法弥补，使酒店蒙受损失
各级管理者的日常检查	酒店是一个公共场所，人员进出频繁，意外事件随时可能发生，所以各部门、各班组的管理人员在日常工作中也要随时检查运行情况，尽可能早地发现潜在问题

续表

方式	说明
顾客的最终检查	酒店建立监督检查机制是为了使顾客满意，而服务质量的好坏，最终还是由顾客来评判。除非很不满意，顾客一般不会主动告诉酒店他对酒店服务质量的看法。而顾客反馈是酒店服务质量改进的重要依据，所以酒店应通过顾客意见表、拜访、邀请暗访等方法主动征求顾客意见，真实地了解酒店对客服务质量的意见

对点案例 Case Study

一根头发引出的思考

一个大型的团队自助餐正井然有序地进行着。这时，一位戴金丝眼镜的老年顾客向我招手示意。我疾步上前轻声地问："先生，请问有什么需要？"他和蔼地说："请您看一下，这筷子上是否有一根头发？可能是我看错了。"同时，他用双手扶着镜框又仔细看了一下。我仔细一瞧，确实有一根细长的头发粘在筷子上，于是赶忙给他换上一副干净的筷子，并真诚地对他说："谢谢您对我们工作的提醒！"同时，给他上了一份精美的时令果盘。顾客十分感动地说："我是第一次来中国，而且是第一次住你们酒店，你们的优质服务给我留下了深刻的印象。"我的内心很惭愧，并再一次向顾客表达了深深的谢意。凝视这根在常人眼里很普通的细发，我陷入了深深的思考……

分析与决策： 应该如何发现和避免餐饮服务质量问题的发生？

【案例评析】顾客进入酒店消费普遍都有一个求卫生的心理，顾客如果发现餐具或菜里有头发，就会由此产生晕轮效应，会认为其他方面的卫生一定也很差，进而会对我们酒店失去信心。所以，酒店在日常服务和管理中，要尤其强调和贯彻执行个人仪容仪表规定和酒店操作卫生制度，满足顾客追求卫生舒适的心理需求。"一滴水能映出太阳的光辉"，一根细细的头发同样能反映出酒店管理中存在的问题。"酒店管理无小事"，酒店必须非常注重细节管理，加强现场巡查和督导。要做好细微的每一项基础工作，确保酒店整个服务体系的顺利形成，向顾客提供优质、高效、安全的服务。

三、餐饮服务质量分析

质量分析是餐饮服务质量控制与管理的基础工作。通过质量分析，酒店可以找出所存在的主要质量问题和引起这些问题的主要原因，从而使管理人员有针对性地对酒店影响最大的质量问题采取有效的方法进行控制和管理。质量分析法很多，常用的有ABC分析法、圆形百分比分析图法、因果分析图法等。

（一）ABC分析法

分析质量问题是为了解决质量问题，但不可能解决所有的问题，而是要先找出对

动画 ▼
一根头发引出的思考

服务质量影响最大的几项问题加以解决。

ABC分析法又称排列图法，以"关键是少数，次要是多数"这一原理为基本思想，通过各方面的质量分析，以质量问题的个数和发生问题的频率为两个相关的指标进行定量分析，先计算出每个问题在问题总体中所占的比重，然后按照一定的标准把质量问题分为A类、B类、C类。ABC分析法既保证解决重点服务质量问题，又照顾一般质量问题的解决。

ABC分析法的步骤如下：

（1）确定分析对象，如原始记录中的服务员工作记录、顾客意见记录、质量检查记录、顾客投诉记录等能如实反映质量问题的数据。

（2）根据质量问题分类画出排列图（见图6-2）。

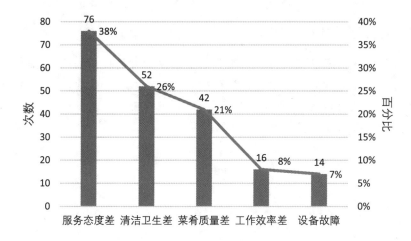

图6-2　服务质量问题排序图

（3）通过各类型所占比例找出主要问题。

① 累计频率在70%以内的为A类因素，是主要因素，是亟待解决的质量问题。

② 累计频率在70%~90%的为B类因素，是次要问题。

③ 累计频率在90%以上的为C类因素，是一般问题。

例如：某餐厅服务质量检查小组日常检查评分，全月共发现"差"的项目共有200项，其中：服务态度差的有76次，占38%；清洁卫生差的52次，占26%；菜肴质量差的42次，占21%；工作效率差的16次，占8%；设备故障14次，占7%。根据上述数据画出排序图，由此分析出A类因素为服务态度和清洁卫生问题，即亟待解决的问题。

知识拓展　Learning More

餐饮服务质量分析的主要内容

餐饮服务质量分析的主要内容包括：餐饮服务质量水平分析、餐饮服务质量的稳定性分析、餐饮服务质量的问题分析（见表6-4）。

表 6-4　餐饮服务质量分析的主要内容

内容	说明
餐饮服务质量水平分析	以各种信息反馈的资料、检查和考核资料、日常统计数据为依据,正确分析本酒店餐饮服务质量的水平,本酒店与本市、本地区、国内餐饮服务水平相比较所处的位置,本酒店餐饮服务质量的绝对水平所处的档次,本酒店餐饮服务质量提高的潜力有多大,有什么不足之处,等等
餐饮服务质量的稳定性分析	服务质量的稳定性包括:餐饮服务各环节、各工序协调稳定,服务水平稳定,服务水平在时间上的持续性(未发生明显波动)
餐饮服务质量的问题分析	主要分析服务质量上出现的问题,产生问题的原因,用什么方法去解决问题,等等

(二) 圆形百分比分析图法

圆形百分比分析图是指通过计算服务质量信息中有关数据的构成比例,以图示的方法表示存在的质量问题。例如,某餐厅在一个星期内随机调查了 100 位顾客对餐饮服务的意见,根据数据统计得出了百分比分析图(见图 6-3)。由图可知,餐厅当前需要重点解决的是菜肴质量和服务效率方面的问题。

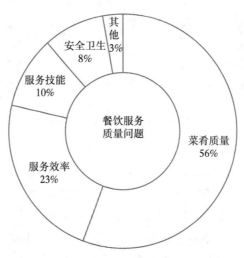

图 6-3　服务质量问题圆形百分比分析图

(三) 因果分析图法

因果分析图法是指通过存在的质量问题及其产生原因的系统分析,以图示的方法直观地表示两者之间的因果关系。其形同鱼刺,又像树枝,因此又称鱼刺图、树枝图。影响服务质量的因素是错综复杂的,并且是多方面的。因果分析图法对影响质量(结果)的各种因素(原因)之间的关系进行整理分析,并且把原因与结果之间的关系用带箭头的线表示出来,如图 6-4 所示。

因果分析图法分析过程如下:

项目六 餐饮服务质量管理

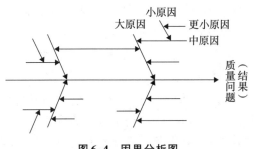

图6-4 因果分析图

(1)确定要分析的质量问题,即通过ABC分析法找出A类问题。

(2)分析A类质量问题产生的原因,找出质量问题产生的各种原因是用好这个方法的关键。

(3)将找出的原因进行整理,按结果与原因之间的关系画出因果分析图。

例如:某餐厅存在上菜速度慢的问题,产生此问题的原因很多,可以用鱼刺图进行分析,如图6-5所示。

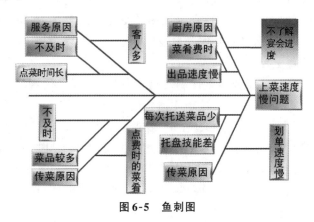

图6-5 鱼刺图

四、餐饮服务质量控制

根据餐饮服务的3个阶段(准备阶段、执行阶段和结果阶段),餐饮服务质量控制可相应地分为预先控制、现场控制和反馈控制。

(一)餐饮服务质量的预先控制

所谓预先控制就是为使服务结果达到预定的目标,在开餐前所做的一切管理上的努力。预先控制的目的是防止开餐服务中所使用的各种资源在质和量上产生偏差。

1. 人力资源的预先控制

根据预订信息,合理安排员工班次、数量与岗位。人员安排时要考虑工作量负荷的相对平衡,同时从人性化管理的角度充分考虑员工的服务技能、技巧及特点,人尽其才,将员工安排到合适的岗位上。餐厅应根据自己的特点,灵活安排人员班次,以保证有足够的人员。那种"闲时无事干,忙时疲劳战",或者餐厅中顾客多而服务员少、顾客少而服务员多的现象,都是人力资源使用不当的不正常现象。要进行有效的人员配备,需要先对餐厅的用餐高峰进行预测和评估。例如,预测一周中每天的用餐顾客数,同时进一步预测每天的用餐高峰时段,然后根据这些数据,灵活地安排临时工或小时工,可有效缓解餐厅营业高峰期人手紧张的问题。

在开餐前必须对员工的仪容仪表进行一次检查。开餐前数分钟,所有员工必须进入指定的各自岗位,姿势端正地站在最有利于服务的位置上。女服务员双手自然叠放于腹前或自然下垂于身体两侧,男服务员双手放背后或贴近裤缝线。全体服务员应面向餐厅入口等候顾客的到来,给顾客留下良好的第一印象。

2. 物力资源的预先控制

服务过程是否顺利、高效,餐前准备是基础。根据所掌握的顾客信息和菜单内容准备相应的餐具、服务用具和调味品等,并按规定整齐摆放在固定位置以备用。开餐前,必须按规格摆好餐台;准备好餐车、托盘、菜单、开瓶工具及工作台小物件等。另外,还必须备足相当数量的翻台用品,如桌布、口布、餐巾纸、刀叉、调料、火柴、牙签、烟灰缸等。餐厅主管需到现场进行检查,对于摆台不规范,以及餐具破损、受污染等问题,要及时提出并采取纠正措施,特别是破损和受污染的餐具,在顾客到来之前必须及时更换,以防对顾客造成伤害而导致严重投诉。

3. 卫生质量的预先控制

卫生质量控制是餐饮服务质量控制的重要一环。目前,顾客关于餐厅卫生质量方面的投诉占了总投诉量的很大一部分,因此,进行卫生质量的预先控制尤为重要。首先,在餐具和其他设备清洗和消毒过程中,要严格按照有关规程操作。对消毒后的餐具应正确摆放和使用。尤其要注意防止服务人员习惯性地用抹布对尚待干燥的餐具进行擦拭,造成餐具的二次污染。根据餐厅卫生质量标准,开餐前要进行全面检查,其内容包括环境卫生、设施设备卫生、餐具卫生等,发现问题,马上整改。开餐前半小时对餐厅卫生从墙、天花板、灯具、通风口、地毯到餐具、转台、台布、餐椅等都要做最后的检查。一旦发现不符合要求的,要安排迅速返工。

4. 事故的预先控制

餐厅主管在开餐前的巡视工作中,除了检查物资配备情况和环境卫生外,还要注意餐厅中、餐厅与厨房之间的通道是否顺畅,地面是否有油污或水渍,对于不能及时清除的路面障碍或潜在危险因素,应要求服务员在工作时提醒顾客注意,防止出现顾客滑倒、踩踏等事件。开餐前,餐厅主管必须与厨师长联系,核对前后台所接到的客情预报或宴会指令单是否一致,以避免因信息传递失误而引起事故。另外,还要了解当天的菜肴供应情况,如个别菜肴缺货,应让全体服务员知道,这样,一旦顾客点到该菜,服务员就可以及时向顾客道歉,避免事后引起顾客的不满。

5. 服务信息的沟通

信息沟通不畅是造成服务质量下降的重要原因之一。比如,服务员热情地向宾客推荐菜点,但当点菜单传入厨房后被告知所点菜点没有。这些因信息沟通不畅而出现的质量问题应在预先控制阶段就予以解决。开餐前服务人员要清楚知道当天的特别推荐菜式,同时明了来宾的信息。管理人员应在餐前会上检查服务员对客情及菜点的掌握情况,以便提供更具个性化的服务。

6.员工的思想准备

员工思想准备包括岗前培训,大型、重要接待任务前的思想动员等,其目的是使员工保持良好的服务状态。

知识拓展 Learning More

餐饮服务质量控制的基础

进行餐饮服务质量控制的目的是使餐厅的每一项工作都围绕"为宾客提供满意的服务"这个中心而展开。要进行有效的餐饮服务质量控制,必须具备以下3个基本条件。

1.必须建立标准的餐饮服务规程

服务规程是指餐饮服务所达到的规格、程序和标准,为了保证和提高服务质量,我们应该把服务规程视作工作人员应当遵守的准则和餐饮企业服务工作的内部法规。

餐饮服务规程必须根据宾客生活水平和对服务需求的特点来制定。例如,西餐厅的服务规程要适应欧美宾客的生活习惯。另外,还要考虑到市场需求、酒店类型、酒店等级、酒店风格、同行业国内外先进水平等因素的影响,并结合具体服务项目的内容和服务过程,来制定出适合本酒店的标准服务规程和服务程序。

餐厅工种较多,各岗位的服务内容和操作要求各不相同。为了检查和控制服务质量,餐厅必须分别对散餐、团体餐、宴会,以及咖啡厅、酒吧等的整个服务过程,制定出迎宾、引座、点菜、酒水服务等全套的服务程序。

制定服务规程时,首先要确定服务的环节和顺序,再确定每个环节服务人员的动作、语言、姿态,以及服务质量、时间等。每套规程在开始和结束处应有与相邻服务过程相互联系、相互衔接的规定。

在制定服务规程时,不能照搬其他酒店的服务程序,而应该在广泛吸取国内外先进管理经验、接待方式的基础上,紧密结合本酒店大多数顾客的饮食习惯和本地的风味特点等,推出全新的服务规范和程序。同时,要注重服务规程的执行和控制,特别要注意抓好各服务过程之间的薄弱环节。要用服务规程来统一各项服务工作,使之达到服务质量的标准化、服务过程的程序化和服务方式的规范化。

1)标准化

标准化是指在向宾客提供各种具体服务时,必须达到以下要求。

(1)设施、设备的质量标准必须和餐厅的等级和规格相适应。

(2)产品质量标准必须和价值相吻合,体现质价相符的原则。

(3)服务质量标准必须以"宾客至上,服务第一"为基本出发点,做出具体规定。制定标准是一项非常复杂的工作,主要有以下8个方面的内容:设备、设施质量标准、产品质量标准、接待服务标准、安全卫生标准、服务操作标准、礼节、仪容标准、语言、动作标准、工作效率标准。

2)程序化

程序化是指接待服务工作的先后次序,以标准化为基础,通过服务程序使各项服务工作有条不紊地进行。制定接待程序,应做好下列基础工作。

(1)要研究服务工作的客观规律,即在制定标准程序的同时,要分析各项工作的先后次序,使之形成一个整体。

(2)要考虑企业的人、财、物,尽量扬长避短。

(3)程序化是规范化而不是公式化,因此要有相对的灵活性。

(4)分析宾客的风俗习惯和生活需求,根据不同接待对象和服务项目来制定。

(5)各项服务工作程序的制定和执行要有一个过程。

总之,服务程序的制定要以宾客感到舒适、方便、满意为原则,而不能仅以服务人员自己的方便、轻松为基点。因此,程序要经试行,并逐步修改使其完善,最后达到科学合理、提高服务质量的目的。

3)制度化

制度化是指用规章制度的形式把餐饮服务质量的一系列标准和程序固定,使之成为质量管理的重要组成部分。

餐饮制度分两种:一种是关于直接为宾客服务的各项规章制度,如餐饮产品检验制度,以及餐具更新、补充制度等,这些制度全面而具体地规定了各项服务工作必须遵循的准则,要求餐饮工作人员共同执行;另一种是关于间接为宾客服务的各项规章制度,如餐饮交接班制度、工作记录制度、客史档案制度、考勤制度等,这类规章制度主要用以维护劳动纪律、保证直接对客服务制度的贯彻执行。

2. 应抓好员工的培训工作

企业之间服务质量的竞争主要是员工素质的竞争,很难想象,没有经过良好训练的员工能有高质量的服务。因此,新员工上岗前,必须进行严格的基本功训练和业务知识培训,不允许未经职业技术培训、没有取得一定资格的人上岗操作。在职员工也必须利用淡季和空闲时间进行培训,提高业务水平,丰富业务知识。

3. 必须收集质量信息

餐厅管理人员应该知道服务的效果如何,即宾客是否满意,从而采取改进服务、提高质量的措施。应该根据餐饮服务的目标和服务规程,通过巡视、定量检查、制作统计报表、听取宾客意见等方式来收集服务质量信息。

> **对点案例**
> Case Study
>
> **杯子不够**
>
> 　　某酒店餐厅的李经理接到电话，8号包厢2号桌的顾客投诉：在用餐期间无茶水。稍后李经理通知餐厅主管，十分钟后他赶到现场，发现2号桌仍有部分顾客无茶水，于是询问服务员。服务员解释说杯子不够，故茶没有泡齐，只给喊着要茶的顾客上了茶水。
>
> 　　**分析与决策**：应该如何做好餐前准备工作并做好预先控制？
>
> 　　**【案例评析】**备足餐具是餐前准备工作的重要一环，必须认真对待。本案例就说明了这样一个由于餐具准备不足而导致服务失败的事件，服务员需引以为戒。此事件的发生也说明服务员严重缺乏服务意识。8号包厢是同时容纳5桌的大包厢，因此在餐具的配备上，按惯例是用茶盅泡茶而不泡杯茶。虽然如此，但对于顾客的合理要求（即泡杯茶），服务员应马上予以满足。即使存在杯子不够的客观事实，服务员也必须清楚，顾客的满意程度是体现服务质量优劣的关键，优质的服务必须做到一切想到顾客开口之前，对顾客永远不说"不"，这是基础。在此事件中，餐厅管理人员在服务意识上也存在严重的问题，餐厅主管接到电话后，必须马上予以关注，及时、到位地弥补服务上的不足，为顾客将茶泡好，消除顾客的不满。

动画
▼

杯子不够

（二）餐饮服务质量的现场控制

所谓现场控制是指监督现场正在进行的餐饮服务，使其规范化、程序化，并迅速妥善地处理意外事件。这是餐厅主管的主要职责之一，餐饮部经理也应将现场控制作为管理工作的重要内容。

1. 服务程序的现场控制

开餐期间，餐厅主管应始终站在第一线，亲自观察、判断、监督与指挥服务员按标准程序服务，发现偏差，及时纠正。同时，各餐厅主管之间应有较明确的职责分工，分别对传菜、楼面和酒水等服务岗位进行具体的监管，从而保证现场控制的全面性。在营业的高峰期，如果出现人手不足的问题，主管应及时查补漏缺，在监管的同时，灵活机动地参与服务工作，不能只说不做，引起甚至激化服务人员的逆反情绪，影响其为顾客提供服务的质量。

2. 上菜时机的控制

上菜时机要根据顾客用餐的速度、菜肴的烹制时间等因素决定，做到恰到好处，既不要让顾客等太久，也不应将所有的菜肴一下全部都端上去。餐厅主管应时常注意并提醒服务人员掌握好上菜时间，尤其是大型宴会，上菜的时机应由餐厅主管和经理掌握。

3. 意外事件的控制

餐饮服务是面对面的直接服务，容易引起顾客的投诉。一旦引起投诉，主管一定要迅速采取弥补措施,以防事态扩大,影响其他顾客的用餐情绪。如果是由服务态度引起的投诉,主管除向顾客道歉外,还应替顾客换一道菜。发现有醉酒或将要醉酒的顾客,应告诫服务员停止斟酒。对已醉酒的顾客,要设法不激化其情绪,并尽量让其早点离开,以维持好餐厅气氛。

4. 人员控制

开餐期间,服务员虽然实行分区看台负责制,即在固定区域服务(一般可按每个服务员每小时能接待20名散客的工作量来安排服务区域),但是主管应根据客情变化,进行第二次分工、第三次分工……从而进行各区域的协调联动。当用餐高峰期结束后,应让一部分员工先去休息一下,留下一部分人工作,到了一定时间再更换,以提高员工的工作效率。这种方法对于营业时间长的咖啡厅特别有必要。

对点案例 Case Study

蚝油牛肉变成了青椒炒牛肉

"青椒炒牛肉,请慢用。"服务员小杨报上菜名即欲转身离开餐桌。"小姐,先别走。我们点的是蚝油牛肉,怎么变成了青椒炒牛肉?"桌上的一位老先生开口了。"对呀,我们点的不是青椒炒牛肉,看看菜单。"不知是谁提出要看点菜单的建议。小杨从工作台取过菜单,递给刚才提建议的那位先生——一位戴眼镜的常客苏先生。"点菜单写的没错,是蚝油牛肉。小姐,是不是别桌的菜送到我们这桌来了?先将这道菜退下吧。"苏先生明显想给小杨一个台阶下,意思是不管怎样,还是先退下这道菜。

小杨将菜端出了包厢,但不一会儿又端着原菜走了回来。"没有上错,其他桌没点牛肉。你们将就一下吧。"小杨毫不在意地说,看来出错菜是经常的事。但是刚才那位最先提出异议的老先生——吴先生不高兴了,有点生气地说:"你们酒店怎么能这样,上错菜不当回事,请你们经理来!"小杨嘟着嘴,显然不太情愿的样子,默不作声地走出了包厢。两位先生正想恢复前面话题继续聊天,包厢的门"嗒嗒"两声之后就打开了。一位穿着黑色西服的年轻女经理满脸堆笑地走了进来,并说:"非常抱歉,是我们工作没做好,让你们不满意了。这样吧,这份青椒炒牛肉算我们赠送,再给你们重新做一道蚝油牛肉怎么样?"说完看了顾客一眼。由于都是常客,苏先生赶紧出来打圆场。黄经理又走到吴先生面前,吴先生倒是有儒者风度,这时也没了脾气,主动站了起来,温和地说:"经理,其实不能怪我们不讲情面。我来这里吃了好几次饭了,经常发现上错菜的情况。我们能给你们提意见,也是为了你们好。你们倒是要认真查一下,究竟问题出在哪里,要拿出一点措施来,才能杜绝这种情况,你说对不对?今天的菜我们可以将就,希望下次不会再这样了。"经理忙不迭地说:"您说得非常对,这是我的责任,我一定要查一下,彻底解决这一类问题。太感谢您了。"

分析与决策:应该如何做好开餐服务工作和现场控制?

动画
蚝油牛肉变成了青椒炒牛肉

【案例评析】上述案例中,服务员小杨无论如何都要应先将上错的菜退走,不该再将原菜返回。小杨担心投诉到经理那里自己会被批评,于是要求顾客将就接受上错的菜,这种做法是火上浇油,最终难免也要受到批评。要想不被批评,工作就要认真。经理现场应对表现得相当老练。但正如吴先生、苏先生所说,要想杜绝经常上错菜的现象就必须拿出措施,包括同步控制、跟踪检查,发生问题后更要查清责任,按有关规定予以处理。其中包括让厨师"买"下这道菜,以及将传菜口、看台服务员不认真核对菜单记录在案等,以便作为月底在浮动工资、效益奖金分配方面确定等级的参考依据。

由小见大、举一反三,是加强管理、提高服务质量的重要方法。上错一道菜,看似小事,但从中可以看出员工的责任心,小题应该大作,引以为鉴。处理有关岗位员工是必须的,但还应当在班前班后的会上予以就事论事的通报总结,以引起大家的重视。

(三)餐饮服务质量的反馈控制

所谓反馈控制就是通过质量信息的反馈,找出服务工作在准备阶段和执行阶段的不足,采取措施来加强预先控制和现场控制,提高服务质量,使顾客更加满意。信息反馈系统由内部信息反馈系统和外部信息反馈系统构成。

1. 内部信息反馈系统

内部信息反馈系统的信息来自服务员和经理等有关人员。因此,每餐结束后,应召开简短的总结会,以不断改进服务质量。

2. 外部信息反馈系统

外部信息反馈系统的信息来自顾客。为了及时得到顾客的意见,餐桌上可放置顾客意见表,在顾客用餐后,也可主动征求顾客意见。顾客通过大堂、旅行社等反馈回来的投诉属于强反馈,应予以高度重视,保证以后不再发生类似的质量偏差。

只有建立和健全内、外信息反馈系统,餐厅服务质量才能不断提高,更好地满足顾客的需求。

小贴士
Tips

餐饮服务质量管理控制的实施

餐饮服务质量控制的实施可以分以下几个步骤进行。

· 了解顾客的期望。一般而言,顾客对餐饮服务的期望主要由顾客的个人需要、顾客的过去经历和餐厅的外在口碑3个因素决定。餐厅在圈定自己的目标市场时,就已将自己的目标顾客市场的需求与其他目标市场进行了区分。进一步分析目标顾客市场的具体需求对于了解顾客对餐饮服务的期望至关重要。餐厅可通过前期市场调查、建立良好的顾客反馈信息系统等方法,获取较为直观的第一手资料,并从质与量两个方面分析、研究"满足顾客需求"中"满足"两字的根本含义,掌握顾客的消费模式,即了解顾客如何评价餐饮产品的适宜程度,进而确定目标顾客的具体需求及其对餐厅服务的期望值。

• 确立餐饮服务水平。在了解顾客服务期望的基础上,餐厅可以设立相应的餐饮服务内容,制定标准规格,进行人员和设施设备的布置,从而组成相应的服务提供系统。一般来说,餐厅确立餐饮服务水平包括以下内容:

①按照餐饮管理者对顾客需求的认识提出服务目标。

②制定各项服务质量标准和操作规程,使服务提供系统在实际运转中达到预期的目标。

③根据自己的服务内容和特色,餐厅通过广告宣传和各种媒介途径使顾客适应现有水平。

④通过顾客消费信息的反馈,不断修正服务目标和改善服务提供系统,使服务水平达到完全满足顾客需求的程度。

• 制定餐饮服务质量标准。餐饮服务质量的标准就是服务规程,即餐饮服务应达到的规格、程序和标准。为了提高和保证服务质量,餐饮管理者应把服务规程视作工作人员应该遵守的准则,视作内部服务工作质量的法规。制定服务质量标准时,要先确定服务的环节、程序,再确定每个环节服务人员的动作、语言、姿态,以及时间要求、临时要求等。

• 加强餐饮服务质量的监督检查。餐饮服务质量的监督检查必须落到实处,在合理的组织基础上进行有效控制,建立上对下的工作指令系统和下对上的逐级反馈系统。

①制定并负责执行各项管理制度和岗位规范,抓好礼貌待客和优质服务教育。

②通过反馈系统了解服务质量情况,及时总结工作中的正反典型事例并及时处理投诉。

③组织调查研究,提出改进和提高服务质量的方案、措施与建议,促使餐厅服务质量和经营管理水平的提高。

④分析管理工作中的薄弱环节,改革规章制度,整顿纪律,纠正不正之风。

⑤组织定期或不定期的现场检查,开展评比和优质服务竞赛活动。

对点案例 Case Study

微笑的背后

一位顾客请他的朋友到一家高星级酒店吃饭,图的是酒店的环境幽雅和星级服务。服务员彬彬有礼,举止仪态端庄得体,尤其是负责值台的服务员始终笑容可掬。席间,顾客的两位朋友有事先走,服务员收去他俩的碗筷酒杯。再转一圈,趁其余的人聊天小憩之机,又收去了其他人放在盘子上的筷子,再转一圈,就把酒杯全端走,接着便上来收走那些动过的或没动过的菜肴。自始至终,服务员未对他们进行任何语言方面的征询,一直是笑眯眯地完成这些动作。他们竟都被这位服务员的举动弄得瞠目结舌,大家明明知道服务员在撵客,可谁也没说什么,一说恐怕就要坏了大家彼此的心境,破坏朋友相聚的那种愉快氛围,但被撵的遭遇深深地刻在了大家的心底。

分析与决策: 应该如何做好餐后服务环节的工作与反馈控制?

【案例评析】撵客是酒店的大忌。无论是直接的还是间接的,明显的、暗示的,都属于自塞门路。顾客没有明确表示,服务员是不能擅自撤席的,这是服务员最起码的职业道德。作为高星级酒店应有这么一项规定:顾客明确表示要退席后,服务员要根据情况征询顾客对未动过菜或剩菜的处理意见,询问是否打包,尽量提供方便。提高服务质量要在提高服务员的素质上下功夫,要在落实服务质量的内涵上下功夫,同时还要做好服务质量的督导与控制工作。

动画
微笑的背后

思考与练习

1. 问题思考

(1) 餐饮服务质量的特点是什么?

(2) 餐饮服务质量分析的方法主要有哪些?

(3) 餐饮服务质量控制一般分几个阶段,各自的内容是什么?

(4) 如何对餐饮服务质量进行控制和监督?

2. 实战演练

(1) 试用你所学到的餐饮服务质量分析法对餐饮服务质量问题进行分析。

(2) 你认为餐饮服务质量检查还应考虑哪些因素?试设计一份餐饮服务质量检查表。

(3) 用你设计的餐饮服务质量检查表,为一家餐厅的服务质量打分。

(4) 假如你是一位餐厅经理,请你设计一份对客服务质量预先控制及现场控制方案。

(5) 设计不同场景,采用角色扮演法模拟就餐环节的投诉处理过程。

3. 案例分析

这里的服务世界一流

安德森夫妇是来广州旅游的瑞典游客,下榻在广州某酒店。一天,他们到酒店餐厅用餐。点菜时,顾客根据服务员小李的解释、推荐和自己的口味习惯等点了"拔丝香蕉""煎牛排""贵妃鸡翅"等菜肴。上菜时,小李用熟练的英语为他们重新介绍了"拔丝香蕉"的菜名、制作方法和使用方法,引起了两位顾客的极大兴趣,并对中国烹饪赞不绝口。上完菜后,小李经过仔细观察,发现两位顾客对"煎牛排"不是太感兴趣,于是主动上前,微笑地问顾客原因,发现顾客对这道菜的制作方法不是很满意。小李在征得顾客同意后,及时撤下这道菜,并与厨房联系,根据顾客的要求,对这道菜进行了重新加工。菜肴加工完毕后,又及时地为顾客端上餐桌。顾客品尝后,连连竖起大拇指,夸奖道:"这里的服务是世界一流的!"

思考:要完成一次令顾客满意的服务,应注意服务过程中的哪些具体环节?为外宾提供餐饮服务时,应注意哪些事项?

4.实训练习

实训1:餐厅服务质量分析

- 实训目标:培养学生独立进行服务质量分析的能力。
- 实训提示:运用所学的服务质量分析法,制作该餐厅的服务质量问题因果分析图,并提出改进措施。
- 实训要求:

(1)将学生分成几个小组,调查并收集一家餐厅的服务质量问题信息。
(2)对收集到的有关质量信息进行分类和分析。
(3)找出该餐厅服务质量存在的主要问题。
(4)学生互评,最后教师总结点评。

- 实训总结:

实训2:餐饮服务质量控制

- 实训目标:使学生了解质量监督的基本过程,初步了解服务质量控制的方法。
- 实训提示:实习餐厅要对学生进行评估,教师负责对学生的报告及其表现打分。
- 实训要求:

(1)安排学生到实训基地(酒店或餐厅均可)轮流担任质量监督助理。
(2)按业务流程将相关学生确定为各个阶段的质量监督助理,负责质量监督和检查。
(3)在顶岗实训前,要对学生进行培训,明确其责任和义务。
(4)学生在实训后应总结出一套行之有效的质量控制方法,且具有创新性。

- 实训总结:

实训3:制定餐饮服务质量检查表并依据检查表进行现场检查

- 实训目标:使学生掌握餐厅服务标准。
- 实训提示:餐饮服务质量的监督检查是餐饮管理的重要内容之一。在餐饮服务质量系统中,部门和班组是执行系统的支柱,以岗位责任制和各项操作规范为保证,以提供优质服务为主要内容。从上到下逐步形成工作指令系统,从下到上形成信息反馈系统。将部门所制定的具体质量指标分解到班组和个人,由质量管理办公室或部门质量管理员协助部门经理对餐厅服务质量实施监督检查。这种服务质量检查表既可作为餐厅常规管理的细则,又可以将服务量化,作为餐厅与餐厅之间、班组与班组之间、个人与个人之间竞赛评比的标准或对餐厅服务员考核的依据。

• 实训要求:

(1) 根据餐饮服务质量的内容,以及对服务员礼节礼貌、仪表仪容、服务态度、清洁卫生、服务技能和服务效率等方面的要求,将质量检查归纳为就餐环境、服务规格、仪表仪容、工作纪律4个大项。依据这些内容可以制定详细的检查表并据此进行检查。

(2) 列出就餐环境、服务规格、仪表仪容、工作纪律中每个项目的检查细则。使用餐厅服务检查表时,可根据本餐厅的具体情况增加或减少检查细则项目。

(3) 将4个大项分为4个检查表,分别使用。在"等级"栏目中,也可将"优、良、中、差"分别改为得分标准,如"优"为4分、"良"为3分、"中"为2分、"差"为1分。分别制作就餐环境检查表、服务规格检查表、仪表仪容检查表、工作纪律检查表。

(4) 最后可按优、良、中、差各等级的得分率来进行比较;或将4项若干个细则的综合得分进行服务质量好坏的比较。

• 实训总结:
_____
_____

项目七
餐饮原材料管理

 项目导读

　　在餐饮工作中,除了餐前、餐中、餐后的服务和技能外,还有一环虽然顾客无法看到,但对餐饮工作能否顺利进行和开展却是至关重要的,那就是餐饮原材料的管理。餐饮原材料的采购、验收、储存和发放是餐饮管理的重要内容。食品原材料是满足就餐者对餐饮产品需求的重要物质基础,也是餐饮成本控制的重要对象。餐饮原材料的质量直接影响餐饮产品的质量,而其价格又直接关系到餐厅的经济效益,因此,餐饮原材料管理显得非常重要而又关键。

　　采购是厨房生产获取必需原材料的前提,验收是为厨房生产提供价格适宜又符合质量要求的各类原材料的保证。因此,对于餐饮原材料的采购控制是必要的,而忽视原材料的验收管理往往会使采购的各种控制前功尽弃。为此,餐厅必须做好餐饮采购控制工作,杜绝采购漏洞,把好验收关。我们要学会如何选择合理的原材料采购方式,掌握正确的原材料采购、验收的工作流程和管理控制方法。

　　餐饮原材料的储存是收货与生产之间的重要环节,储存原材料的质量好坏直接影响产品的质量优劣。如果库存管理不严,企业的成本和经营费用就会增加,导致顾客得不到高质量的服务。加强储存管理,要求企业改善储存设施和条件,合理安排库存物资,加强仓库的清洁卫生与安全工作。库存通常是验收后的下一道工序,要求通过科学的管理手段和措施保证餐饮成本得到有效控制。

　　科学的餐饮原材料发放、管理与控制可以保证厨房和酒吧能及时得到足够的原材料,控制厨房和酒吧的用料数量,并能正确地统计原材料的成本和库存。餐饮原材料的发放工作不仅仅是将原材料从仓库中取出供生产使用,也是对取出用于生产的原材料进行控制的过程。

项目目标

素质目标
1. 精打细算,树立成本意识。
2. 诚实守信,恪守职业道德操守。

知识目标
1. 能够了解餐饮原材料的采购程序与采购控制基本方法。
2. 能够熟悉餐饮原材料采购与验收控制的程序。
3. 能够了解餐饮原材料的储存方法及库存原材料的计价方法。
4. 能够掌握餐饮原材料的发放控制方法。

能力目标
1. 能够控制餐饮原材料采购的质量和数量、价格与成本等。
2. 能够根据餐饮原材料的不同特点,按照不同的方法进行储存。
3. 能够有效管理餐饮原材料的采购、验收、储存、发放等环节。
4. 能够根据餐厅的具体情况制定相应的保管规章制度,并制作和填写储存、发放及盘存等各环节的报表。

知识导图

```
                          ┌─ 原材料采购的组织形式
                          ├─ 原材料采购程序
         ┌─ 餐饮原材料的采购管理 ─┤
         │                ├─ 原材料采购的常用方法
         │                └─ 原材料采购控制
         │
餐饮原材料 ─┤                ┌─ 餐饮原材料验收的基本程序
管理       ├─ 餐饮原材料的验收管理 ─┤
         │                └─ 餐饮原材料验收控制
         │
         │                  ┌─ 餐饮原材料的储存管理
         └─ 餐饮原材料的储存与发放管理 ─┤
                            └─ 餐饮原材料的发放管理
```

任务一 餐饮原材料的采购管理

餐单确定之后,所有满足顾客需求的餐饮原材料均需通过采购工作来获得。餐饮原材料的采购,是餐厅为顾客提供菜单上各种菜肴的重要保证,只有原材料的质量好,才能保证菜肴口味佳。餐饮原材料的采购数量、质量和价格不合理，会使餐饮成本大大增加。因此，餐饮原材料的采购管理能够保证厨房的正常生产与餐厅的正常供应，并且确保以最为优惠的价格采购到符合质量要求的食品原材料。

任务导入 Task Leading-in

把好采购关

某酒店的一水产供货商，刚开始给酒店供货时，质量好、价格较低，也能为酒店着想。随着时间的推移，该供应商与采购员、验收员的关系逐渐密切，同时和餐饮部的管理人员及厨师也相处得很好。于是，水产品的质量随之下降，而价格则有所上涨。最后，酒店更换了供应商。但随之采购员、验收员和厨师对新的供货商开始进行诸多刁难。

想一想：如何才能做好食品原材料采购的控制工作？该酒店的采供体系存在哪些问题？

一、原材料采购的组织形式

餐饮原材料采购的基本环节包括订货和购买。根据酒店的管理体系及餐饮规模和人员等情况，餐饮原材料采购主要有以下3种组织形式。

（一）采购部负责采购

采购部在酒店中属于二级部门，通常由酒店财务部管理。这种组织形态在国内多见于独资、合资及规模较大的酒店。由于采购业务归财务部统管，采购时相对就比较规范，制度比较严密，采购成本、采购资金控制也较为严密。但在这种采购体制之下，采购的周期较长，及时性较差。因此，餐饮部有关管理人员必须对食品原材料的质量标准进行规范化，对采购运作时间应予以明确规定，以保证供需的协调一致。

（二）餐饮部负责采购

这种采购组织形态多见于那些餐饮业务范围较大、餐饮营业收入较多、餐饮部地位较重要的中资酒店。由于食品等采购由餐饮部自己管理，所以采购的及时性、灵活性和食品原材料本身质量的可靠性等就能得到保证；但在这样的采购机制下，采购的数量及成本等就难以控制。因此，在这种采购机制之下，餐饮部的主管领导就应制定相应的规章制度，严把质量和数量关，将采购环节的费用降低。

（三）餐饮部和采供部分工采购

酒店餐饮部负责鲜活原材料的采购，酒店采购部负责可储存物品的采购。这种采购组织机制比较灵活，其弊端就是多头采购，给管理和协调带来了不少麻烦。

餐饮原材料的采购究竟采用哪种形式更好,应该根据酒店的自身情况及酒店所在地原材料市场的供应情况来决定。另外,采购人员的素质高低是搞好采购工作的一个重要前提,国外一些小型酒店通常由业主或经理兼任采购员,可见采购员的选择对餐饮成本控制的重要性。

知识链接

采购人员的要求

二、原材料采购程序

采购程序是采购工作的核心之一。实施采购首先应制定一个有效的工作程序,使从事采购的有关人员和管理者都清楚应该怎样做、怎样沟通,以形成一个正常的工作流程,也使管理者利于履行职能,知道怎样去控制和管理。各酒店可根据自己的管理模式,制定符合本酒店的采购程序,但设计的目的和原理是相同的。图7-1为大型餐饮企业的采购活动流程,中小型餐饮企业虽然没这么复杂,但实际上也具备这些环节和功能,只不过有些工作是由一个人完成的,而不是由一个部门或几个部门完成的。

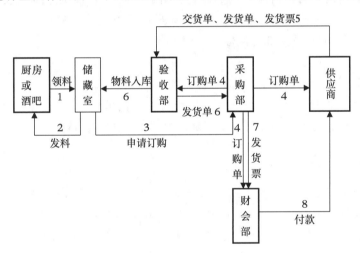

图7-1 大型餐饮企业的采购活动流程

通过图7-1可以看出采购程序如下:

(1)厨房或酒吧确定需要什么原材料后填写领料单。

(2)储藏室根据领料单将食品原材料发放给使用部门。

(3)当存货降至再订购点时,储藏室向采购部递交请购单,申请订购。请购单必须说明要采购的品名、规格、数量及建议供货单位。

(4)采购部根据请购单向供货单位订购所需原材料,然后向验收部和财会部各送一份订购单副本。所以订购单应一式三联,给验收部的目的是按单验收;给财会部的目的是准备付款。

(5)供货商收到订购单后发货,连同交货单、发货单、发货票送至验收部。

(6)验收部根据订购单验收后入库,将发货票和其他凭证签字并盖章后送到采购部。

(7)采购部确认发货票后,将其送至财务部,采购部的任务就此完成。

(8)财务部审核后,向供应单位付款。

三、原材料采购的常用方法

（一）市场即时采购

市场即时采购指在现行食品市场，按品种、数量、价格进行选择购买。购买的主要食品是一些价格起落频繁、不宜储藏的食品，如新鲜的肉类、禽类、水产品和蔬菜等，购买价格随市场的供应情况而变化。购买时要做到：一是让供货单位竞争性报价；二是定点购买；三是在一组供应商中，使他们在价格和质量方面进行竞争，但采购量要足够大。

（二）招标采购

招标采购就是酒店把所需采购的原材料名称及规格标准，以招标的方式向社会公布，或以邀请招标的形式寄给有关供货单位，再由卖方报价，并择期公开当众开标，公开比价，以符合规定的最低价者得标的一种买卖契约行为。

（三）定点采购

定点采购就是酒店选定供货单位并与之签订长期供货合同，以保证所需原材料的采购方式。定点采购方式一般适用于紧缺原材料和特殊原材料。

（四）集中采购

集中采购是餐饮企业连锁集团总部专设一个中心采购部或配送中心，集中为所属企业进行的采购。其优点是大批量采购能获得较大的折扣，降低成本；有利于保证质量，达到集团统一的规格和标准；对采购人员的违规行为有较大的控制力。其缺点是对本地特色原材料的选择主动权减少，限制下属企业发挥特色的能力；不利于下属餐饮企业发展与当地供应商的合作关系。

（五）电子采购

电子采购将成为采购业发展的一大趋势，因此餐饮企业应顺应潮流，及时行动，加大对电子商务的投入，逐步实现电子销售和电子采购一体化的在线供应链管理模式。一面推行并不断改进"为订单而采购"的经营模式，最大限度地减少销售物流与采购物流之间的中转环节——库存物流，按需求定供应，以信息换库存；另一方面再造销售模式和采购模式，逐步实现在线实时的电子采购并不断提高其份额。

> **小贴士 Tips**
>
> **餐饮业电子采购平台**
>
> 2009年，中国首个餐饮业电子采购管理平台正式上线。该平台可提供值得信赖的供应商和具备大宗原材料采购能力的餐饮企业的相关信息，原材料进出货价格、原产地等各种管理表格也可在线生成，还可让餐饮企业和供

应商的业务与国标财务软件对接。该平台不但能节约采购原材料的时间,而且系统所留的交易记录可以实现产品的安全追溯。

四、原材料采购控制

(一)原材料采购质量控制

要保证餐饮产品质量的稳定性,餐厅使用的食品原材料的质量也应该始终如一。食品原材料的质量是指食品原材料是否适用,越适于使用,质量也就越高。餐饮管理人员应在确定本餐厅的目标和编制有关计划时,规定食品原材料的质量标准。采购部经理或成本控制会计员应当在其他管理人员的协助下,列出本餐厅常用的需采购的食品原材料的目录,并用采购规格书的形式(见图7-2),规定对各种食品原材料的质量要求。

1.原材料名称 ××××××
2.原材料用途 详细介绍原材料的用途,如橄榄用来装饰饮料,猪排用来制作酿馅猪排
3.原材料概述 列出供应原材料的一般质量指标。例如,里脊完整无缺,外有脂肪层,厚度2厘米,冰冻状态,无不良气味,无解冻、变质现象
4.原材料的详细说明 列出有助于识别合格产品的因素,包括产地、规格、比重、品种、份额大小、容器、类型、商标名称、净料率、式样、稠密度、等级、包装物等
5.原材料检验程序 收货时对应该冷藏保管的原材料用温度计测量,通过计数或称重检测数量
6.特殊要求 明确表明质量要求所需的其他信息,如投标程序、包装要求、交货要求等

图7-2 采购规格书格式样本

制定原材料采购规格标准并依此进行采购,是保证厨房生产所需原材料质量的有效措施。采购规格标准是根据厨房烹饪制作的需要,对所要采购的各种原材料做出详细的具体规定,如原材料产地、等级、性能、大小、个数、色泽、包装要求、肥瘦比例、切割情况、冷冻状态等。当然,餐厅不可能也没有必要对所有原材料都制定采购规格标准,但对占食品成本将近一半的肉类、禽类、水产类原材料及某些重要的蔬菜、水果、乳品类原材料等都应制定采购规格标准。一方面是因为上述原材料的质量对厨房产品的质量起着决定性的作用;另一方面是因为这些原材料的成本较高,因此在采购时必须严加控制。制定采购规格标准应审慎仔细,要认真分析菜单,要考虑各种菜式制作的实际需要,也要考虑市场实际供应情况。一般要求厨师长、食品成本控制员和采购部人员一起研究制定,力求把规格标准定得切实可行。规格标准的表述要科学、简练、准确,避免使用模棱两可的词语,如"一般""较好"等,以免引起误解。

对于一些规模较大、食品原材料使用种类较多的厨房,要想把厨房使用的几百种甚至上千种的各类原材料,都用详细的"食品原材料质量规格书"的形式规定下来,不但需要很长的时间,而且需要的人力、物力也是相当大的,加之有些原材料是不断变化的,这就要及时进行修改,工作量也很大。为此,许多酒店采用一些相对简易的食品原材料质量规格书。特别是对一些活鲜类原材料,如水产品、蔬菜、水果等,只进行简单的品质描述,不规定具体的产地、时间,采购员在采购时可以在几个同类原材料供应商那里选择质量最好、价格合理的原材料。

小贴士 Tips

制定采购规格标准的作用

- 促使厨房管理人员通过仔细思考和研究,预先确定餐厅所需各种食品原材料的具体质量要求,以防采购人员盲目或不恰当地采购。
- 有助于为食品生产提供合适的原材料。
- 把采购规格标准分发给货源单位,能使供货单位掌握厨房原材料的质量要求,避免可能产生的误解和不必要的损失。
- 向各供应单位分发采购规格书,以便供应单位投标。
- 采购员可以不必在每次订货时都向供货单位重复解释原材料的质量要求,从而可以节省时间、减少工作量。
- 有助于做好食品原材料验收工作。食品原材料采购规格标准是原材料验收的重要依据之一,它对控制原材料质量有着极为重要的作用。
- 有助于搞好领料工作。
- 可防止采购部门与食品原材料使用部门之间产生矛盾。
- 有助于成本控制员履行职责。
- 有助于保证购入的各种食品原材料质量都符合餐厅的要求。

(二)原材料采购数量控制

采购数量要随餐厅销售量和库存量的变化而不断进行调整,采购数量不当分为两种情况:一是采购数量过多,导致占用过多资金而周转困难,以及原材料腐烂变质;二是采购数量过少,导致供应中断、没有库存而影响正常销售。

1. 易坏性食品原材料的采购数量控制

易坏性食品原材料一般为鲜活货,这类原材料要求购进后立即使用,用完后再购进。这类原材料的采购频率较大,一般使用日常采购法和长期订货法。

1) 日常采购法

厨房订货的品种多为鲜活食品原材料,具有易腐的特性,通常不宜作为库存食品。因此,厨房应根据需要每日或隔日提出订货。公式如下:

$$应采购数量 = 需使用数量 - 现有数量$$

其中,需使用数量是指在进货间隔期内对某种原材料的需要量;现有数量是某种原材料的库存数量。

2) 长期订货法

长期订货法适用于一些本身价值不太高,但其消耗量大、所需数量稳定的原材料。例如,面包、奶制品、蛋制品、水果、饮料、餐巾纸等。

2. 非易坏性食品原材料采购的数量控制

非易坏性食品原材料不像鲜活食品原材料那样容易腐败变质,但这也并不意味着可以大批量采购,我们通常使用定期订货法和永续盘存法对这类食品原材料的采购数量进行控制。

1) 定期订货法

定期订货法是一种订货周期固定不变,如每周一次或每两周一次,甚至每月一次,但订货数量可以根据库存和需要改变的一种订货方法,以确保下一期对原材料的供应。每到订货日期,仓库管理员会对库房进行盘点,然后决定订货数量。公式如下:

$$订货数量 = 下期需用量 - 现有数量 + 期末需存量$$

现有数量通过盘点很容易得出,下期需用量可以根据以往记录或预测提出,期末需存量是指从发出订单到货物到达验收这一段时间(订购期)能够保证生产需要的数量。因此,确定期末需存量,应考虑该种原材料的日平均消耗速度和订购期天数。

例如:某餐厅要每月(按30天计算)订购一次罐装菠萝片,消耗量平均每天10罐,订购期为4天,即送货日在订货日后第4天。仓库管理员通过盘点,发现库存还有50罐。

由以上信息,可以决定采购数量:

$$订货数量 = (30 \times 10) - 50 + (4 \times 10) = 300 - 50 + 40 = 290(罐)$$

但是,实际上对期末需存量的确定并不是理想的4×10,考虑到因交通运输,天气或供应情况等方面的意外原因,很多餐厅都会在期末需存量中加上一个保险储备量,以防不测。这个保险储备量一般为理论期末需存量的150%,这样期末需存量实际上应为

$$期末需存量 = (日平均消耗量 \times 订购期天数) \times 150\%$$

如果仍以上例计算,订货数量则为

$$订货数量 = (30 \times 10) - 50 + (10 \times 4) \times 150\% = 310(罐)$$

2) 永续盘存法

永续盘存法,从控制角度看,比定期订货法优越。它是对所有的入库及发料保持连续记录的一种存货控制方法,通过永续盘存表(见表7-1)来指导采购。

表7-1 永续盘存表

编号:1234	
品名:菠萝片	最高库存量:180罐
规格:12罐/箱	最低库存量:60罐

续表

单价:36元/箱				
日期	订单号码	收入	发出	结余
1月10日	#637-43		10罐	60罐
2月10日			8罐	52罐
3月10日			11罐	41罐
4月10日			12罐	29罐
5月10日		156罐	10罐	175罐
6月10日				

例如:某餐厅罐装菠萝片的采购周期为15天,日平均消耗为10罐,最高库存量为180罐,最低库存量为60罐。10月1日当库管员发现发出10罐后发现还剩60罐,于是发出订货通知,订货号码为#637-43,货物3天后到达,计算订货量。

$$订货量＝(180－60)＋10×3＝150(罐)$$

因为1箱为12罐,所以实际订货量为13箱,共156罐。

永续盘存法的主要目的是保证采购的数量满足预期的需要而又不致过多地进货,采购是根据永续盘存表的记录进行的。酒店中的主要干货原材料都建立永续盘存表,一旦结余数量降至再订购点,则可按订单进行采购。所以它既是一种存货控制方法,也是一种采购方法。

小贴士 Tips

确定原材料采购数量时应考虑的因素

确定原材料采购数量时应考虑的因素包括菜品的销售量、储存情况、市场情况、运输情况、使用量的变化等(见表7-2)。

表7-2 确定原材料采购数量时应考虑的因素

因素	说明
菜品的销售量	当菜品销售量突然增大,要相应地增加采购数量,如连续接待大型团队或会议用餐以及推广食品周时,销量必然相应增加
储存情况	确定库存采购量应考虑到仓储设施的承受能力和条件,是否会产生损耗或变质的可能;储存的费用和安全因素也应加以考虑
市场情况	市场的原材料供应受季节变化影响较大,对可能发生短缺的原材料,应随时调整采购周期或库存量
运输情况	有些原材料的采购运输需要一定的条件,应考虑到可能发生的送货误期
使用量的变化	食品原材料库存量应定期检查,当因销售变化而产生库存过多或不足的现象时,要及时采取相应措施

知识拓展 Learning More

原材料采购控制方法

原材料采购控制方法有素质控制法、流程控制法、制度控制法、计划控制法、奖励控制法、文化控制法等（见表7-3）。

表7-3 原材料采购控制方法

方法	说明
素质控制法	餐饮原材料的采购量大，不可控制的因素较多。如果人员选择不当，以次充好、虚报价格的现象势必威胁到企业的生存。在挑选采购人员时，应该严格掌握道德素养、政法观念、商品知识、谈判能力和计算能力5项标准。在这5项标准中，道德素养是首要的，因为其他能力可以培养，唯有道德素养是难以改变的
流程控制法	餐饮原材料的采购控制的业务流程一般是按照"规划→渠道→审批→采购→验收→储存→出库→使用→反馈"几个环节在循环。只要在每一个环节上配备适当的人员并严格把关，就可以有效地控制采购漏洞
制度控制法	单纯的采购制度的建立不足以起到控制作用，还必须配合成本管理制度、质量管理制度，这样才能起到相互制约的作用。成本管理制度重点在于控制原材料采购的数量和价格，而质量管理重点是控制原材料的质量和供应渠道
计划控制法	计划是依据餐厅的日常消耗、历史数据及餐厅发展制订出来的，它要求餐厅做好日常消耗的台账以及仓库的出料统计等基础工作。计划分为日计划、周计划、月计划、季计划和年计划，计划的制订可以防止盲目采购，以及原材料的积压、变质腐败和资金积压
奖励控制法	对采购员在采购质量和采购价格方面有突出贡献者给予适当奖励，是一种正向激励的积极措施。它把采购员的暗中回扣变成合法奖励，对进一步加强采购员的责任感和荣誉感可以起到很好的效果。奖励的方式可以是多种多样的，如现金、福利和表彰等，这样可以培养采购员对企业的忠诚度，树立良好的企业风气
文化控制法	建立健康向上的企业文化是培养一支能打硬仗的优秀团队的法宝。"近朱者赤，近墨者黑"，优秀的企业文化可以陶冶员工的情操。在一个团结向上、正气上行的团队里，品行低劣的人和行为都是无法立足的

对点案例 Case Study

坚持比质比价，择优进货

北京某酒店在降低餐饮成本的工作中，紧紧抓住采购这个关键，提出了"四同四比"的原则，即同样的原材料比质量，同样的质量比价格，同样的价格比服务，同样的服务比结算。在确定供货商时，不仅要考虑到供货商的价格，还要考虑供货商的信誉、原材料质量、送货距离、服务态度、财务状况等因素。他们在管理中做到了"四精心"：精心收集市场信息——厨师长每周两次到农贸市场了解菜价,及时掌握全市批发、零售市场的原材料价格;精心制订采购计划,减少库存;精心选择供货商,好中选优;精心运行监督与制约机制——审核采购计划、价格和票据,检查食品质量,各部门各负其责,做到决策透明、监督透明。

分析与决策:如何才能做好食品原材料采购的控制工作?

【案例评析】要做好采购工作,就必须建立制度和标准,以确保采购工作的顺利开展。餐饮原材料的采购是餐饮产品生产的第一道环节,它是根据生产需要和实施计划购货,并以最低的价格购得保证质量的原材料。采购管理的好坏不仅关系到菜品的品种和质量,而且关系到餐饮产品的成本控制和厨房生产的经济效益。可以说,没有合格的、特定的原材料,就很难生产出优质的产品。所以,把握好餐饮原材料的进货关,不仅要考虑到原材料品种、原材料产地,还要讲究原材料的上市季节、原材料部位等。采购工作因其中不确定因素较多、管理难度大,是整个酒店成本控制中的重要环节。因此,抓好餐饮经营的采购控制和管理十分重要。作为一名管理者,首先应加强原材料的采购管理,用最低的价格购得最理想的原材料,以满足生产和销售的需求,使其产生最大的效益。

任务二　餐饮原材料的验收管理

验收管理是餐饮管理和成本控制中不可缺少的重要环节。验收管理不仅关系到厨房生产成品的质量,还对生产成本的控制产生直接影响。在采购物资到货之后,必须要对采购原材料进行严格的验收。如果只对餐饮原材料的采购进行控制,而忽视验收这一环节,那么会使餐厅对采购的各种控制前功尽弃。供应商在发货时会有意无意地超过订购量,或缺斤短两,或质量不符合餐厅的要求,高于或低于采购规格;账单上的价格也往往与商定的价格有所出入。因此,为了使原材料符合订货要求,管理者应该规定验收程序和要求,并采用有效的验收方法,对验收工作加以控制。

任务导入 Task Leading-in

原材料采购与验收矛盾

杭州某餐厅采购部经理遇到了采购管理中采购与验收矛盾的问题。具体表现为,餐厅采购原材料时,因为没有成文的标准和明确的分工,收货组只管收货不管质量,而到了使用时才发现原材料的质量不好要退货,所以产生了一个弊病,即需要经常与供货商扯皮,尤其是鲜活产品。这样既浪费时间和人力,又无法保证食品的质量。

想一想:怎样解决原材料采购与验收工作矛盾的问题?

一、餐饮原材料验收的基本程序

根据验收的目的,验收程序主要围绕以下3个主要环节展开,即核对价格、盘点数量、检查质量。验收的程序分为以下12个步骤。

(一)根据订购单检查进货

当供货单位送来食品原材料时,验收员首先将供货单位的发货票与事先拿到的相应的订购单进行核对。验收员首先应核对票上的供货单位的名称与地址,避免错收货和接受本餐厅未订购的货物。其次是核对票上的价格。若票上的价格高于订购单上的价格,验收员要弄清提价的原因,并将情况反映给采购部经理、成本控制员或厨师长,无论退货与否,都要由厨师长和成本控制员在货物验收单上签字,表示负责。若供货单位送货时的价格低于订购单上的价格,验收员应请厨师长检查食品原材料的质量,若质量合格,厨师长则在验收单上签名,验收员可按此价接受这批原材料。

(二)检查食品原材料质量

检验食品原材料的依据是食品原材料采购规格标准、请购单和订购单,这些表单均有关于采购的食品原材料质量要求的描述。一套完整的采购规格表应贴在墙上或特别的大块批示牌上,以便到货时核对参考。若发现质量问题,如食品原材料腐烂、变色、气味怪异、袋装食品有效期过期、水果有明显磕碰痕迹等现象时,验收部有权当即退货。

(三)检验食品原材料数量

验收员根据订购单对照送货单,通过点数、称量等方法,对所有到货的数量进行核对。数量检查核对应注意下列事项:①若有外包装,应先拆掉外包装再称量;②对于密封的箱或其他容器的物品,应打开一个进行抽样调查,查看里面的物品数量与重量是否与容器上标明的一致,然后再计算总数。但对高规格的食品原材料仍需全部打开逐箱清点数量;③对于未密封的箱装食品原材料,仍应按箱仔细点数或称重;④检查单位重量。除了检查到货重量,还应抽查单位重量,检查单位重量是否在验收规格规定的范围之内。

(四)在发货票上签名

所有送货应有发货票。送货员交给验收员的发货票有两联,送货员要求验收员在发货票上签名,验收员将第二联还给送货员以示购货单位收到了货物。上联交给付款人员。票上应该有价格,验收员要检查票上的价格,避免产生错误,无论是有意的还是无意的。

(五)填写验收单

验收员确定他所验收的这批食品原材料的价格、质量、数量全部符合订购单或食品原材料采购规格书后,可填写验收单(见表7-4)。验收单一式四份:第一联交验收处,第二联交贮藏室,第三联交成本控制室,第四联交财会部。

表7-4 验收单样本

供货单位:				编号:	
供货单位地址:				日期:	
订购单编号:					
存货编号	项目及规格	单位	数量	单价	合计
总计					
验收员:				送货员:	
贮藏室管理员:					

(六)退货处理

若送来的食品原材料不符合采购要求,应请示餐饮部经理或厨师长;若因生产需要决定不退货,应由厨师长或有关决策人员在验收单上签名;若决定退货,应填写退货单(见表7-5)。在退货单上填写所退货物名称、退货原因及其他信息,并要求送货员签名。退货单一式三联:一联留验收部,一联交送货员带回供货单位;一联交财务部。要及时通知供货单位,本酒店已退货,如果供货单位补发或重发,新送来的货物按常规处理。交货中有腐烂食品原材料,退货之后,应向采购部有关人员报告,以便尽快找到可替代的供应货源或可能的生产办法,以减少生产部门的不便。

表7-5 退货单

(副本备存)		编号:	
发自:		交至:	
发票号码:		开具发票日期:	
理由:		总计:	
送货员:		负责人:	

(七)加盖"验收章"

验收员检查完食品原材料的价格、数量、质量及办理完必要的退货之后,可在获准接受的食品原材料的送货发票上盖验收章,并把盖了验收章的送货发票贴在验收单上,以便送往财务部。验收章内容有餐厅名称、验收员签名、验收日期。成本入账部门使用验收章有以下几种意义:①证实收到食品原材料的日期;②验收员签名可明确责任;③管理员签名表明已知道订购的食品原材料;④可以核对发票金额的正确性。

(八)在货物包装上注明发票上的信息

注在货物包装上的信息主要包括:①收货日期,有助于判断存货流转方法是否有效;②购价,存货时就不必再查询验收日报表或发货票了。

(九)为所收到的肉类和海产品加上存货标签

所有冷藏室的肉类和海产品这些成本费很高的食品原材料,都必须系上标签。标签有正副两联(也可以是上下或左右两联),正联由验收员用绳子扎在食品外包装或者直接拴在食品原材料上。副联与验收单一起交成本控制办公室。厨房领料之后,解下标签,加锁保管。

小贴士 Tips   **肉类标签的作用**

肉类标签只用于肉类、鱼类、禽类等食品原材料,因为这些食品原材料在采购总成本中占很大的比重,对这些原材料的成本进行严格控制是十分重要的。验收后的食品原材料在入库前由验收员给每一个包装挂贴肉类标签,这只是对那些要入库的原材料而言的,如果验收后直接发往厨房则没有必要使用此标签。肉类标签(见图7-3)一般由较硬、较厚的纸或薄纸板做成,以免磨损或褶皱。标签分左右两部分,以打孔线分开。

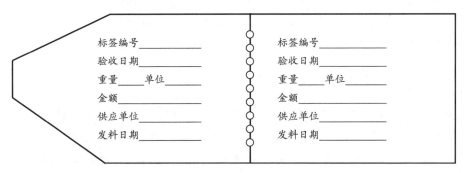

图7-3 肉类标签

使用肉类标签的作用如下:

- 要填写肉类标签,验收员就必须对肉、鱼、禽等原材料称重,把好验收关。
- 发料时可将标签上的数额直接填到领料单上,而没有必要再称,既节省发料时间,又便于计算成本。
- 标签编号是按顺序排列的,这样就有助于了解储存情况,防止偷窃现象的发生。

- 有利于迅速清点库存,只要将库存原材料标签上的重量、价格等转抄到盘点清单上即可。
- 标签的日期可表明哪些原材料是先入库的,哪些是后入库的,便于做好先进先出。
- 两联核对,便于发现问题。

(十)将到货物品送到贮藏室、厨房

所收到的食品原材料一部分被直接送到厨房,称为直拨原材料;另一部分被送到贮藏室,称为入库原材料。出于质量和安全方面的原因,验收员应负责保证把货物送到贮藏室。由供应单位的送货员直接把货物送入仓库置放的做法是不可取的。当送货员离去后,验收员或本单位其他工作人员应把货物迅速搬到安全可靠的贮藏室。验收员把验收单中规定的一联交给贮藏室管理员,后者根据验收单再次验收,最后入库储存。

为了便于进行食品成本核算,验收员可在发票上明显的地方逐项注明哪一项是直接送厨房的,哪一项是送仓库的;或者根据不同的送货地点,使用不同颜色的发票,以方便送货,并凭此编制验收日报表。

(十一)填写验收日报表和其他报表

验收完毕后,大多数大型餐厅要求验收员完成一张列明所有收货项目的表格,这张表格通常以供货商分类,以验收的顺序排列。表格之一是验收日报表。除了每种食品原材料的价格栏,该表将成本分为3类,即直拨、贮藏室和杂项。其中,杂项指不是食品原材料的项目,如纸张和清洁用品,不属于食品原材料的成本。

(十二)将各种验收记录呈交给有关部门,并标明过期到达的货物

验收员在所有发票上盖章签字,并把发票贴在验收单上,然后将贴着发票的验收单送至管理人员,管理人员在发票上签字后送至成本控制员,由其要核对发票数字的正确性。成本控制员检查完毕后,送交财务部,财务部会将有关数字填进采购日志内。当验收单还在验收员手上时,就可看出每日直拨成本,因为直拨成本是在食品原材料一收到时就计入成本的,在计算日销售成本时,就可看出每日直拨成本来自验收单。由此我们不难看出建立验收程序是为了保证餐厅收到的货物是已订购的数量、已明确的质量和已报过的价格。不论是对大型餐饮企业还是对小型餐饮企业来讲,这些步骤都是最基本的,也是通用的。控制体系越是完备,越需更多的人力,当然这样做也会增加成本。但是,即使是小型的个人业主制的餐厅也必须采用基本的步骤以防在验收过程中由于数量、质量和价格方面的问题而造成的成本过高。

餐饮原材料验收的要求

二、餐饮原材料验收控制

（一）验收数量控制

验收员对进货数量进行控制时，要检查发送原材料的实物数量与订购单和账单上的数量是否一致。对于带外包装及商标的货物，由于其包装上已注明重量，验收员应抽样称重，核实包装上的重量是否正确；对于以箱或盒包装的货物，验收员要开箱验收，检查箱子是否装满；无包装的货物也要过秤。订购单上有采购货品的品名和数量，验收员要检查发送货物的品种和数量是否与订购单上的一致。供应商送来的账单也有货物的名称和数量，验收员要检查账单上列出的品名是否都收到、数量是否正确、重量是否足够。

（二）验收质量控制

验收员要检查原材料的质量与规格是否与标准采购的规格相符，防止供货商与验收员串通，以次充好。对于玻璃瓶身金属盖的瓶装食品，要检查盖子是否已凸起变形，金属罐装食品的罐是否已变形，并要核查是否已过保质期；检查蔬菜、水果有否腐烂；检查肉类是否符合规定的部位并留意是否注水；要注意饮料的商标牌与订购单和账单是否相符。对于质量合格的原材料，应根据实际情况及事先商定好的价格开具发票，并保存好付款凭证。如果暂时不开发票，应做好原材料备忘单的登记，双方人员签字确认，以此作为今后结账的凭据。

（三）验收价格控制

在验收价格时，验收员要认真检查账单上的价格与订货单上的价格是否一致，以免酒店有所损失。

知识链接 ▼

餐饮原材料验收控制

餐饮原材料验收过程中涉及的表格

1. 验收日报表

验收日报表记载餐厅每日所进的餐饮原材料。它不仅要记载原材料的品名、规格、单价和金额，还要注明这些原材料的去向，是送到厨房还是进入库房。

餐厅采购的原材料分为两大类：一类是直接送到厨房马上使用的原材料，称为直接采购原材料；另一类是验收后被送到库房的原材料，称为库房采购原材料。直接采购原材料在验收时直接计入餐饮成本，这类原材料易坏，需要每日采购、立即使用。理想的每日采购数量应控制在只足够一日使用的量。库房采购原材料是在从库房领料时计入餐饮成本的原材料，这类原材料不立即使用，质量不会明显下降，它们可以被储存起来。库房根据各厨房的需要向他们发料，各厨房向库房领取原材料的价值计入该日的餐饮成本中。食品验收日报表如表7-6所示。

表7-6　食品原材料验收日报表

日期：2015年4月27日

发票号	供应商	品名	数量	单价	金额	直接采购				库房采购			
						一厨房		二厨房		一库房		二库房	
						数量	金额	数量	金额	数量	金额	数量	金额
34670	区副食品公司	一级猪里脊	25.0千克	15.0元	375.0元					25.0千克	375.0元		
34670	区副食品公司	二级小牛肉	35.0千克	18.0元	630.0元					35.0千克	630.0元		
25681	××罐头食品厂	青豆罐头	5.0箱	35.0元	175.0元							5.0箱	175.0元
25681	××罐头食品厂	蘑菇罐头	6.0箱	30.00元	180.0元							6.0箱	180.0元
合计											1360.0元		
34671	××副食品店	鲜猪肉	10.0千克	10.00元	100.0元	3.0千克	30.00元			7.0千克	70.0元		
34671	××副食品店	活鲫鱼	10.0千克	10.0元				10.0千克	100.0元				
25682	桥仙菜场	四季豆	12.0千克	1.6元	19.2元	12.0千克	19.2元						
合计											219.2元		
合计											1579.2元		

验收员每日将经验收合格签字的账单，连同验收日报表送到财务部。成本核算员收到验收日报表后，记下直接采购食品的金额，计算当日各厨房的食品成本。库房管理员要登记各货物入库的数量和金额。在月末，汇总每日验收日报表的直接采购原材料金额和库房采购原材料金额，得到食品月报表上本月厨房采购额和本月库房采购额数据。

2. 发货票

所有送货都应有发货票（见表7-7）。随货到达的发货票应一式二联，送货人将发货票交验收员。验收员验收后在发货票上盖章签字,第一联由验收员留下交财务部门,第二联由送货人带回供货单位,证明货品已由订货单位验收。

表7-7 发货票

户名： 年 月 日

品名	单位	数量	单价	合计

3. 无购货发票收货单

验收员收到无发货票的货物时,应填写无购货发票收货单,以防差错和争议。无购货发票收货单一般是一式两联。验收员在验收单上注明无发货票货物之后,将第一联送财务部,第二联则作为存根留在验收部。

财务部收到发货票之后,应送验收员。验收员将无购货发票收货单第二联贴在发货票背面,在验收单上补填发货票上的数额,然后再按正常程序,由财务部付款。

4. 验收章

验收章(见图7-4)应盖在发票的第一联上,盖章后即证明原材料已经过验收。国内通常使用的验收章只有收讫二字,但国外使用的验收章内容较多。

验收章	日期
验收员	
管理员	
单价及小计审核	
同意付款	

图7-4 验收章

验收章的作用

小贴士
Tips

- 日期栏有助于日后检查该项原材料是何时验收的。
- 验收员签字不仅表明是谁负责验收的,还表明他对原材料数量、质量和价格的认同。
- 管理员签字表明他已知道订购的食品原材料。

・单价及小计核审人员已经认可应付款项的正确性。

・同意付款栏由总经理或总经理指定的负责人填写，表明他已同意付款，采购过程正式结束。

对点案例 Case Study

把好采购验收关

苏州某宾馆本着从内部挖掘、降低成本、节约资金的原则，争取让竞争因素化解在成本的控制中，让顾客成为最终的得益者，而成立了成本控制中心以行使市场调研、督察和管理职能。此外，宾馆还专门成立了市场调研组，聘请了工作经验丰富、责任心强的员工负责调研摸价，及时制定出每周指导价。需购货部门要先填写部门申请购物单，采供部一律凭该购物单采购。采购部要本着"以店为家"的精神，货比三家。所有采购物品均由仓库当场验收数量，由使用部门当场验收质量。厨房所用原材料，由厨师长亲自验收。对于整箱货物要开箱逐件查验；对于水发原材料，要滤水后查验；对于不合格的物品，使用部门有权拒收，并追究当事人的责任。财务部门设专人负责成本核算，并复核各项手续是否齐全。按照这套工作程序的要求，有关人员的工作量明显增加、责任更重。但事实证明，通过这种运作方法，经营成本比去年同期明显下降，这使大家对把好采购验收关有了新的认识和信心。

分析与决策： 如何才能做好食品原材料验收工作？

【案例评析】 验收员须有较高的原材料识别能力和质量确定能力，同时应具备公正、公平、公开的工作态度，在验收过程中，采购人员应积极配合，做好验收工作。在验收过程中必须详细核对原材料申购单，检查申购单中的每一项内容是否与原材料相符合，具体包括原材料名称、规格、审定价格、审定数量等。当验收过程中发现采购中存在的问题时，可以在验收现场及时提出，从而减少酒店的损失。

任务三　餐饮原材料的储存与发放管理

在任何餐饮企业里，餐饮原材料的储存与发放管理以及对储存原材料所代表的价值的核算与控制，与餐饮原材料的采购、验收一样，对餐饮产品的质量和企业食品成本控制有着举足轻重的影响。餐饮原材料储存管理是为了使生产和销售活动能均衡地、不间断地正常进行。储存管理得当，能有效地控制食品原材料损失，有助于降低成本；储存管理混乱，易引起食品原材料变质腐败，或遭盗窃、丢失，从而增加销售成本和经营费用，减少企业的盈利。为使餐饮企业实现低成本、高效益，就必须拟定合理的库存量，对储存原材料的质量、储存安全事项及发料环节进行有效的控制管理。

任务导入
Task Leading-in

世界领先的食品储运分发公司

物流业是时下比较流行的一个行业,殊不知,早在1992年,许多人还根本不了解物流这个词的真正含义,甚至还没听到过物流这个词的时候,麦当劳就已将世界先进的物流模式带到了中国。

在麦当劳餐厅门口,你会看到一辆白色的巨大的冷藏车或者冷冻车,卸下货物后很快又开走,这是专门为各个麦当劳餐厅配送货物的麦当劳物流中心的专业运输车。

截至2023年上半年,麦当劳在全球120多个国家有3万多家餐厅,在中国超过5000家,目前还在迅速扩张。同时麦当劳餐厅每天所需大量的半成品由供应商提供,而这些产品又必须保证新鲜、保证温度、保证有效期,如此繁多的工作,是怎样在麦当劳系统中运作的呢?这便需要物流中心发挥其特有的作用了。麦当劳的物流中心为旗下各个餐厅完成订货、储存、运输及分发等一系列工作,它恰似一个具有造血功能的心脏,每时每刻不断向分布于大江南北的各家麦当劳餐厅输送着新鲜血液,使得整个麦当劳系统得以正常运作。通过其协调与连接,每一个供应商与每一家餐厅之间做到了畅通与和谐。麦当劳的物流中心为麦当劳餐厅的食品供应提供了最佳的保证。

当麦当劳开始进入中国,与麦当劳合作的物流公司的供应商也随之来到中国,并在中国建立了麦当劳专有的物流中心。目前,该物流中心在北京、上海、广州都设立了食品分发中心,同时在沈阳、武汉、成都、厦门建立了卫星分发中心和配送站,与设在香港和台湾的分发中心一起,建立起全国性的服务网络,其高超的技术、高质量的管理和新的分发信息管理系统,为中国麦当劳的发展提供了强有力的支持。

以北京地区的物流中心为例,其投资额就已超过5500万人民币,占地面积达12000平方米,并且拥有世界领先的多温度食品分发技术。其中,干库容量为2000吨;冷冻库容量为1100吨,设定温度为－18℃;冷藏库容量超过300吨,设定温度为1～4℃。该物流中心配有先进的装卸、储存设备和冷藏设施,以及5～20吨多种温度控制运输车40余辆,而且中心还配有电脑调控设施用以控制所规定的温度,并用之检查每一批进货的温度。

在麦当劳的物流配送中心,我们可以看到,常温的干库里面存放着麦当劳餐厅用的各种纸杯、包装盒和包装袋等不必冷藏冷冻的货物;冷藏库里有生菜、鸡蛋等需要冷藏的食品;冷冻库里则储存着派、薯条、肉饼等冷冻食品。这些产品也同样运用不同功能的冷藏或冷冻车运输,以保证其新鲜度。北京分发中心的冷冻、冷藏等设备都是从美国进口的一流设备,设计细致而精良,目的是最大限度地保鲜。例如,在干库和冷藏库、冷藏库和冷冻库之间,均有一个隔离带,用自动门控制,以防干库的热气和冷库的冷气互相干扰。干库中还设计了专用的卸货平台,使运输车在装卸货物时能恰好封住对外开放的门,从而防止外面的灰尘进入库房。

想一想:食品原材料的冷藏、冷冻及干库储藏有什么区别?请结合麦当劳的原材料配送,说明供货商与餐厅的关系。为什么麦当劳能够严格遵守原材料储藏与解冻的温度与时间,而许多中餐厅却做不到?

一、餐饮原材料的储存管理

餐饮原材料储存管理是为了使生产和销售活动能均衡地、不间断地正常进行。库存通常是验收后的下一道工序,要求通过科学的管理手段和措施保证餐饮成本得到有效控制。加强储存管理即要求餐厅改善储存设施和储存条件,合理搞好库存物资的安排,加强仓库的保安和清洁卫生工作,注意温度、湿度及通风等问题,以提高储存的有效管理。

食品原材料的储存一般可分为干藏和冷藏。常温条件下便可保存的原材料用干货库储存;需要低温甚至在冷冻条件下才可保存的原材料,则采用冷藏库或冷冻库储存。食品原材料应该根据不同的性质和储存的时间要求,存放于不同温度的环境之中。储存库房一般分为干货库、冷藏库、冷冻库、酒水库4种类型。

(一)干货原材料的储存管理

干货原材料主要包括面粉、糖、盐、谷物类、干豆类、饼干类、食用油类、罐装和瓶装食品等。干货食品宜储藏在阴凉、干燥、通风处,与地面和墙壁有一定距离。干货库的相对湿度应保持在50%~60%,谷物类原材料则可低些,以防霉变。通风的好坏对干货库的温度和湿度有很大影响,按照标准,干货库的空气每小时应交换4次。仓库内照明一般以每平方米2~3瓦为宜;如有玻璃门窗,应尽量使用雾面玻璃,防止阳光直接照射而影响原材料的质量。

干货库管理的具体做法如下:

(1)合理分类、合理堆放。按各种不同属性对干货原材料进行分类(见图7-5)并存放在固定位置(见图7-6),然后再将属于同一类的各种原材料按名称的部首笔画或首字母顺序进行排列。也可以根据各种原材料的使用频繁程度存放,如使用频繁的物品存放在库房门口易取的地方,反之则放在距门口较远的地方。

图7-5 原材料分类存放

图7-6 原材料放在固定位置

(2)货架的使用。干货仓库一般多使用货架储藏食品原材料(见图7-7)。保证原材料至少离地面25厘米,离墙壁10厘米,以便空气流通,避免箱装、袋装原材料受地面湿气的影响,同时也便于清扫,并随时保持货架和地面的卫生,防止污染。

(a)   (b)

图7-7 原材料存放于货架上

(3)温度的要求。干货仓库的最佳温度应控制在15~21℃。温度低一些,食品保存期限则可长一些,温度越高,保存期限越短,所以干货库应远离发热设备。

(4)对虫害和鼠害的防范。所有干货食品都应包装严密,已启封的食品要储藏在密封容器里,要定期清扫地面、货架,保持干净卫生,不留卫生死角,防止虫鼠滋生。

(5)入库原材料须注明进货日期,按照先进先出的原则进行发放,定期检查原材料保质期,保证原材料质量。

(6)原材料存放应远离自来水管道、热水管道和蒸汽管道,以防受潮和淋湿霉变。

(二)冷藏原材料的储存管理

冷藏保管是利用低温抑制细菌繁殖来延长食品的保质期,保证原材料的保存质量。餐厅常用冰箱与冷藏室来储存食品,一般理想的储存温度控制在4℃以下,不同的食品原材料有不同的储存条件。并不是所有的食品都适于任何冷藏温度。不同的食品原材料需要不同的冷藏温度。例如:新鲜肉类的冷藏温度应在0~2℃;水果与蔬菜的冷藏温度应保持在2~4℃;乳制品的冷藏温度以2℃为最佳;而鱼的冷藏温度在0℃左右。但是,任何一家餐厅又不可能将每一类食品单独存放,这么多类的食品放在一个冰箱或冷库里只得采取折中方案,将温度保持在一个固定的温度区间内,这样做也能满足食品原材料对冷藏温度的不同要求。因为在冷藏库内,不同位置的温度各不相同,门口处的温度自然要比靠近压缩机的深处高。因此,最容易腐败变质的食品应放在最冷的区域。温度计应悬挂在冷藏间中温度最高的地方,并应每天定时检查其温度,做好相应的记录。不必要的开门应尽量避免,以防温度上升,造成不必要的能源浪费。为此,很多餐厅甚至规定了开门的时间。入库和出库均应在规定的时间内进行。

表7-8所列出的是各类食品原材料的冷藏温度。

表7-8　各类食品原材料的冷藏温度

原材料类别	冷藏温度
肉类	0～2℃
鱼类	0～2℃
禽类	0～2℃
乳制品	0～2℃
鸡蛋	2～5℃
水果与蔬菜	2～4℃
熟食	2～4℃
饮料	3～5℃

　　湿度也是冷藏中的一个重要考虑因素,它影响着食品储存的时间和质量。肉类、乳制品、禽类、鱼类的相对湿度应保持在75%～80%,水果和蔬菜应略高些,可以保持在87%～95%,防止其水分流失。在冷藏温度下,不同的食品原材料冷藏期也不尽一样,所以在储存中,冷藏库管理员或厨师应注意到这种区别。表7-9反映出不同食品的冷藏期。

表7-9　鲜货类食品原材料的冷藏期

食品原材料		冷藏期/天
肉类	烤制用肉、排骨肉	3
	肉馅	2
	内脏	2
	火腿	14
禽类	鸡	2
鱼类		2
鸡蛋		14
水果与蔬菜		7

　　冷藏库管理的具体做法:

　　(1)入库前要对食品原材料进行仔细检查,避免将已经变质、变脏或被鼠害、虫害污染过的食品放入冷藏库。

　　(2)验收后应立即入库,不可在室温下存放过长时间。

　　(3)冷藏库中靠近制冷设备之处和货架底层是温度最低的地方,这些地方应用来存放奶制品、肉类、鱼类、禽类及加工过的熟食。

　　(4)冷藏库只用来存放易腐败变质的食品原材料。有些原材料如香蕉、菠萝、土豆、洋葱及其他根茎类蔬菜则不必冷藏。

　　(5)冷藏时应去掉食品原材料的外包装,因为它们携带污渍和细菌。但是,像黄油、奶酪等应在容器内放好,以防发干和发霉。

(6)加工过的食品和剩余食品应盖好,以防发干和串味,同时也可防止因生食汁液滴落而造成的细菌污染。

(7)千万不要把热食放入冷藏库。热食会导致冷藏库的温度迅速上升,从而引起食物中细菌的生长,造成变质。因此,热食放入冷藏库之前一定要彻底冷却。最好的办法是将盛热食的容器盖好后放入冷水中,待温度下降后再进行冷藏。

(8)带有强烈气味的食品如鱼类、奶酪,以及极易吸收外面味道的食品如黄油、牛奶等,在冷藏时应密封好,防止食品串味。

(三)冷冻原材料的储存管理

冷冻储存的温度保持在0℃以下,一般适宜冷冻的食品原材料应该保持在−17~−18℃(见表7-10),这样原材料可以储存较长时间,但并不意味着可以无限期地保存。冷冻储存的温度要稳定,越低越好,要保证冷冻设备正常运转。对于冷冻食品原材料验收应该迅速,不能让原材料解冻再冷冻,这样会影响原材料的质量。原材料冷冻的速度越快越好,因为速冻之下,原材料内部的冰结晶颗粒细小,不易损坏结构组织。事实上,原材料的冷冻分为3步进行,即冷藏降温、速冻、冷冻储存。如果原材料速冻与冷冻储存在同一设备中进行,难免会引起温差变化而影响原先储存的原材料的质量。因此,有条件的餐厅应安装速冻设备,其温度一般应在−30℃以下。

表7-10 −17~−18℃储存原材料的时间

食品原材料	最长储存时间
香肠、鱼类	1~3月
猪肉	3~6月
羊肉、小牛肉	6~9月
牛肉、禽类	6~12月

冷冻库管理的具体做法:

(1)冷冻食品在验收入库时必须处在冷冻状态,已经解冻或部分解冻的食品应立即用掉,不得重新冷冻。

(2)冷冻食品的温度应控制在−17~−18℃。冷冻室应悬挂温度计,工作人员每天都应查看。发现温度上升要及时向主管汇报,并通知有关人员进行维修检查。

(3)冷冻食品,特别是肉类、鱼类、禽类,应用抗挥发材料(如塑料袋或塑料薄膜)进行包装,防止干耗。

(4)所有食品原材料必须注明入库日期及价格,贯彻先进先出的原则,防止某些食品原材料储存过久,造成损失。

(5)使用正确的解冻方法,绝对不可在室温下解冻。常用的符合为卫生要求的解冻方法有以下几种:①冷藏解冻,就是将冷冻食品放在冰箱或冷库的冷藏室内,逐渐解冻;②用冷水冲浸解冻,就是将冷冻的食品放在水槽内,将自来水打开冲浸;③微波或红外线烤箱解冻,这种方法适用于体积较小且直接进行烹制加工的冷冻食品。

(6)冷冻的蔬菜可以直接烹制,不必解冻后再使用,这样可以更好地保持形状和色泽。

（四）酒水的储存管理

酒水主要包括烈性酒、葡萄酒、啤酒等，在储存时应该注意：

（1）酒水库应该设置在阴凉处，要避光储存，避免与其他特殊气味的原材料一起储存串味。

（2）酒水库中很多酒水价格比较昂贵，所以要加强管理，专人保管。

（3）避免酒水经常搬动，否则酒味会发生变化。

（4）按照先进先出的原则。瓶装酒不会因存放时间越长，其味道就越醇香；相反，若存放时间过长，将会影响品质。

（5）不同的酒类有不同的储存条件，宜采用不同的方法保存。啤酒不宜储存时间过长，瓶装熟啤酒储存时间最长不要超过六个月，储存温度应该低一些，最好保持在4℃，这样可以及时为需要冷却的顾客提供方便，而且应该避免剧烈震动。葡萄酒的储存温度最好在12~15℃，应该斜置于避光阴凉通风处的木架上，让酒液浸润软木塞，防止瓶塞干裂和酒液变质。烈性酒不需要特殊的储存条件，但要防止有些金属瓶盖腐蚀生锈。

餐饮原材料库存管理工作的特点

1. 餐饮库存管理工作的不稳定性

餐饮原材料与一般工业原材料和生产资料物资有所不同，绝大部分餐饮原材料的市场供应呈很强的季节性，尤其是那些非人工种植和放养的食品原材料，而餐饮生产和销售又需要食品原材料的新鲜程度，这就导致了餐饮原材料管理上的一个重要特点——不稳定性，从而给采购和库存带来了许多困难，尤其对库存来说，它存在着怎样进行库存控制、怎样确定储备定额、怎样实施有效的验收和保管等问题。

2. 餐饮原材料库存管理工作不易预料和难以控制

餐饮原材料管理工作的第二个特点是不易预料和难以控制。这是因为餐饮计划的制订不可能像工商企业那样达到相对的预见性和长期性。这是由餐饮企业的销售和生产方式所决定的。餐饮生产和销售之所以完全依赖于市场，这是因为餐饮生产和销售活动中几乎没有成品储存这一环节。生产和销售完全根据市场的变化来定，而这种变化又没有滞后性，它会立刻左右餐饮的生产和销售。如此，餐饮生产和销售就很难从量上确定下来。餐饮生产和销售所需的量到底是多少，不易预料；订货、进货、存货的批量和保险量到底以多少为宜，难以控制。

3. 餐饮原材料库存管理工作的高要求

大部分餐饮原材料易腐、易烂、易碎、易损，有一些原材料很少有包装或根本不存在包装，储存保管这些物品时就不能简单地采用工商企业的一些常

知识链接
食品原材料储存的目的

用方法。那么,用什么方法和手段来搞好库存保管,用什么方法来达到降低消耗和满足生产销售的需要,从而实现满意的经济收益呢?这就对餐饮原材料库存管理工作提出了较高的要求。

对点案例 Case Study

麦当劳给我们的启示

麦当劳餐厅每天所需的大量半成品由供应商提供,而这些产品又必须保持新鲜、保持温度,这是怎样做到的呢?这就需要物流中心发挥其特有的作用了。麦当劳的物流中心为其各个餐厅完成订货、储存、运输及分发等一系列工作。这里有常温的干库,用于存放不必冷藏、冷冻的货物;冷藏库里有生菜、鸡蛋等需要冷藏的食品;冷冻库里则储存着薯条、肉饼等冷冻食品。这些产品在运输时同样被放在不同功能的冷藏或冷冻车里,以保持产品的新鲜度。

分析与决策:如何才能做好食品原材料的储存工作?

【案例评析】麦当劳来到中国,不仅带来了新的餐饮文化,还带来了许多相关的先进技术和经营管理理念。通过高效率、高质量的物流系统,麦当劳将种类繁多的原材料正确及时地送到各餐厅,并能够保持其新鲜、温度和有效期,这给餐饮企业在储存和发放原材料方面带来了极大的启示。

二、餐饮原材料的发放管理

发料工作是从酒店采购的,经验收无误后入库的货品中,或从食品原材料仓储的存货中,发出食品原材料供给生产部门使用的过程。餐饮原材料的领用与发放是餐饮原材料储存控制中的最后一项管理工作,科学的原材料发放管理可以保证厨房和酒吧能及时得到足够的原材料,控制厨房和酒吧的用料数量,并能正确地统计餐饮原材料的成本和餐饮原材料的库存额。

(一)餐饮原材料的发料形式

餐饮原材料的发料形式共有两种:无须入库储存原材料的发放和库存原材料的发放。

1. 无须入库储存原材料的发放

无须入库储存原材料的发放也称直接采购原材料的发放。这些原材料主要是立即使用的易坏性原材料。餐饮原材料经验收合格之后,从验收处直接发至厨房,而不经过库房这一环节,其价值按当日进料价格计入当天食品成本。食品成本控制员在计算当日食品成本时只需从进货日报表的直接进料栏内抄录数据即可。

当然,实际情况并不会都这样简单,有时大批直接进料,厨房当日用不完,剩余部分第二、第三天才得以消耗完,但这批原材料的成本已计入了进料当天的食品成本,因而会不切实际地增加那天的食品成本,这样第一天的食品成本就不太真实。所以必须对当日直接发放、储藏室发放及当日厨房剩余原材料进行统计后才能准确得到第一天的食品成本。

2. 库存原材料的发放

库存原材料包括干藏食品、冷藏食品和冷冻食品等。这些食品原材料经验收后入库房储存备用,在生产需要时从仓库领出,在领出当日转入当日食品成本账目。因此,每一次仓库原材料发放都应有正确的记录(见图7-8),如此才能正确计算每一天的食品成本。每天库房向厨房和酒吧发出的原材料都要登记在食品仓库发料日报表上。日报表上汇总每日仓库发料的品名、数量和金额,注明这笔成本分摊到哪个部门的餐饮成本上,并注明领料单的号码,以便日后核查。月末,将当月所有的食品仓库发料日报表上的发料总额汇总,便得到本月仓库发料总额。

图7-8 原材料发放记录

库房发货控制程序

小贴士 Tips

- 领料人根据厨房生产的需要,在领料单上填写品名、规格、单位及申请数量。领料数量一般按消耗量估计,并参考宴会预订单情况加以修正。

- 领料人填完以上栏目后,签上自己的姓名,持单请行政总厨或餐饮经理审批签字。没有审批人员签字,任何食品原材料都不可从库房发出。审批人员应在领料单的最后一项原材料名称下划线,防止领料者在审批人员签字后再填写并领取其他原材料。

- 仓库保管员看到领料单后,按单上的数量进行组配,由于包装等原因,实际数量和申请数量可能有差异,所以发货数量应填写在实发数量栏中,并填写金额栏。

- 仓库保管员将所有货物准备好后,签上自己的姓名,证实领料单上的原材料确已发出。

- 领料单应一式三联(见表7-11)。第一联随原材料交回领料部门;第二联由仓库转交成本控制员;第三联仓库留存作为盘存和进货的依据。

表 7-11　领料单

品名	规格	单位	数量		单价	小计
			申请数量	实发数量		
合计						

储存_____　领料部门_____　日期_____　编号_____

审批(部门主管)：
领料人：
库管员：

(二) 餐饮原材料发放的控制

1. 定时发放

为使库管人员有充分的时间整理仓库,检查各种原材料的库存情况,不致因忙于发料而耽误了其他工作,餐厅应规定每天固定的领料时间。一般规定8:00—10:00和14:00—16:00为仓库发料时间,除紧急情况外,其他时间一般不予领料。有的餐厅还规定：领料部门应提前一天交领料单,使库管人员有充分时间提前准备,以避免差错。这样既节省了领料人员的时间,也使厨房管理人员对次日的顾客流量能做出预测,计划好次日的生产。

2. 凭领料单发放

领料单是仓库发料的原始凭证,它准确地记录了仓库向厨房发放的原材料数量和金额。领料单的具体作用包括：控制仓库的库存量,核算各厨房的食品成本,控制领料量。若无领料单,任何人都不得从仓库取走原材料。即使有领料单,也只能按照领料单上规定的种类和数量领取原材料。

3. 正确如实记录原材料的使用情况

厨房人员经常需要提前几天准备生产所需的原材料。例如,一次大型宴会的菜品往往需要数天甚至更长的准备时间。因此,如果有的原材料不在原材料领取日使用,那么必须在领料单上注明该原材料的消耗日期,以便把该原材料的价值计入其使用日的食品成本中。

4. 准确计价

应根据领料手续做好原材料发放记录和存货卡记录。当日发货时间过后,仓库保管人员必须逐一为领用单计价,并及时将其转交给食品成本控制人员,以保证库中原材料与账面相符,协助做好厨房成本控制工作。

知识拓展 Learning More

内部原材料领用调拨处理

大型酒店通常有多个厨房、餐厅、酒吧,厨房之间、酒吧和厨房之间会发生食品和饮料的相互调拨。许多厨房需使用葡萄酒、白兰地,甚至啤酒等来制作各种食品或调料汁,如果厨房从库房所领的这些原材料足够使用,当然不需调拨。而一旦厨房使用量大,所领的原材料不够使用,而酒吧又有充分的存货可以支援时,就可以发生调拨。同样,酒吧也可从厨房调拨所需的食品原材料,如橙子、柠檬、奶油、鸡蛋等。酒店各部门大都独立核算其成本,以反映真实的经营情况,因此,必须对这些调拨进行正确的记录。通常,酒店用食品饮料调拨单来记录调拨情况,填写后交成本控制员,由其进行调整。烹饪原材料的领用是由厨房内部决定的、直接影响厨房当日成本的重要工作。其他各点(如酒吧)对原材料的领用同样要持慎重的态度,因为领用之后都牵涉到该点的成本增加和原材料妥善保管的问题。作为原材料使用部门,除了保持积极的态度、主动配合仓储发放工作,更要自觉注意以下3方面问题:

1. 增强原材料领用的计划性

要将每次领用的数量控制在尽可能少而不妨碍正常生产出品的范围之内,努力减少厨房备用原材料。这样才能比较准确地反映厨房每日成本消耗。对名贵原材料的申领更要按计划补充,控制备存,防止因原材料领用的无序而导致成本稽核的大起大落。

2. 把好领用原材料质量关

原材料领进厨房便随时可能用于做菜,因此,要确保领用的原材料质量优良。罐头等有保质期的原材料应保证在可使用的期限以内。无明确期限要求的原材料,其感官性状,如原材料的色、形、味、质地等均要符合烹饪要求,否则不能领用。

3. 坚持对领进原材料进行数量核实

由于库房和厨房多有间隔,加之领料人员责任心强弱不一,原材料从库房领到厨房以后,其数量可能与发料数量不相符。因此,必须有管理人员复核,对贵重、小包装原材料尤其如此。

(三)餐饮原材料的库存盘点控制

1. 餐饮原材料库存盘点的内容与程序

餐饮企业每月至少要对餐饮原材料的库存情况进行一次盘点,统计库存物品的价值。一般情况下,餐饮企业会在每月的月末,即会计期间结束日之前对库存进行盘点。

库存盘点是由财务部与库房管理员共同完成的一项工作,据此,财务部可以直接对库存起到控制作用。在盘点时,要对每一种库存物资进行实地点数。为了加快盘点速度,可以由一名员工清点货架上原材料的数量,另一名员工核对货品库存卡,并将实际库存数量填写在存货清单(见表7-12)上。库存盘点要全面清点库房、厨房的库存数量。通过库存盘点,企业要计算和核实每月的月末库存额和餐饮成本的消耗情况,为编制每月的资金平衡表和经营情况表提供依据。

表7-12 存货清单

原材料名称	数量	单价	金额
合 计			

经手人:　　　　　　　　主管:　　　　　　　　年　月　日

盘点程序如下:

(1)盘点清单制作。分不同类别的仓库,按照原材料的编号大小,在清单上填好货号品名、单位、单价等基本数据。

(2)库存卡结算。根据历次进货和发货数量,计算出应有的结存量和库存金额,并填在库存卡的结存栏内(见表7-13)。

表7-13 库存卡

货品	单价	货架号	货位号		单位	标准库存量	订货点	
热带杂果罐头	12.6元	AC-3	043		听	350听	90听	
进货				发货			结存	
日期	账单号	单价	数量	金额	日期	领料单号	数量	单价	金额	数量	单价	金额
1月12日	0312	12.6元	300听	3780元	1月12日	1356	26听	12.6元	327.6元	274听	12.6元	3452.4元
					1月13日	2322	20听	12.6元	252元	254听	12.6元	3200.4元

(3)库存实物盘点。实地点数,并将实物数量填入盘点清单。

(4)核对。将库存卡结算结果与库存实物盘点结果进行核对。

(5)计算盘点清单上的库存品价值。该价值为实际库存金额,它如果与账面库存额有出入,要复核并查明原因。实际库存金额在月末作为月末库存额计入成本,并自然结转为下月的月初库存额。

2. 库存原材料的计价方法

要计算库存原材料的价值必须确定库存物品的计价方法。在实地清点各种原材料后,与各种原材料的单价相乘便得到各种原材料的价值,将各种原材料的价值相加便得到原材料的库存额。有时同种原材料在不同时间的购进价格是不同的。在核算库存额时,有必要先确定库存物资的单价。下面介绍几种计算原材料单价的方法。

(1)实际进价法。餐厅一般都会在库存的原材料上粘贴或挂上货物标牌,标牌上写清进货的单价,用标牌上实际进货的单价来计算库存原材料的成本总额。

例如,某餐厅在10月份购进豌豆罐头,其购进单价如下:

10月5日,进货80听,单价为每听4.5元;

10月15日,进货85听,单价为每听4.7元;

10月25日,进货95听,单价为每听4.8元。

如果月底结存100听,根据货物标牌,其中10月5日进货剩余20听,10月15日进货剩余30听,10月25日进货剩余50听。按实际进价法,月底豌豆罐头的库存价值为

$$20\times4.5+30\times4.7+50\times4.8=471(元)$$

(2)先进先出法。如果不采用货物标牌注明价格,那么可按照货品库存卡上进料日期的先后,采用先进先出计价法。先购进的原材料,在发料时先计价发出,而月末库存则以最近价格计价。在上例中,若以先进先出法计价,月末豌豆罐头的库存额为

$$95\times4.8+5\times4.7=479.5(元)$$

(3)后进先出法。由于市场价格呈增长趋势,采用后进先出法可使计入餐饮成本的原材料价值较高而计入库存存货的价值较低,这样出现在经营情况表上的经营利润会偏低。按后进先出法,月末豌豆罐头的库存额为

$$80\times4.5+20\times4.7=454(元)$$

采用后进先出法计价,在实际发料时,还是要坚持将先进的货先发出去,只是价值的计算采用后进先出法。

(4)最后进价法。最后进价法是一律以最后一次进货的价格来计算库存的价值,这种方法计价最简单,如果库房没有一套完整的记录制度,或者为了节约盘存时间,可采用最后进价法。但是利用最后进价法计算出来的价值不太准确。在上例中,利用最后进价法计价,其价值为

$$100\times4.8=480(元)$$

(5)平均价格法。平均价格法是将全月可动用原材料的总价值除以总量计算出单价,然后利用计算出的单价来计算库存额。在上例中,豌豆罐头的平均单价为

$$(80\times4.5+85\times4.7+95\times4.8)\div(80+85+95)=4.675(元)$$

则月末库存额为

$$100\times4.675=467.5(元)$$

用上述5种方法来计算月末库存原材料的价值,会得到不同的结果。因此,餐厅必须遵照有关财务制度规定,选定一种计价方法,并统一按该计价方法计算,不得随意改变,否则会引起财务报告前后不一致。

知识拓展 Learning More

库存周转率

酒店餐饮产品的销售存在周期性、食品原材料的供应存在季节性、原材料市场又存在不确定性,因此,要为酒店确定一个固定不变的存货数量是不

可能的。餐饮管理人员应根据本企业的具体情况,确定适当的原材料存货水平。

在确定原材料库存水平时,经常使用的一种方法就是计算库存周转率,衡量食品原材料在一定的时期内订购和使用了几次。库存周转率也是衡量企业效率管理的一个重要指标。

库存周转率的计算公式如下:

$$库存周转率 = \frac{原材料成本}{平均库存}$$

$$原材料成本 = 月初库存 + 本月进货 - 月末库存$$

$$平均库存 = (月初库存 + 月末库存) \div 2$$

例如:某餐厅月初库存为26000元,本月进货62000元,月末库存24000元,则库存周转率为

$$\frac{(26000 + 62000 - 24000)}{(26000 + 24000) \div 2} = \frac{64000}{25000} = 2.56(次)$$

库存周转率大,说明每月库存周转次数多。一般来说,食品原材料的库存周转率为每月2~4次。但并不是所有原材料都以同样的速度周转。许多鲜货原材料每天周转一次,而有些干货原材料数周甚至数月周转一次。

周转率过快,虽能有效利用资金,但容易造成原材料供不应求;而周转率太低,又会积压资金,造成浪费。因此,酒店管理人员应经常分析库存周转率,以保持适度库存。

对点案例 Case Study

出库管理与效益

某餐饮企业开业后经营形势一直很好,但近期开始出现利润下降的趋势。财务部认为问题可能出现在仓库管理方面。经过对库存原材料的清点后发现库存账目与实际存货不符,特别是酒水出入较大。经过调查发现,仓库任何时间都可以领料,也没有固定的人员,谁有时间谁就来领料。而且酒吧领出的物品有时转到餐厅和厨房使用,在转发过程中,相互之间也没有任何转发手续。这样的情况几乎每天都在发生。

分析与决策:如何才能做好原材料的发放与领用工作?

【案例评析】加强原材料发放管理,一是为了保证厨房用料得以及时、充分供应;二是控制厨房用料的数量;三是正确记录厨房用料的成本。在控制原材料出库时应做到:一是所有原材料出库均要凭有主管签字的领料单办理;二是每次出库都要认真填写出库单;三是出库单据要及时送财务部核算;四是原材料转发一定要办理相关手续。

思考与练习

1. 问题思考

(1) 餐饮原材料的采购方法有哪些?各有什么要求?

(2) 餐饮原材料的质量直接影响餐饮产品的质量,其价格高低将直接影响餐饮企业的经济效益,你认为该如何从采购、验收方面来控制原材料的质量和价格?

(3) 如何确定采购产品的质量和数量?

(4) 餐饮原材料采购有哪几种方式?请简述采购程序。

2. 实战演练

(1) 了解你所实习的餐厅的原材料采购情况,分析一下在采购与验收控制方面存在哪些问题,并提出建议。

(2) 调查学校食堂的原材料储存情况,分析一下在原材料储存方面存在哪些问题。

(3) 在学校食堂或实习餐厅练习原材料的领用与发放。

(4) 选择一家校外实训基地,实地调查这家酒店在原材料采购、验收、储存、发放、盘点等各个环节是否科学,有无问题。以小组形式写一份调查报告,并结合所学知识提出自己的建议。

(5) 某餐厅牛排的进货日期和价格如下:

5月1日,月初结存35千克,价格为每千克8.5元;

5月8日,购进120千克,价格为每千克8.7元;

5月18日,购进110千克,价格为每千克8.8元;

5月28日 购进100千克,价格为每千克8.6元。

到5月31日,库房牛排的结存量为110千克,根据货品标牌表明,其中有5月8日购进的为7千克,5月18日购进的为32千克,5月28日购进的为71千克,请按以下各种方法计算月末余额。

①实际进价法;②先进先出法;③后进先出法;④平均价格法;⑤最后进价法。

3. 案例分析

究竟哪里出了问题

李先生刚刚收购了一家酒店,收购时觉得很划算,也没有在意原来的设施设备。酒店仓库的底层有一个储藏室,他进入储藏室之后,发现这间储藏室很暖和,仔细查看才发现,在储藏室的天花板上安装有暖气管。而在酒店运营过程中,他发现储藏室的水果、蔬菜和罐头有腐烂、鼓胀的现象,有的甚至还有破裂。

思考:这个酒店的储藏室有什么问题?如何采取合理的管理措施以保证餐饮原材料的质量?

4. 实训练习

实训1:为实习餐厅采购原材料

- 实训目标:培养采购原材料的能力。
- 实训要求:学生以小组形式,为实习餐厅采购几种食品原材料。

- 实训程序:

(1) 每组同学分别与实习餐厅管理员联系,根据餐厅安排,列出需要采购的食品原材料清单。

(2) 明确原材料采购质量标准(参见采购规格书的相关内容)。

(3) 采购原材料。根据采购质量标准,结合市场供应情况,各组分别将本组需要采购的原材料购回。

(4) 各组同学分别对采购原材料的过程及心得进行汇报和交流。

- 实训总结:

_____

_____

实训2:参观餐厅的库房

- 实训目标:了解餐厅储存原材料的方法。
- 实训提示:参观酒店或餐厅库房不仅要观察每种原材料的储存方法,同时也要了解库房内部的布局,以及库房、厨房和大堂的空间关系。
- 实训要求:

(1) 由酒店兼职教师带领学生到酒店或餐厅的库房参观。

(2) 在酒店兼职教师进行简要介绍后,根据不同原材料的不同储存方法,学生分组进行汇报。

- 实训总结:

_____

_____

项目八
餐饮产品生产管理

 项目导读

餐饮产品的生产具有自己独特的操作流程与特点。厨房和餐厅的管理者一定要了解厨房生产中的加工、配份及烹调程序,掌握各种形式的餐饮产品生产过程,学会安排和协调,并且能够采用先进的手段对重点的生产过程进行控制。只有这样,整个厨房的生产才能有条不紊。

餐饮产品生产管理应抓好原材料粗加工、细加工和烹调的质量,督促厨师严格按照菜谱要求操作,并努力改进加工烹调技术,做好生产过程的组织工作,不断提高食品质量。菜肴出品质量是厨房管理的主要内容,是决定餐厅经营成败的关键。控制菜肴出品质量需要从多方面入手。制定标准菜谱是质量控制的前提和基础,需要大量的基础性工作。

从厨房生产到产品销售的每个环节都必须自始至终地重视和强调卫生与安全,食品卫生与安全不但可以提高产品的质量,而且有利于树立餐厅的良好信誉。食品卫生是餐厅的生命线,保证卫生是厨房生产需要遵守的第一准则。食品卫生要比获取利润更重要,它不仅保护了顾客的安全,同时也保证了企业的利益。厨房员工应自觉以食品安全法规为准绳,制定各项管理制度,督导烹饪生产活动,切实维护餐厅形象和顾客利益。

 项目目标

素质目标
1. 注重科学管理。
2. 增强责任感、安全与卫生意识。

知识目标
1. 了解食品原材料需要量的确定方法。
2. 了解标准菜谱的作用及内容。

3. 了解厨房生产流程的控制方法。
4. 掌握厨房卫生控制的主要内容。
5. 了解厨房起火的原因及预防措施。

能力目标

1. 能够对食品原材料粗加工和细加工过程进行有效控制。
2. 能够掌握餐饮产品的加工制作在不同阶段的控制方法。
3. 会制定标准菜谱。
4. 能够初步进行厨房的卫生控制工作。
5. 能够掌握厨房的常见事故及预防措施。

知识导图

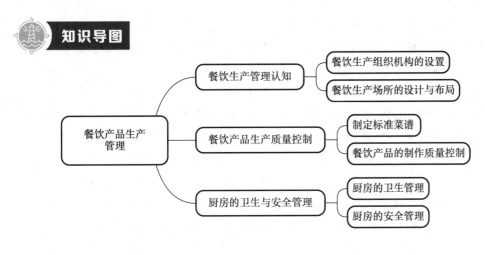

任务一　餐饮生产管理认知

　　餐饮生产管理是餐饮业务管理的中心环节之一,其管理过程涉及生产任务的确定、生产流程安排、原材料加工管理、炉灶制作和生产管理协调等各个方面。管理好坏直接决定产品质量和风味特点,影响客源多少、成本消耗和经济效益,科学管理是餐饮生产获得成功的保证。餐饮生产管理必须保证最大限度地满足顾客对菜肴的合理要求,并及时地提供优质产品,尽量保持始终如一的产品形象。另外,提供的产品还必须保证卫生、安全,并且能够获得最佳的盈利。

任务导入 Task Leading-in

专程参观厨房

　　青岛的夏天,蔚蓝的天空,湛蓝的大海,美丽的××酒店矗立岸边。这天,酒店餐饮部办公室来了3位宾客。带头的索先生是东北某大酒店的餐饮部经理。他们一直仰慕青岛××酒店的厨房设计和卫生管理,这次专程前来参观学习。

3位宾客在××酒店董经理的带领下来到厨房。一看,果然名不虚传,厨房设计很有特点。只见制作中餐、西餐等各种食品的专用间相互隔离,但又互相衔接;厨房高度有5.2米;墙壁全部采用防水、防毒、不渗不漏、便于清洗的瓷瓦、瓷砖等建材装修;屋顶是铝制天花板,平整光亮,无缝隙,不凝水珠;厨房地面由红色地砖铺就,一无积水,二无黑斑,三无油垢;防虫、防尘、防蝇、防腐、防鼠等卫生设施一应俱全;各种餐具、茶具、酒具的数量均是可接待人数的3倍。3位宾客连声称赞,他们在厨房拍了许多照片,画下了平面布置图,并在记事本上记下了很多东西。

在一个加工间的墙壁前,3位宾客突然停住了脚步。原来那儿张贴着厨房卫生管理制度,上面有厨房工作人员的个人卫生要求、各食品加工间的卫生管理要求、原材料的选购验收和加工制作过程的卫生管理要求、成品和半成品的存放规定等详细内容。3位宾客频频点头称是:"我们有'五定'制度,即定人、定点、定岗、定时、定责任区;还有'四隔离'制度,即生熟隔离、鱼肉隔离、成品与半成品隔离、食物与杂物隔离;个人卫生要求'四勤',即勤洗澡、勤洗手、勤剪指甲、勤换工作服;餐具有'四过关'制度,即洗、刷、冲、消毒。我们的厨房环境卫生实行责任区包干负责制,夜厨每天负责天花板、灯罩和排气扇等高处和其他卫生死角的清洁,甚至连保鲜膜的使用都有十分详细的规定。"董经理自豪地介绍道。3位宾客听了不时发出赞叹声。他们又进一步了解到××酒店厨房制度的3个特点——"严""细""明"。制度之"严"在于卫生考核和奖惩相结合,凡发现不按食品卫生要求操作的人员或不清洁的现象,要求立即停止工作并进行整改,还要扣班组奖金。餐饮部全体人员每年至少检查一次身体,并进行一次食品安全法规及卫生管理制度的考试,凡不合格者,令其停岗培训、调离岗位,或予以劝退。制度之"细"在于所有条款都有具体规定,如"加工海产品所用过的器具及加工人员的双手都必须及时用1‰食醋洗刷消毒5分钟",细致程度可见一斑。制度之"明"则在于检查落实,责任明确,班组包片,个人包件,部门每月考核。厨房内每个人对自己的卫生责任了如指掌,对他人的职责范围同样一清二楚,这样就很难有卫生死角了。由于厨房卫生工作抓得紧,××酒店先后获得了诸多荣誉称号。

想一想:酒店宾客一般不会走到厨房里去,因此,酒店领导对厨房的管理是否可以比对餐厅的管理松一点?

一、餐饮生产组织机构的设置

厨房作为餐饮部门内部的一个生产部门,旨在将食品原材料加工成为菜点。其生产过程需要多道工序,厨房的工序与岗位多少与经营的规模、菜点品种等因素有直接的关系。厨房的生产管理通过一定的组织形式来实现,关系到工作效率、产品质量、信息沟通和职权的履行。厨房的组织机构明确了各部门的职能、实现了分工合作、明确了岗位职责,使厨房与其他部门融为一个有机体。当然在设计厨房的组织机构时要根据不同的情况选择不同的方案,使厨房充分体现生产功能,并将人员进行科学的劳动组合与分工,使每项工作与每道工序都有具体的人直接负责。

根据餐饮生产规模结构和方式的不同,厨房组织机构可分设为不同形式。厨房组织机构并非一成不变,随着酒店餐饮经营方式、策略的变化,厨房组织机构也须做相应的调整和改变,以反映餐饮生产各岗位和工种之间的最新关系。

(一)大型厨房的组织机构

通常大型的酒店设有若干不同职能的厨房,分工较细,部门齐全,由一名行政总厨负责整体厨房系统的运营。大型厨房一般按不同的餐别分为中餐厨房、西餐厨房等。

西餐厨房可以按供应方式分为咖啡厅厨房、西餐厅厨房、饼房、加工厨房及各种西式风味菜厨房等。中餐厨房根据不同的功能、风味,同样也可分为若干不同的厨房。

大型厨房的特点是设立一个集中加工的主厨房(又叫加工厨房),负责所有经营产品的原材料加工和切割,甚至配份。这种加工有别于普通的初加工,是将原材料加工成可以直接烹调的半成品,并按产品规格进行配份,然后进行冷藏,随时供各烹调厨房领用。各个烹调分厨房根据各自厨房的供应品种,向主厨房领取半成品,再由主厨房集中向采购部申领原材料。

目前,西方国家的大型酒店的餐饮厨房和国内一些发达地区的酒店厨房,如上海锦江集团的一些酒店厨房采用的就是这种组织机构。这种组织机构是工业化革命进入酒店行业的标志之一。由于所有的原材料验收入店之后均用标准加工方法成形,产品本身的质量能够得到极大保证;由于采用了标准配份方法,产品的数量标准得以维持;由于采取了集中统一的加工配份,原材料的利用程度达到最大化,使得餐饮的效益处于最佳状态。

大型厨房系统中最高的管理部门是行政总厨办公室,由酒店的餐饮部直接负责领导,主要负责酒店内各个厨房的生产管理、成本控制、日常工作安排与监督、产品开发、下属管理人员的考核评估等工作。办公室由一名行政总厨主持工作,两名副总厨师长协助工作,或者是由总厨直接负责领导下属各厨房的厨师长。大型厨房的组织机构设置如图8-1所示。

上述组织结构中行政总厨只能设一个人,副总厨师长一般分管一个餐别的厨房系统,分别指挥各餐别的分厨房厨师长,其中中餐厨房A、B、C分别代表中餐各风味餐厅厨房,如粤菜、川菜等不同风味。分厨房厨师长各自具体负责所在厨房的日常运转工作。也有其他情况,只设一名副总厨师长,或者不设副总厨师长,由行政总厨对分厨房厨师长直接管理。下面我们对中餐厨房和西餐厨房分别进行图示说明。

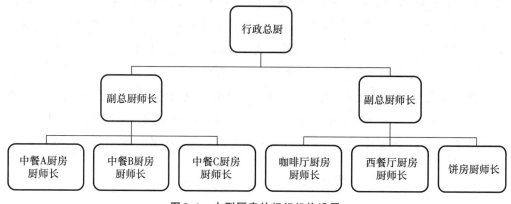

图 8-1　大型厨房的组织机构设置

1. 中餐厨房的组织机构

中餐厨房的组织机构如图 8-2 所示。

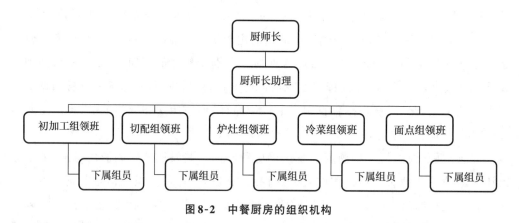

图 8-2　中餐厨房的组织机构

中餐厨房部门职能如下:

初加工组主要负责厨房使用的烹饪原材料的初加工,将烹饪原材料由毛料加工成可供切配组加工的净料。

切配组也称砧板,主要负责烹饪原材料的切配细加工和菜肴烹调前的配份工作,掌控着菜肴的规格与数量,所以在一定程度上决定了菜肴的成本。

炉灶组负责将切配好的菜肴半成品烹调加工成符合风味要求的菜肴,并及时有序出品。炉灶组是形成菜肴风味,决定菜肴出品的色、香、味、质地、温度等质量的关键部门,是烹调加工的最后一道工序。

冷菜组负责供应餐厅需要的所有冷菜,包含卤水、烧腊部,负责开胃菜、烧烤、卤菜、生冷菜肴的制作出品工作。

面点组主要负责各类点心、主食供应,有时也负责供应广式早茶和夜宵。

2. 西餐厨房的组织机构

西餐厨房的结构与中餐有些不同,根据供应范围与规模大小有所区别,比如有些大型酒店在西餐厨房体系中设一个中心厨房,负责为提供零点和自助餐的咖啡厅厨房、提供正餐与宴会的分厨房提供所需的大批量的沙司和半成品,这样有利于一些批量生产的菜点的质量控制。在这一结构体系中,由一名副总厨师长负责整个体系的整体管理协调工作,中心厨房设一名厨师长负责日常中心厨房工作与下属分厨房管理监督工作,下属分厨房设二厨具体负责各个分厨房的工作(见图8-3)。

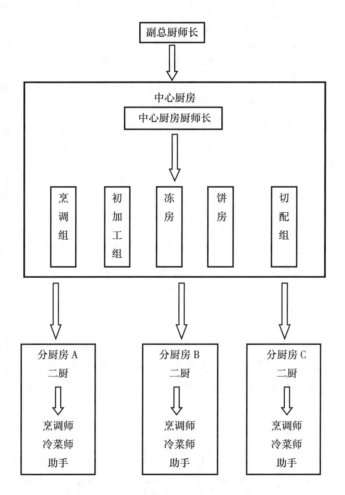

图8-3 西餐厨房的组织机构

(二)中型厨房的组织机构

中型厨房的规模要小一些,一般常见于一些中等规模的酒店,通常由基本的中餐厨房和西餐厨房组成,没有分厨房的设置,岗位的设置如图8-4所示。

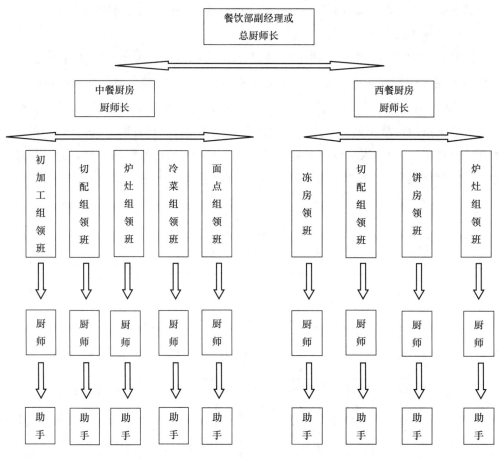

图 8-4 中型厨房的组织机构

（三）小型厨房的组织机构

小型厨房规模小，由一名厨师长直接领导，组织结构更加简洁，可设置几个主要的职能部门，更小的厨房可不设部门而直接设岗，如图 8-5 所示。这种机构的特征是从管理者到员工，结构简单，权力集中，命令统一，决策迅速，相互间沟通容易，所以较易组织管理。

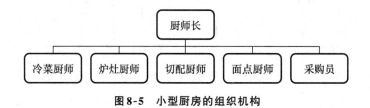

图 8-5 小型厨房的组织机构

二、餐饮生产场所的设计与布局

没有满意的员工就没有满意的顾客，没有使员工满意的工作场所，也就没有使顾客满意的环境。合理的生产场所的设计布局是生产餐饮产品,体现高超烹饪技艺的客观要求。餐饮生产的工作流程、生产质量和劳动效率,在很大程度上受到厨房设计布局的影响。

生产场所的布局就是具体安排厨房各部门的位置,以及厨房设备和设施的分布。厨房布局依据酒店不同的规模、位置、星级档次和经营策略,表现出不同的风格和具体做法。

(一)厨房面积的确定

厨房的面积在餐饮面积中应有一个合适的比例。厨房面积对生产是至关重要的,它会影响工作效率和工作质量。面积过小,会使厨房拥挤和闷热,不仅影响工作速度,还会影响员工的工作情绪;面积过大,员工工作时行走的路程就会增加,既浪费时间又耗费精力,同时还会增加清扫、照明、维护等费用。

确定厨房面积的方法一般有两种。一是以餐厅用餐者数量为依据来确定(见表8-1),通常就餐规模越大,用餐者的人均所需厨房面积就越小。这主要是因为小型厨房的辅助间和过道等所占的面积不可能按比例缩得太小。

表 8-1 厨房面积的确定

餐厅用餐者数量/人	平均每位用餐者所占面积/平方米
100	0.697
250	0.48
500	0.46
750	0.37
1000	0.348
1500	0.309
2000	0.279

二是根据餐厅面积确定大概比例,通常厨房除辅助间外的面积应该是餐厅面积的40%~50%,实际情况要灵活掌握。

(二)餐饮生产场所的区域安排

餐饮生产场所的区域安排是指根据餐饮生产的特点,合理安排生产的先后顺序和生产的空间分布。一般厨房生产都是从原材料加工、烹调制作到出品服务,形成一个完整的流程,大致可以分为3个区域。

(1)原材料验收、储藏及初加工区。这一区域的布局应靠近原材料入口,区域中有干货库、冷藏库等,还有相应的办公室和适当规模的加工间,根据加工的范围和程度,确定其面积的大小。

(2)烹调作业区。此区域应包括冷菜间、点心间、配菜间、炉灶间等。这个区域是产品的集中生产区域,因此应设置可监控厨房的办公室。冷菜间、点心间、办公室应单独隔开,配菜间与炉灶间可以不做分割。

（3）备餐清洗区。厨房布局时应包括备餐间、餐具清洗间和适当的餐具贮藏间。小型厨房可以用工作台等做简单分割。

（三）厨房的布局

对厨房各作业区的工作岗位及设备进行适当组合，有利于提高工作效率，减少员工的体力消耗，同时能够兼顾各种设备的利用率，保证厨房各工序的协作与顺畅运转。厨房布局应依据厨房结构、面积、高度，以及设备的具体情况来进行。

1. 直线形布局

直线形布局适用于高度分工合作、场地面积较大、相对集中的大型厨房。所有炉灶、炸锅、蒸炉、烤箱等加热设备均按直线形布局。通常是依墙排列，置于一个长方形的通风排气罩下，集中供应制作，集中吸排油烟。每位厨师按分工专门负责某类菜肴的加工烹制，所需设备工具均分布在左右及附近，因而能减少取用工具的行走距离。与之相应，厨房的切配、打荷、出菜台也按直线排放，整个厨房区域分明、整洁清爽，加工流程合理、通畅，但是厨房中的人流和物流的距离较长，要注意保证出菜速度。图8-6所示为厨房清洗区的直线形布局。

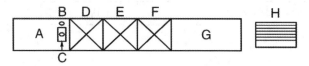

图8-6　直线形布局（厨房清洗区）

A—脏厨具接收台　B—冲洗设备　C—垃圾处理槽　D—洗涤槽
E—清洗槽　F—消毒槽　G—清洁厨具台　H—活动式厨具架

2. 相背型布局

相背型布局适用于呈方块形，或设备比较集中的厨房。将所有主要烹调设备背靠背地组合在厨房内，置于同一宽大的通风排气罩之下，厨师相对而站，进行操作。工作台安装在厨师背后，其他设备放置在附近，厨房分工可能不太明晰。因为这种布局的设备比较集中，所以只使用一个通风排气罩会比较经济，但存在着厨师操作时必须多次转身取工具、原材料，以及必须多走路才能使用其他设备的缺点。因此，厨师之间要相互协作，尽量避免人流与物流交叉重复所带来的不利因素的影响。

3. L形布局

L形布局通常将设备沿墙壁设置成一个犄角形。当厨房面积、形状不便于设备进行相背型或直线形布局时，往往采取L形布局。此布局通常将煤气灶、烤炉、炒锅等常用设备组合在一起，把一些较大的设备如蒸锅、汤锅等组合在另一边，两边相连成一犄角，集中加热、吸油烟。这样厨师能够方便地使用每一组设备，加热和切配加工之处也有了相应的集中和分工。充分利用厨房边角处的面积，使厨师的操作空间变得更灵活、宽敞。这种布局方式一般适用于饼房、咖啡厅等。图8-7所示为饼房的L形布局。

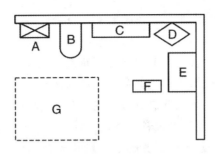

图 8-7　L形布局(饼房)

A—水源(洗涤槽)　B—搅拌机　C—面包师工作台　D—半自动面包机切割机/造型机
E—面包师工作台　F—活动放水发面柜　G—在通风系统下的烤箱及其他烹饪设备

4. U形布局

对于设备较多而所需生产人员不多,出品较集中的厨房作业区,可按U形布局,如面点间、冷菜间。将工作台、冰柜及加热设备沿四周摆放,不占用厨房的有效面积,留一出口供人员、原材料进入,甚至连出品亦可开窗从窗口递送。这样的布局,厨师在中间操作,取料操作方便,节省行走距离。设备靠墙排放,既平稳又可充分利用墙壁和空间,显得更加经济和整洁。图8-8所示为厨房清洗区的U形布局。

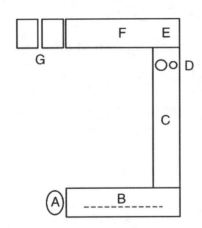

图 8-8　U形布局(厨房清洗区)

A—废料容器　B—带上搁架的脏餐具台　C—脏餐具台　D—带处理器的喷淋水槽
E—洗碗机　F—下有储存架的清洁餐具台　G—餐具手推车

对点案例　Case Study

做好厨房通风同样重要

许多酒店均费尽心思设计室内的环境,力求为顾客提供一个舒适的环境,便于让顾客品尝美食之余,更有一个好心情。但对于制作食物的厨房,环境却往往并不太重视。辛劳的厨房员工长期在酷热、潮湿和油烟弥漫的环境中工作,会损害他们的呼吸系统和引致各种有关的疾病。中餐烹调讲求"明火"和"火候",在烹饪过程中往往产生大量的热能、蒸汽和油烟。此外,燃料如煤气亦会产生有害的废气。这些浑浊气体和烟雾如未能适当地控制,便会扩散到厨房四周,使厨房员工的健康受到威胁。大量的蒸汽亦会使室内的气温变高和湿度增加,使工作环境更加令人难以忍受。

分析与决策:如何才能做好厨房的设计与布局?

【案例评析】厨房设计是否科学合理,不仅影响到酒店的直接建设投资和近期生产出品质量,还会对厨房的生产规模和产品结构调整产生长远的影响,以及对厨房员工的工作效率和身心健康具有不可低估的作用。处理厨房内的蒸汽和烟雾的最佳方法是提供良好的通风设备。其中以局部排风系统对气体的控制效率最高。局部排风是指在产生混浊气体的源头装置抽气系统,把废气有效地排出户外。良好的通风是保持空气洁净的直接因素。设计良好、保养妥善的通风系统可以有效保障厨房员工的身体健康。

任务二　餐饮产品生产质量控制

餐饮生产管理,即餐厅对菜肴、点心、饮料等对象的加工、制作、装盘的管理过程。餐厅生产的产品,即厨房等餐饮生产部门加工制作的各类冷菜、热菜、点心、汤羹及果盘等,其质量的高低,直接反映了餐饮生产、制作人员技术水平的高低。产品的外表形态及内在风味,小而言之,对就餐顾客产生直接影响,关系其是否再来用餐;大而言之,通过顾客的口碑,影响到整个餐厅的声誉和形象。因此,对餐饮生产的质量控制,应成为餐饮生产管理的重点。

任务导入 Task Leading-in

菜品不一致

D餐厅经常接到顾客关于餐厅实际提供的菜品与他们所点的菜品不一致,并且分量不足的投诉。对此,D餐厅进行了调查。经过调查,D餐厅发现了以下问题:

(1)在用餐高峰期,工作人员在烹制菜品时,经常私自用其他类似的原材料代替某些缺少的原材料,如用大白菜代替包菜烹制手撕包菜。

(2)食品原材料在粗加工过程中浪费严重。这导致加工后分配到各烹饪区的食品原材料的数量不足。

(3)在菜品配份过程中,工作人员经常根据个人的喜好决定菜品原材料的分量,没有按要求进行配份。

想一想:如何才能做好餐饮产品生产质量控制?

一、制定标准菜谱

所谓标准菜谱(Standard Recipe),是指餐厅为规范餐饮产品的制作过程、产品质量与成本核算而制定的一种印有菜品所需各种原材料的名称、数量、规格、制作方法、装盘要求以及标准成本等内容的说明书。标准菜谱必须耐用,应能防水、防油污。为便于质量控制,有些酒店在卡片上还配上一张成品图或彩色照片。

标准菜谱比普通菜谱更加规范和详细。因为普通的菜谱只有原材料名称与用量、制作方法,缺乏成本控制等方面的信息。而标准菜谱是厨师和管理的基本工具,它可以用来培训厨师、指导服务员的服务、控制食品成本,也可以用来确保顾客得到质量与数量稳定的产品。准确地确定菜谱成本与菜单定价都是以标准菜谱为依据的。可见,标准菜谱是食品成本控制程序中的基础部分。餐厅经营者如果不知道菜单中每一道菜的标准用量与标准成本,那么要想在月末保持稳定的餐饮成本是不可能的。餐厅要使用标准菜谱,首先应了解标准菜谱的格式(见表8-2)。

表8-2 标准菜谱样本

菜点名称: _____ 总成本: _____ 售价: _____						
规格: _____ 毛利率: _____						
原材料名称	用量/克	单价/元	成本/元	制作方法	备注
					产品图片

标准菜谱应包括以下4种标准:标准份额和烹制份数、标准配料量、标准烹调程序、每份菜的标准成本。

(一)标准份额和烹制份数

在厨房中,有的菜品只适宜一份一份地单独烹制,有的则可以或必须数份甚至数十份一起烹制,所以菜谱对该菜品的烹制份数必须明确规定,这样才能正确计算标准配料量、标准份额和每份菜的标准成本。

标准份额是每份菜品以一定价格销售给顾客规定的分量。每份菜品每次出售给顾客的分量必须一致。比如一份小盘酱牛肉的分量是200克,那么每次向顾客销售时,其分量应该保持一致,必须达到规定的标准份额。规定和保持标准份额具有下述两大作用:

(1)减少顾客不满。确定和坚持执行标准份额,使餐厅每次提供的菜品和饮料分量相同,消除顾客间相互比较时觉得自己的分量少而感到吃亏、不满或觉得受骗的情绪。每次供应的菜品分量稳定,会使顾客产生公平感,从而增加回头客。

(2)防止成本超额。如果菜品、饮料的份额不同,则产品所涉及的原材料消耗和成本也不同,这样往往会引起成本超额。销售价格并不会因为菜品的份额控制不准而发生变化,所以成本超额会引起餐厅利润的波动。因此,餐饮管理人员对餐厅供应的每一份菜品和饮料都要规定标准份额。每份菜品的标准份额确定后,必须让烹调人员知道。有些餐厅将每份菜的标准份额贴在墙上,使生产人员能按标准加工烹调。出菜检查员要检查厨师生产的成品量是否符合标准份额。

(二)标准配料量

生产的另一个控制环节是要规定生产某菜肴所需的各种主料、配料和调味品的数量,即标准配料量。在确定标准生产规程以前,首先要确定生产一份标准份额的菜品需要哪些调料,每种配料需要多少用量,每种配料的成本单价和金额是多少。

确定各项配料的成本单价有时比较困难,各项菜品会有加工切配折损。价值低的蔬菜打上一定的折损率就行,价值较高的菜品,如肉、家禽和鱼要做折损试验,定出标准折损率。有些肉及家禽类还有烧煮、烤制折损。由于配料的市场价格经常发生变化,因此成本也要不断调整。成本调整的次数取决于市场价格的波动情况。

调味品也是菜品的组成部分之一,其成本也应计算在标准成本之内。有的菜品需要调味品的用量较少,比如只需要一点酱油、盐等,不值得特意定价,只象征性地记上少量金额即可。但有的菜品的调味品成本比重很大,必须根据其用量和原材料单位成本,逐一计算各项调味品的成本。烹制份数多的菜品,调味品用量必然较多,算出总生产量所需的调味品成本再除以份数,便可较精确地算出每份菜的调味品成本。

(三)标准烹调程序

标准菜谱上还应规定菜品的标准烹调方法和操作步骤。标准烹调程序要详细、具体地规定食品烹调需要什么炊具和工具,原材料加工切配的方法,加料的数量和次序,以及烹调的方法、温度和时间,同时还要规定盛菜的餐具和菜品的摆盘方法。

标准份额、烹制份数和烹调程序一般由每个厨房自己编制,不能通过一次烹饪就做规定,而必须多次试验或实践,并不断地改进,直至制作出的菜品色、香、味、形俱佳,得到顾客肯定为止。这时菜品的份额、配料的项目、各配料的用量和烹调程序才能作为生产的标准规定下来。标准配料量和标准生产规程必须记录在卡片上供生产人员使用。

(四)每份菜的标准成本

标准菜谱上规定了每份菜的标准成本。确定每种菜肴的标准成本并不太容易。首先要通过试验,将各种菜肴的份额、配料、用量及烹调方法固定下来,制定出标准,然后将各种配料的成本相加,汇总出菜品生产的总成本额再除以烹制份数,得出每份菜的标准成本。每份菜的标准成本是控制成本的工具,也是菜品定价的基础。

知识拓展 Learning More

标准菜谱在餐饮生产管理中的作用

1. 保证产品质量标准化

采用标准配料和标准生产规程,可以保证菜品每次的生产质量保持一致,使菜品的味道、外观和受顾客欢迎的程度保持稳定。因为标准的配料、用量和标准的烹调方法是质量控制的有效工具,所以餐厅即使在厨师换岗率高的情况下也能够保持质量稳定。稳定的质量有利于增加回头客。

2. 便于控制菜肴的生产成本

规定每份菜的标准配料、用量和价格,便于计算出每份菜的标准成本。有了每份菜的标准成本和各菜品的销售量,便可算出菜肴生产的总标准成本,这样就有利于控制菜品生产的实际成本。此外,有了标准配料量,厨师在生产过程中就不会盲目配料,可减少原材料的浪费。

3. 有助于确定菜肴的价格

菜品定价的主要方法都是以成本为基础的,因此在菜谱上规定每份菜的标准成本后,管理人员就可据此确定各菜肴的价格。在菜谱上要对不同日期配料的价格变动留出空间,这样即使配料成本单价有变动,也能很快调节每份菜的标准成本和销售价格。

二、餐饮产品的制作质量控制

餐饮产品的生产管理是指对餐饮产品的整个生产、加工制作过程进行有效的计划、组织和控制。厨房的任何产品都是经过很多道工序生产出来的。菜肴的生产工序如下:领取原材料—初加工—刀工处理—配菜—烹调—成菜装盘。各个工序、工种、工艺密切配合,按规格出品,则是餐饮生产运作控制过程的主要内容。概括地讲,餐饮生产运作主要包括加工、配份、烹调三大环节。针对不同生产环节的特点,明确制定操作标准,规定操作程序,健全相应制度,及时、灵活地对生产中出现的各类问题加以协调督导,是对餐饮生产运作进行有效控制管理的主要工作。

(一) 原材料粗加工管理

原材料粗加工是指对食品原材料进行简单处理的工作。此阶段是食品生产的基础,其原材料加工的质量和效率对下道工序的生产有直接影响。在此阶段,应做好以下几个方面的工作。

1. 加工质量管理

食品原材料的种类众多，加工的方法和要求各不相同。为保证原材料的加工质量，在对食品原材料进行粗加工时，应遵循以下原则：

（1）蔬菜、瓜果等对加工和技术要求不高的原材料，可由一般的工作人员进行加工。

（2）需要涨发的干货原材料，其工艺较复杂，对技术要求较高，应由专业的工作人员进行加工。

（3）需要分解的肉类原材料，应由经验丰富的工作人员采用正确的方法进行加工。

2. 加工数量管理

原材料的加工数量应根据生产需要来确定，以保证用量和减少浪费。一般而言，加工间会收到厨房各部门根据各实际需要填写的加工订单，并将订单汇总，向采购部门申购或去仓库领货，统一加工后按订单发放。

3. 净料率管理

净料率是表示食品原材料利用程度的指标，是指食品原材料加工后可用部分的重量（即净重）占加工前总重量（即毛重）的比率。净料率越高，说明原材料的利用率越高；净料率越低，说明原材料的利用率越低，成本也越高。净料率的计算公式如下：

$$净料率 = \frac{净重}{毛重} \times 100\%$$

餐饮企业可以通过以下措施来提高原材料的净料率：

（1）制定各种食品原材料的净料率标准，并张贴于加工厨房，供工作人员参考。

（2）定期检查净料率标准的执行情况，发现问题及时解决。

（3）定期或随机查看垃圾桶和下脚料，检查是否有可利用部分被丢弃，发现问题及时采取处理措施。

（4）加强工作人员技能培训，减少因工作人员操作失误而造成的原材料浪费。

（5）加强考核，将净料率标准的执行情况列入考核范围。

（二）菜品配份管理

菜品配份环节主要包括切割原材料、配菜和准备调料等工序，决定着菜品的质量、分量和成本。在此阶段，应重点做好以下工作。

1. 辅料与调料管理

辅料是指烹饪中所使用的辅助原材料。例如，板栗烧鸭的主料是鸭，辅料是板栗。工作人员在准备辅料时，应注意主料与辅料之间的比例。在某一菜品中，如果主料价格较高，可适当提高辅料的比例，降低主料的比例。例如，青椒肉丝的主料是猪肉，辅料是青椒，主料和辅料的比例一般为1∶1，如果猪肉价格太贵，可将比例调至1∶2。

调料包括油、盐、酱、醋、葱、蒜、姜、花椒等。在准备调料时，应做到以下两点。

（1）按需申领，并根据调料的特性进行存放。例如，辣椒酱、豆瓣酱、大豆酱等，应将盖旋紧密闭后冷藏；酱油、醋、油、花椒油、蚝油、料酒等，应存放在容器内，并远离灶火,保持通风和无日晒。

(2)葱、姜、蒜等调料应根据菜品配份需要进行切割,并根据各自的性质和用途,分别干放或水养,置于专用器具内和固定位置上,必要时可用保鲜膜封盖。

2.配份质量管理

为保证菜品配份的质量,可采取以下措施。

(1)制作和使用标准菜谱,可以明确配份标准、规范操作过程,从而保证同样菜品的原材料配份相同,分量和质量相当。

(2)在配份时,应考虑是否便于下道工序的操作。例如,主料是否按规定加工完成,辅料和调料等是否齐全,所有原材料是否便于工作人员取用。

(3)理顺衔接关系,健全出菜制度。

小贴士 Tips

配份过程的控制方法

- 使用称量、计量和计数等控制工具。即使是熟练的配菜厨师,不进行称量也很难做到精确无误。一般的做法是每配2~3份称量一次,如果配制的分量合格的可接着配,如果发现配制的分量不准,那么后续的每份都要称量,直到合格为止。

- 凭单配发。配菜厨师只有接到餐厅顾客的订单,或规定的有关正式通知单才可配置,以保证配制的每份菜都有凭据。

- 杜绝配制中的失误。应把配制中的重复、遗漏、错配降到最低限度,最好的办法是核查凭单。

(三)菜品烹饪管理

烹饪是菜品生产的最后一道程序,是确定菜品色泽、口味、形态等的关键环节,关系着菜品的质量。在此阶段,应做好以下工作。

1.打荷作业管理

打荷作业包括将配份好的原材料进行调味、上浆、上粉,以及制作菜品、装饰品等工作。为确保打荷工作的顺利进行,餐饮企业应制定打荷作业规范,要求工作人员做好以下工作。

(1)准备用具。准备调料盒、抹布、筷子、专用纸盒等,并确保所有用具符合卫生标准。

(2)检查原材料。按相关标准,对领取的各种原材料进行质量检查。

(3)配制调料。配制调味酱、调味汁、调味油,制作各种清汤、高汤。

(4)准备装饰品。按照菜品要求准备装饰品。

(5)协助工作。协助炉灶工作人员调制各种浆、糊,帮助炉灶工作人员上浆、挂糊。

(6)确认菜单。确认菜品的名称、烹饪方法,检查原材料的配份是否符合标准。

(7)递送原材料。将配份无误的原材料递送给炉灶工作人员。同时,掌握出菜顺序、间隔时间,随时准备出菜。

(8) 准备餐具。将配套餐具放置在打荷台上,并确保餐具干净卫生。

(9) 检查。检查菜品质量,确保菜品内容与菜品名称一致、菜品内无异物等。

(10) 装饰。根据菜品的要求,进行点缀装饰。

(11) 核对、出菜。核对菜品、桌号、菜单是否相符,无误后交由传菜人员出菜。

(12) 工作结束后。及时保存剩余原材料,保管好各种用具,做好卫生工作。

2. 烹饪作业管理

餐饮企业为保证菜品烹饪质量,应做好以下工作。

(1) 根据菜品的具体要求制定烹饪作业规范,并加以监督实施。

(2) 实行抽查考核制度,统计一定时间内每位工作人员的出菜速度和出菜数量。

(3) 不定时抽查菜品质量。

(4) 明确责任,每位工作人员都需要对自己的工作区域和工作内容负责。

(5) 对经常出错的环节进行重点监控。

小贴士 Tips　　　烹调过程的控制

烹调过程是确定菜肴色、香、味、形、器、质的关键,因此应从以下几个方面进行控制:

- 炉灶厨师必须严格按照操作规范工作。任何图方便的违规做法和影响菜肴质量的做法都应加以制止。
- 严格控制每次烹调的生产量。少量多次的烹调制度应成为烹调制作的准则。
- 开餐时要对出菜速度、出品菜肴的温度、装盘规格保持经常性的督导。
- 彻底消除烹调过程中的剩余食品。剩余食品是一种浪费,即使被搭配到其他菜品中,或制成另一种菜,质量也必然会降低,无法把成本损失补回来。

知识链接

厨房生产流程控制方法

对点案例 Case Study　　　加强菜肴出品质量控制

某酒店是一家专注闽菜的餐饮企业,以其优质服务和可口菜品赢得了众多顾客的光临。在竞争激烈的餐饮市场上,保持稳定可靠的菜肴出品质量是取胜的关键。该酒店主要采取了3方面措施来抓好这一关键环节。

1. 制定标准菜谱

酒店对菜单上的所有菜肴都制定了标准菜谱,列出这些菜肴在生产过程中所需要的各种原材料、辅料和调料的名称、数量、操作程序、规定份额,以及装盘器具、周边装饰等。具体来说,标准菜谱包括5个基本内容:标准烹调程序;标准份额;标准配料量;标准的装盘形式;每份菜的标准成本。完整的标准菜谱制定出来之后,厨房管理人员应加强监督检查,保证在实际工作中,每位厨师都能按照标准菜谱加工烹制,不盲目配料,减少原材料的浪费和丢失。酒店管理者认为,按照制定好的标准菜谱进行制作,对外有利于经营,对内有利于成本控制,一举两得,事半功倍。这是餐饮管理者加强品质管理必须把握好的第一个关键步骤。

2. 实行厨师编号上岗

各项标准制定后,厨师必须严格按规定操作。关于烹制过程中的时间、温度、火候的把握,还有原材料质量的差异等因素,虽然有了文字说明,但在实际操作中还要靠厨师们长期摸索,要保证生产出来的菜品尽可能保持一致。因此,酒店对厨师实行了编号上岗,以增强厨师的责任心,接受顾客监督。每位厨师对自己加工烹制好的菜品必须附上自己的号码标签,以示对菜品质量的担保和对顾客的责任。顾客也可根据对某位厨师的信任和喜好指定厨师为其制作。遇到对菜肴不满意时,也可按编号投诉厨师,加强厨师与顾客间的沟通。

3. 定期评估厨师的工作实绩

厨师实行编号上岗,使每道菜肴有了质量保证。在此基础上,酒店要定期评估厨师的工作实绩。评估的方法是,分析一定时期内(如一周或一月之内)每位厨师的销售额、制作量、顾客的反应及点名制作的数量等。另外,餐厅服务人员也提供了参评的信息来源。从餐厅服务员那里可以了解顾客对每位厨师的出品的满意程度及意见等,不仅能增强厨师的责任感,还能使顾客产生亲近感和良好的体验。对于工作实绩较差的厨师,酒店则应及时予以培训、指导和提醒,并采取一定的经济处罚手段。必要时,管理者还应调动他们的工作,以确保厨房菜肴质量得到有效的控制。

该酒店的品质管理措施出台后,产生了较为理想的效果。

分析与决策:如何才能有效控制菜肴出品质量?

【案例评析】菜肴出品质量是厨房管理的主要内容,是决定餐厅经营成败的关键。控制菜肴出品质量需要从多方面入手。制定标准菜谱是质量控制的前提和基础,需要大量的基础性工作。许多餐饮企业常常因为这一点而放弃标准菜谱的制作,导致质量控制工作失去参照标准。另外,利用编号上岗和定期考评则能增强厨师的工作责任感,促使其努力按标准菜谱进行操作。

任务三　厨房的卫生与安全管理

从厨房生产到产品销售的每个环节都必须自始至终重视和强调卫生与安全。卫生是厨房生产需要遵守的第一准则。厨房卫生就是菜点原材料选择、加工生产和销售服务的全过程,都要确保食品处于洁净没有污染的状态。厨房员工应自觉以食品安全法规为准绳,制定各项管理制度,督导烹饪生产活动,切实维护酒店形象和顾客利益。安全生产不仅是保证食品卫生和出品质量的需要,同时也是维持正常工作秩序和节省额外费用的重要措施。因此,厨房管理人员和各岗位生产员工都必须意识到安全的重要性,并在工作中时刻注意正确防范。

龙井虾仁里吃出了头发

一天,某公司的陈先生和王小姐因公事请一位外地来的顾客到杭州某星级宾馆的餐厅吃饭。这是一家在装饰方面很有特色的酒店,服务人员的服务态度也很热情。其间,顾客点了几样酒店的特色菜和外地顾客特别喜欢吃的龙井虾仁。由于餐厅中顾客不是很多,所以上菜速度很快。由于有服务员的推荐,顾客对所点的菜很满意,特别是酒店的特色菜,造型漂亮,口感极佳,盛菜的器皿也很美观,加之服务员周到的服务,令顾客感到今天选择这里就餐真是没错。就这样,三人边吃边聊,十分开心。突然,王小姐将筷子夹起的虾仁放下,停下筷子,向同伴说了两句话,只见陈先生和他的朋友同时停下了筷子,并招手示意服务员过来。

"小姐,您看这是什么?"王小姐用筷子指着盘中的头发请服务员仔细看。服务员立刻向顾客道歉。站在旁桌的主管看到这边似乎有些状况,急忙走过来,了解发生的情况后,也急忙向顾客道歉:"真是对不起,这是我们的后厨管理出现了疏漏,非常感谢您能帮我们指出问题,我们今后一定会对这类问题更加关注。今天由于这件事情给您带来不快,感到万分抱歉。您的这道菜我们撤下,并免费送您一道其他的菜肴,您看这样行吗?"

听了主管的建议,三位顾客也不好再说什么,但再送的其他菜肴还敢吃吗?

想一想:酒店管理人员该如何控制与管理餐饮部门的卫生状况,尤其是后厨加工制作环节的卫生状况?对厨房的卫生进行管理有何意义?如何对其进行管理?

一、厨房的卫生管理

厨房卫生是餐饮卫生管理中最重要的环节。由于厨房加工生产的菜品是供就餐顾客直接食用的,如果不能保证菜肴、面点等食品的良好卫生状况,使进餐者在食用时产生种种不良的影响,其结果可想而知。因此,厨房的卫生管理与控制,必须是全方位的、严格的,不能有半点马虎。从厨房的环境卫生,到设备设施卫生,以及厨师的个人卫生,都应该始终如一地保持清洁、无菌、无毒的良好状态。餐饮经营中出现任何卫生和安全事故都会影响酒店声誉,从而影响餐饮经营。食品卫生管理是餐饮经营管理的基础和核心,食品卫生关系着顾客的生命和健康。餐厅不应仅为顾客提供有特色的菜肴和酒水,更应为顾客提供卫生和富有营养的食品。只有保证食品的卫生和安全,才有望进一步提高餐厅的声誉。因此,厨房的卫生管理就成了餐厅经营管理的重中之重。

厨房卫生的管理事实上是从采购开始,经过生产过程到销售为止的全面管理。它主要包括环境卫生、厨房设备及器具卫生、原材料卫生、生产卫生、个人卫生等方面,每一个管理者都应该在这些方面加强管理与控制。

（一）厨房环境的卫生控制

厨房是生产制作菜点的场所,各种设备与工具都会接触到食品。环境卫生除了受当初厨房设计的影响,还受使用工具设备的影响,等等。例如,厨房设计施工时就应该考虑使用方便、卫生、清洁的材料,设备与工具要便于清洗、保持卫生。保持厨房环境卫生的根本办法是持之以恒地做好日常厨房卫生工作,实行卫生责任制,将清洁卫生工作落实到部门、班组、个人,安排好清洁卫生计划,明确卫生标准。另外,要加强对员工的卫生观念教育,使之养成良好的工作习惯。这一切都需要管理者以身作则,并且管理到位。

（二）食品原材料的卫生控制

俗话说"病从口入",厨房中使用的产品原材料最终是要入口的,所以原材料的卫生是菜点是否安全与卫生的基础。原材料的卫生控制从采购时就应该注意,对于不符合卫生标准的原材料,不管价格如何低廉也不能采购。此外就是采购后的保存问题,因为厨房的生产属于批量生产,所以一般是批量进货,大批量的原材料如何在保质期内保证其安全与卫生,是管理人员应该重视的问题。不同原材料有不同储存条件,一定要严格遵守,并且要督促各部门相关工作人员按规定执行。

（三）厨房生产过程的卫生控制

生产过程中的卫生问题更加具体、细致,因此,要制订一系列的标准,使管理更加具体化,便于日常操作。例如,盛装菜点的器皿不可以用布直接擦拭,防止二次污染已经消毒的器皿;配制菜肴的盛器是专用的,切忌直接使用餐具,以防互相污染;冷菜间的切配工具、盛装器皿、储存冰箱要生熟分开。以上只是其中的一些例子,具体规定要事先进行详细规划。

（四）生产人员的卫生控制

厨房生产人员直接接触食品,因此个人的健康及卫生状况十分重要。首先,上岗前一定要通过饮食从业人员健康体检,持证上岗,避免工作人员带病上岗。应重视个人的卫生状况,要保持整洁干净的仪表,工作服、帽子穿戴整齐,如果工作需要,还要戴手套和口罩。烹饪工作大部分使用手工操作,所以工作时要保持双手干净,注意工作服的整洁。另外,严禁在厨房工作区吸烟、嚼口香糖等。日常工作中制定的处罚条例是必要的保证,同时也要对工作人员进行职业道德教育,提高自身的素质。

知识链接

餐饮管理应重视厨房卫生

> **对点案例** Case Study
>
> **烹饪环境卫生——企业形象的要素**
>
> 世界著名的跨国快餐企业麦当劳的成功经验之一,在于其高明的企业形象设计,麦当劳的企业理念识别系统(MIS)由品质、服务、清洁、价格4部分组成。"与其背靠着墙休息,不如起身打扫"被麦当劳作为一条重要的员工行为规范,麦当劳要求所有员工都必须严格遵守这一条款,养成良好的卫生习惯,始终做到眼勤、手勤、腿勤、勤扫、勤擦、勤清洗,以保持店堂清洁、窗明几净,给顾客营造一个洁净适宜的进餐环境。中式餐饮虽有深厚的餐饮文化底蕴,但对烹饪环境卫生的重要性认识不足。烹饪环境卫生对一个追求成功的餐饮企业而言,是其营销策略中绝对不可忽视的重要环节。
>
> **分析与决策:** 如何才能做好厨房卫生的控制工作?
>
> **【案例评析】** 现代餐饮业将清洁视为餐饮的命脉,认为清洁是顾客选择餐厅、餐厅争取回头客的基本要素。真正意义上的美食应既包括美味佳肴和周到的服务,又包括优美的餐饮环境和厨房卫生,能够真正满足顾客生理审美和心理审美的双重需求。

二、厨房的安全管理

厨房的员工每天都跟诸如火、加工器械、蒸汽等容易造成事故或伤害的因素打交道,再加之地面有时会有油污,极易造成安全事故。这些问题如果处理不慎,轻则员工受伤、设备损坏、影响工作,重则危及财产与生命安全,其危害程度是不可估量的。因此,管理者在生产经营中要提高安全防范意识,保证厨房员工的安全,避免餐厅蒙受损失。

(一)预防火灾事故

火灾应该说是厨房极易发生且伤害极大的灾难之一。诱发火灾的因素很多,比如未熄灭的烟头、电线短路漏电、燃气外泄、烹调操作不当、机器过度工作发热、故意纵火等多方面。尽管火灾是易发的灾难,但如果了解起火的原因,预防工作还是可以做到的。火灾产生要具备3个条件:火源、氧气和可燃物质。当3个条件均具备时,便可能发生火灾。

1. 火灾的预防

火灾的产生是有诱因的,杜绝火灾的诱因就可以有效地预防火灾。具体的做法如下:

(1)厨房内每个员工必须遵守安全操作规程,并严格执行。

(2)厨房的各种电动设备的安装和使用必须符合防火安全的要求,严禁员工野蛮操作。厨房内一定要分清照明电线和动力电线,千万不能混用。电线的布局要合理,尤其炉灶电线的走向不能靠近灶眼。另外,要设立漏电保护器,防止短路引起的火灾和对员工的意外伤害。

（3）厨房内煤气管道及各种灶具附近不要堆放易燃物品。使用煤气要随时检查煤气阀门或管道有无漏气，也可设置煤气报警器，出现问题时应及时通知专业维修人员，杜绝不闻不问的马虎行为。

（4）在烹调操作时，锅内的介质（水、油）不要装太满，温度不要过高，严防因温度过高或油溢、水溢而引起的事故。

（5）炉灶、烟罩要定期清理，防止油垢过多引起火灾。餐厅炉灶一般由管事部人员每天下班后清洁，而烟罩通常每季度由专业人员清理。

（6）任何使用火源的工作人员，不能擅自离开炉灶岗位，防止因无人看守而烧干原材料所引发的火灾。

（7）清理厨房卫生时防止违章操作将水浇洒在电器上，预防漏电、短路事故发生。卫生工作结束后，厨房要设专人负责检查各种电器、电源开关，并关好各种电源和燃气阀门。

2. 火灾的疏散

一旦火灾发生，除了进行灭火，员工的疏散工作也是十分有必要的。通常可以按照下列规程操作：

（1）厨房负责人一定要检查每一个灶眼，确保每一个燃烧器都处于关闭状态。

（2）必须关闭和切断一切电器、用具的电源开关。

（3）打开消防通道，迅速疏散厨房的员工。

（4）确认无事后，厨房负责人才能离开。

小贴士 厨房起火的原因

- 厨房员工在使用煤气或液化石油气时，因设备破损、管道铺设不当、忘记关闭阀门等而造成可燃气体泄漏，遇到明火或高温发生燃烧。
- 厨师在操作时，因油炸食物时锅内食油放得太满，以致食油溢出，遇明火后发生燃烧。
- 厨师操作时，因油锅加温过高或厨师离开炉灶时间过长而发生燃烧。
- 厨房内油渣等因处置不妥，聚热后发生燃烧。
- 各种烤箱因使用不当或开关失灵而发生燃烧。
- 排烟管道油污垢太多太厚，遇明火后发生燃烧。

（二）预防意外伤害事故

厨房的意外伤害多是因为员工疏忽大意或设施布局不合理而造成的。意外伤害会影响到餐厅的声誉，也会伤害到员工，造成工作人员非正常的减员，同时关系到厨房生产的顺利进行。厨房意外伤害主要是由摔伤、烫伤、割伤、电击伤等原因造成的，因此，必须了解各种安全事故发生的原因和预防方法，才能加强管理。

1. 摔伤

摔伤往往是因地面不平、地面有坡度、地面上有汤汁和食物、地面有障碍物等,使人摔倒、磕碰而产生的伤害。为了防止此类伤害的发生,操作时应注意以下几点:

(1) 保持地面平整,需要铺垫的要进行铺垫。如有台阶,在台阶处用醒目的标志引起注意,以防不留神被绊倒。

(2) 在有坡度的地面和员工的出入口,应该铺防滑软垫。

(3) 一旦在操作中出现了水渍、油渍、汤渍等,一定要及时清理,最好用墩布擦干,千万不要再用水冲洗。如在操作繁忙时,应急的方法是在地面上撒些盐,可以有效地防止人员滑倒。

(4) 在工作区域的各个通道及出入口处,千万不要摆放各种物品,要及时清理障碍物,以免发生不必要的碰撞。

(5) 运送各种货物的推车不要堆放过多的货物,以免挡到视线,撞伤他人。

(6) 员工在厨房爬高时,要借助专用的梯架,切不可选用不安全的纸箱、货箱等不可靠的物品来充当垫衬物。

(7) 有拐角的箱柜,尤其是正好在头顶位置的,应该将拐角进行垫衬,防止员工的头与其发生碰撞。

(8) 切忌在厨房中奔跑,尤其到出入口时更应该放慢速度,以防跟进来的人相撞。

(9) 厨房应该有足够的照明,避免因光线昏暗引发事故。另外,厨房还应该配备应急照明灯具,一旦厨房突然停电,可以作应急照明使用,防止员工在黑暗中受伤。

(10) 在易滑倒处放置警示牌。

2. 烫伤

烫伤在厨房操作中是经常遇到的。操作人员由于粗心大意,会碰触到高温蒸汽、滚烫的炉灶、沸腾的水、滚热的油、不冒气的热汤等。为了防止烫伤,生产操作时应注意以下几点:

(1) 无论烧水或加热油,水或油都不要加得太满,防止移动时热水或热油洒出来。

(2) 烹调时,各种器具不要靠近炉灶,防止器具(如漏勺、油罐的边缘等)发烫,操作者却因不知情而被烫伤的现象。

(3) 使用蒸汽柜、烤箱时,要先将门打开,待饱和气体或热空气散掉,再用毛巾垫着去拿取菜肴,切不可空手直接去取。打开有盖的热食时,要先放热气,再进行一下步操作。

(4) 进行油炸操作时,要将原材料的水分沥干,防止下锅时因有水而油花四溅;用遮挡物挡住四溅的油花。操作者下料的方法要正确,原材料应该从锅边滑下去,而不要扔原材料,溅起的油花会烫到自己。

(5) 任何厨房的操作人员在工作中要保证正常的穿戴,千万不要赤膊、光脚穿鞋,防止危害发生会加重伤情。

(6) 经常检查蒸汽管道和阀门,防止蒸汽泄漏出现伤人事故。

(7) 点燃气体灶时,要先排净多余气体后,再打开总阀,点燃气体。

3. 割伤

割伤主要是因为不正确使用刀具、碰到尖锐的器物等。为了防止割伤,生产操作时应注意以下几点:

(1) 锋利的刀具要统一保管。刀具一旦不使用,要及时套上刀套,切不可随便乱丢,尤其是丢在黑暗处,极易造成伤害。

(2) 使用机械刀具或一般刀具进行切割时,精力要集中,切不可说笑、打闹。

(3) 使用的刀具应该锋利,不锋利的刀具反而容易造成伤害。

(4) 清洗刀具时要使用抹布,切不可将刀具与其他原材料放在一起清洗,清洁刀口时,要使用抹布去擦拭。

(5) 开过盖的罐头,要拿抹布打开,切不可用手直接去扳,以免造成割伤;玻璃器皿开盖后,一定要小心瓶口,不要随意乱摸,若有缺口很容易割伤手指。另外,破碎的玻璃器皿尽量不要用手去处理,以免割伤。

(6) 各种金属盛器的边缘一定要是卷边的,如果有的卷边不好,需用抹布去端取,切不可空手去端,以免割伤。

(7) 使用机械设备时,应仔细阅读说明书,按规程去操作。切不可直接用手触摸,防止出现大的伤害,比如绞肉机填塞肉时,应该使用专用塑料棒,而不是用手。

(8) 厨房所有的机械设备都应该配备防护装置或其他安全设施。

4. 电击伤

电击伤的原因主要是电器老化、电线有破损处或电线接点处理不当等。用湿手去触摸电器有时也会造成电击。为了防止电击伤,生产操作时应注意以下几点:

(1) 所有的电器都应该有接地线。

(2) 所有电器的安装调试,都由专业的电工来操作。

(3) 对于各种电器,员工只需进行简单的开关操作,不要触摸电机及无关的部分。

(4) 定期检查电源的插座、开关、电线,一旦有破损应立即报修。

(5) 使用电器前,要保持手部干燥,不要用湿手去操作电器。

(6) 容易发生触电的地方,应有警示标志。

知识拓展 Learning More

厨房安全管理的原则

1. 安全第一原则

如果没有安全做保障,厨房的生产活动就无法顺利进行。因此,厨房内一切工作的开展都应以安全为前提。

2. 预防为主原则

厨房安全管理工作的重点是运用大量预防手段,采取各种预防措施,积极做好各项预防工作,把事故隐患消灭在萌芽状态。要做好预防工作,餐饮企业应做到以下几点:

(1) 确保工作人员具备安全意识,在工作中时刻保持警惕。例如,要求工作人员养成工作结束后随手断电、关气、关水的习惯。

(2)定期检查各项设施设备,及时发现并消除各种安全隐患,堵塞各种安全漏洞。例如,定期检查大型用电设备是否存在漏电问题,检查燃气管道是否完整、无破损,检查消防器材能否正常运行等。

(3)采用智能安全监控系统。餐饮企业可以安装智能安全监控系统,借助智能设备采集、传输、储存、处理厨房中一些重要设备的工作数据,并以表格和图像等形式呈现出来。厨房工作人员查看相关数据,就能了解这些设备的运行情况,从而及时做好检修工作,排除安全隐患。

3. 群防群治原则

通常情况下,厨房各岗位的工作人员较为了解自己所在区域设施设备的运行情况和安全隐患。因此,餐饮企业要想做好厨房安全管理工作,就应依靠广大厨房工作人员,鼓励每个工作人员都成为厨房的安全员。

对点案例 Case Study

有毒的沙拉

某餐厅为一个将要开业的餐饮企业代培员工,该餐厅组织他们实地学习餐饮业务。作为实习生,他们被分配在西餐厅,由领班进行实际服务工作的指导。一天中午,来了一位熟客,一如既往地要了一份混合沙拉。这位顾客从来不使用酒店的沙拉调味汁,而是习惯于自己调配可口的调味汁。根据领班的指示,实习生来到厨房,很快在拐角搁置调味品的地方,找到了橄榄油、盐、胡椒等调味品,并把它们分别盛进空容器里,可最要紧的醋却找遍各处都找不到。最后,在柜台下边开着的门里,自以为发现的一个瓶子里装有醋。于是,急忙把它倒进空容器里。调味品全都备齐后,便拿给了顾客。因为是用惯了的东西,顾客迅速拌好后,浇在了早已备好的沙拉上,便开始就餐。

实习生还是初次看到在餐桌上自配调味汁的顾客,心里想这位顾客真是与众不同,可能很好吃吧!正看得出神,吃了两三口的顾客,突然从嘴里吐出沙拉,接着就不断地咳嗽,痛苦地用手帕捂住嘴,站起来跑进卫生间。实习生被这突如其来的情形吓了一大跳,马上告诉了领班。领班到卫生间一看,顾客正在漱口,并且很痛苦地说:"那个沙拉有毒……"领班听罢大吃一惊,急忙将顾客领到医务室。果真有毒吗?领班回到餐厅用嘴尝了一下放在桌上的沙拉,马上感到异常。于是一一核对了用料,发现醋好像有问题。当询问到醋的来处时,实习生说:"别的材料全都从调味品存放地方取来,唯独醋找不到,我以为醋也许搁在橱柜里了,打开下面一看,见空瓶里装有'醋',于是我把它灌进空容器里,拿给了顾客。"

当领班把实习生所说的"醋"倒进碟子里,尝了一下之后,大为吃惊,原来它竟是厨房用的强力洗涤剂。如果一次大量喝下去的话,那后果将不堪设想。洗涤剂怎么会跑到调味品存放处呢?经过了解,原来昨天是厨房例行大扫除的日子,专门从事清扫的人来过这里,事后,将装在空瓶内的强力洗涤剂搁在下面橱柜里。所幸顾客情况尚好,未酿成大祸,而且顾客是位宽宏大量、偏爱本店的人,只是半开玩笑地提醒说:"你们差点葬送了我的命。"而酒店方面真是惶恐不安。从此以后,为彻底防止发生类似事故,餐厅马上决定所有场所一律不准再利用空瓶,开展了一个回收无用空瓶并予以销毁的行动。

分析与决策:如何才能做好厨房的安全控制工作?

【**案例评析**】餐厅每天要消耗许多液体,有可食用的(酒水、调味品等),也有不可食用的,消耗后所剩下的空容器很多,必须进行有效管理。本案例中,员工将不可食用的强力洗涤剂装入空瓶,本身就是一种错误行为,这也反映了该餐厅容器管理的不规范。这一失误成为中毒事件的罪魁祸首。而后,装有洗涤剂的瓶子又被放在了调味品存放处,最终导致了实习生误以为是醋而使顾客中毒。餐前准备工作涉及多个部门、多个环节,应规范操作流程和制度,避免类似问题发生。

思考与练习

1. 问题思考

(1) 什么是菜肴配份,如何对菜肴配份进行管理?

(2) 什么是标准菜谱?标准菜谱的作用是什么?

(3) 结合实际,分析控制厨房产品质量各种方法的利弊。

(4) 结合实际,分析应该如何对厨房生产阶段的卫生进行有效管理?

2. 实战演练

(1) 调查学校食堂或实习餐厅,看看它们在原材料加工和控制方面有无问题,并提出自己的建议。

(2) 调查一下学校的食堂或实习餐厅,看看它们在厨房卫生及安全控制方面有无问题。

(3) 结合自己熟悉的菜肴,设计一张以方便随时合计成本为特点的标准菜谱。

3. 案例分析

厨房生产流程管理之配菜管理

南方有道菜叫"炒什锦",原材料有鸡肉、青菜、大蒜和香菜。一般的酒店往往是在厨房的左边放荤菜,如牛肉、羊肉、鸡肉等;右边货架上放青菜;后面货架上放大蒜或者香菜。在为一份"炒什锦"配菜时,配菜师就要先到左边冰柜取鸡肉,再到右边货架取青菜,然后到后边取大蒜和香菜。这样,如果酒店一个晚上卖掉30份"炒什锦",一位配菜师可能就要来回跑30圈。

如果根据经验,酒店先估算一天能卖掉30份"炒什锦",那么在备料时,配菜师就能将30份鸡肉、30份青菜、30份大蒜和香菜分别按操作顺序放在身边的菜台上。需要配菜时,配菜师直接从身边取材,不需要再跑了。这样一来,仅配菜环节就能大大减少员工的劳动量。

如果每道菜都能这样做,厨房的配菜效率就会提高,本来需要10个配菜师,现在可能有8个就够了。所以厨房生产的科学管理,可以实现减员增效的目标。

思考: 怎样做好厨房的生产管理?从上述案例中,你得到了哪些启示?

4.实训练习

实训1:画出加工厨房平面布局示意图

- 实训目标:掌握加工厨房的布局及设备配置。
- 实训提示:不同特点的餐饮企业其加工厨房设备与布局是不同的。
- 实训要求:

(1)明确加工厨房设备布局的基本要求。

① 位于原材料采购入口并便于清运垃圾的地方。

② 具备加工酒店餐饮生产所需的全部原材料的充足空间和设备。

③ 加工厨房与各生产出品厨房、区域必须有便捷的货物运送通道。

④ 不同性质原材料的加工场所应合理分开,防止污染。

⑤ 加工厨房必须配置足够的冷藏设备、储货架等。

(2)了解加工厨房的常见设备设施,如锯骨机、切片机、绞肉机、去皮机、切碎机等。

(3)画出加工厨房平面布局示意图。加工厨房通常包括验货处、仓库办公室、果蔬加工区、精加工区、水产养殖池、水产加工区、禽类加工区、干货涨发区、干货储藏室、冷库等部分。图8-9为加工厨房布局样例。

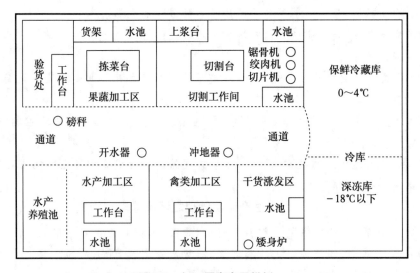

图8-9 加工厨房布局样例

(4)汇报分析。每组同学分别就加工厨房平面示意图进行汇报,分析比较本组示意图的优点与不足。

- 实训总结:

实训 2:制定标准菜谱

- 实训目标:掌握制定标准菜谱的能力(以某个菜肴为例)。
- 实训提示:菜谱的形式和叙述应简单易做;原材料名称应确切并按使用顺序列明;配料因季节的原因需用替代品的应该说明;叙述应确切,尽量使用本地厨师比较熟悉的术语,不熟悉或不普遍使用的术语应详细说明;若烹调的温度和时间对菜肴质量有直接影响,应列出操作时加热温度和时间范围,以及制作过程中菜肴应达到的程度,还应列出所用炊具的品种和规格,因为它是影响菜肴质量的因素之一。说明菜肴质量标准和上菜方式时要言简意赅。标准菜谱的制定形式可以变通,但一定要有实际指导意义,它是一种菜肴质量控制手段和厨师的工作手册。
- 实训要求:

(1) 画出标准菜谱表。
(2) 确定每份菜肴的规格。
(3) 确定每份菜肴的主配料及数量。
(4) 规定菜肴的调味料品种(品牌要明确)及每份用量。
(5) 根据菜肴的主料、配料和调味料用量,计算成本、毛利及售价。
(6) 规定菜肴的加工步骤。
(7) 选定菜肴盛器,落实盘饰用料及式样。
(8) 明确菜肴的产品特点及质量标准。
(9) 填制标准菜谱。

- 实训总结:
_____
_____

参考文献
References

[1] 陈增红,韩爱霞,鹿敏.餐饮服务与数字化运营[M].北京:旅游教育出版社,2022.

[2] 王敏,陈金,张旭.餐饮服务与运营[M].北京:清华大学出版社,2023.

[3] 李艳,康桂敏,谭玉林.餐饮服务与管理实务[M].镇江:江苏大学出版社,2021.

[4] 汪京强,黄昕.酒店数字化营销[M].武汉:华中科技大学出版社,2022.

[5] 冯国华.餐饮服务与管理[M].北京:中国传媒大学出版社,2017.

[6] 汪焰,董鸿安.餐饮服务与管理[M].2版.上海:华东师范大学出版社,2015.

[7] 李勇平.餐饮服务与管理[M].5版.大连:东北财经大学出版社,2018.

[8] 邓英,李俊,刘贵朝.餐饮服务与管理[M].武汉:华中科技大学出版社,2019.